私募实战系列

私募合规

马海源　李潇潇◎著

中国经济出版社
CHINA ECONOMIC PUBLISHING HOUSE
北京

图书在版编目（CIP）数据

私募合规／马海源，李潇潇著．
—北京：中国经济出版社，2019. 3
ISBN 978 -7 -5136 -5567 -5
Ⅰ. ①私… Ⅱ. ①马… ②李… Ⅲ. ①投资基金—基金管理—研究—中国
Ⅳ. ①F832. 51

中国版本图书馆 CIP 数据核字（2019）第 036550 号

责任编辑　燕丽丽　谢婷婷
责任印制　巢新强
封面设计　久品轩

出版发行　中国经济出版社
印 刷 者　北京力信诚印刷有限公司
经 销 者　各地新华书店
开　　本　710mm × 1000mm　1/16
印　　张　18. 5
字　　数　230 千字
版　　次　2019 年 3 月第 1 版
印　　次　2019 年 3 月第 1 次
定　　价　69. 00 元
广告经营许可证　京西工商广字第 8179 号

中国经济出版社 **网址** www. economyph. com **社址** 北京市西城区百万庄北街 3 号 **邮编** 100037
本版图书如存在印装质量问题，请与本社发行中心联系调换（联系电话：010 -68330607）

前言

PREFACE

私募，业绩是左膀，合规是右臂。

作为“私募实战系列”的第一本书，本书首先着眼于私募合规。为何先谈法律问题，而不单刀直入？恰恰相反，这正是以最直接的方式向读者呈现什么是私募。法律规范用语精准，从其入手，能最直白地讲清楚私募是做什么的，以及应该怎么做。

私募合规，既是通向私募的入口，也是运作私募的关键。在合规问题上，失败从来不是成功之母。证监会、中基协官网上有很多前车之鉴，从既往的处罚案例中吸取教训，避免重蹈覆辙，合规不出错，便是迈向成功的第一步。

本书力求准确、清晰且通俗易懂，便于读者参考之用。

目录
CONTENTS

第三章 私募投资基金的募集

第一章

私募投资基金概述

第一节
“哥伦布也需要金主”

什么是私募投资基金？这个问题随后回答，我们先来看看，五百多年前的哥伦布是如何借力资本，开启大航海项目的。

1484 年的哥伦布

哥伦布，伟大的航海家、探险家。除此之外，他还有个重要身份：成功的创业者。[①]

哥伦布相信地球是圆的，熟悉《马可波罗游记》，也向往马可波罗般的新奇旅程，只不过这一回，他想改走水路。哥伦布早期积累过一些航海经验，筹划了一个航海探险项目，虽然装备简陋且资料信息真假难辨，但他壮志雄心，准备带领船队向西航行，寻找前往东亚的新航道。

有项目、有计划、有领导者风范，还有一定的技术支撑，实现梦想就只差金钱的助力了！偏偏，丰满的理想下一文钱难倒英雄汉，造船、购买补给、支付水手和士兵的薪水，样样是烧钱的主。哥伦布需要融

---

① ［以色列］尤瓦尔·赫拉利．人类简史（第 2 版）［M］．林俊宏，译．北京：中信出版集团，2017：297－299.

资，而且是很大一笔融资，于是，他想到了那个年代最有钱的金主——国王。

1484 年，哥伦布前往谒见葡萄牙国王，由于这个项目天马行空又太过烧钱，葡萄牙国王理所当然拒绝了。接着，他陆续前往意大利、法国、英国，寻找潜在的投资者，甚至还再次回到葡萄牙，但每次都被回绝。最后，他来到西班牙，聘请了一批经验丰富的说客（按照现在的话说，是经验丰富的路演者），终于说服了伊莎贝拉女王投资，开启了四次美洲之行。西班牙人也顺势征服了美洲，开采金矿银矿，种植蔗糖烟草，赚得荷包满满，同时，带领团队创业的哥伦布也收益颇丰。

伊莎贝拉女王的早期资助，有点类似如今的天使投资；王公贵族及银行家的后续跟投，有点类似风险投资。简单来说，一般这么区分，投资于项目最早期的是天使投资（这一时期，项目可能还只是个想法，没有商业计划书，没有实体形态，投资可以帮助项目落地，投资者选择此时投资，要么慧眼独具，要么傻得可爱）；投资于项目中早期的是风险投资（这一时期的项目初步成型，经营模式相对成熟，投资可以更迅速提升项目价值，帮助项目更值钱）。天使投资和风险投资都属于私募股权投资，当然，1484 年世界上还没有股权投资的概念，更没有私募融资的说法，哥伦布当年的融资行为更像个人直接借贷。

1484 年，由于融资方式局限，融资渠道局限，若是耗资巨大的项目，创业者往往寄希望于寥寥可数的王族和巨富。随着历史演进，投融资方式及途径逐渐多元和成熟，要将项目与资金对接，除了古老的个人直接借贷外，还可以设立公司，以公司名义融资（一般分为债权融资和股权融资两大类）。假设哥伦布来到 2018 年的今天，他同样有航海技术、探险项目，同样缺资金，需要募资，那么按照现今的方式，他可以如何操作？

2018 年的哥伦布

哥伦布首先想到了借贷，可他转念一想，若以个人名义借贷，一旦失败，将使他背负巨额债务。那么，最好的方式便是设立一家“航海探险公司”，以公司名义借贷，依赖于公司的独立法人地位，即使失败，公司可以破产，但哥伦布不会破产。

于是，航海探险公司成立了。作为该公司的 CEO，哥伦布开始寻求潜在的投资者。航海探险公司名不见经传，没有值钱的资产，没有高精尖的科技含量，只有一个梦想。一些投资者觉得历史长河中尚未有此类成功案例，完全是异想天开，对此嗤之以鼻；一些投资者觉得项目不错，但资金缺口过大，回收周期遥遥不可测，担心有借无还；另一些投资者同样慧眼如炬，十分看好这个项目，但若只是单纯的借贷，投资者觉得回报不足，也意兴阑珊。另外，哥伦布同样也有顾虑，单纯的借贷相当于压力都在自己身上，但若采用股权融资方式，相当于分出部分压力给其他投资者，大家除了风险共担，对于远景的预期，还能更大程度地调动起其他投资者的兴趣。于是，为了更有效地吸引投资人，哥伦布想到了股权融资方式，其中一种便是借力私募股权投资基金。

什么是私募股权投资基金？

这个不难理解，私募股权投资，较之于一般的股权投资，实际只是多了一个环节。基金，可简单理解为资金包。整合来看，私募股权投资基金，打包人是私募基金管理人（即有资质设立并管理私募基金的机构），这多出的一个环节，即由私募基金管理人向单一或一众投资者募资后，打包成基金形式再投资；而非由投资者直接投向目标企业。

为何借力私募股权投资基金？

从资金需求方角度来看，因为募资行为受到严格监管，不是每个人都能发起募资，尤其不能擅自向公众募资。例如，航海探险公司不是上市公司，股权不能公开交易，因此哥伦布不能面向公众广而告之，宣传募资。既然不能公开，那么问题就来了，如若自己找寻投资人，这里还存在信息不对称的问题，不知道哪里有潜在投资者，甚至即使听说谁是大富豪，却也无机会直面投资人等境况。相对的，私募管理人有募资资质，通常有发掘投资人的渠道，擅长将资金与项目对接，找到私募管理人相当于间接找到了潜在的投资者，且成熟的此类基金还能在团队管理、产业布局等层面给予更多支持，参与并帮助被投资企业健康成长。

再者，从资金供给方角度来看，其不一定有精力或有专业能力自己打理。相较于直接投向目标企业，有时投资人更愿意相信私募管理人的专业投资眼光、理财能力和风控能力，将资金交由私募管理人打理。借力私募股权投资基金，企业获得成长的助力，投资者从中分享企业成长的收益。

如何借力私募股权投资基金？

有两种方式，一是说服私募基金管理团队，二是说服投资人。

第一种方式，因为私募管理人有独立投资决策的权力，想获得私募基金的帮助，可直接游说基金管理团队。市面上有很多现成的投资基金，例如真格基金。真格基金创立初衷是，“寻找真正优秀的创业者，缔造引领科技创新并改变世界的伟大公司”，旨在鼓励青年人创业、创新、创富、创造，自创立伊始，一直积极在互联网、移动互联网、未来科技、人工智能、企业服务、医疗健康、消费升级、教育、内容娱乐及大文化等不同领域寻找最优秀的创业团队和引领时代的投资机会。[①] 将融资商业计划书等材料上传，约见基金管理团队，获得认可后，哥伦布

① 真格基金．做创业者的垫脚石[EB/OL]. http://www.zhenfund.com/About.

将获得支持。

第二种方式，先发掘潜在投资者，与投资者谈妥投资意向后，再与私募管理人合作，通过私募管理人将投资款打包成私募基金的形式定点投向目标公司。

相较于直投（即投资者直接投向目标企业，投资者获得目标企业股权，成为目标企业股东），一些私募管理人较之投资者更擅长投资项目的执行和管理，以及投资款的发放、使用和回收；且一些投资者家业庞大，无精力巨细操持，即使项目很让人心动，但他们还是会担心投资款的使用情况和项目的进展情况，或者，即使他们愿意直面项目盈亏的一切后果，也会很在意道德风险，谁知道这钱是拿去开疆辟土了，还是创业者花天酒地去了。因此，直投模式很依赖被投资方的诚信及自律，依赖投资方的主动监管和追踪；相较之下，私募模式有一套系统的法律规范和自律规则，包括账户安全、项目备案、资金用途等都有外部监管机制，监管更细致、更清晰、更安心。因此，可谈妥投资意向后，尤其在双方信任基础薄弱的情况下，请私募管理人入场，由私募管理人打理投资款，落实、操办、关注、指导、跟踪、监督。

私募投资基金是个统称，它有相应的外在表现形式，或者说载体，例如一个合同、一家公司、一家合伙企业。无论何种载体，目的都是投资；载体吸收的投资款是基金财产（私募投资基金的组织形式，具体参见本书“三种组织形式”章节）。就私募股权投资基金而言，常见的载体是有限合伙企业，称之为“有限合伙型的基金”。具体架构如下：由投资人作为有限合伙人，私募管理人作为普通合伙人（执行事务合伙人），由私募管理人承担基金的运作管控、投资决策，并参与被投公司的管理等工作。[①] 例如，投资人 A、B、C 准备投资哥

① 王景烨，滕勇，卜曦云．直投还是与私募股权基金合作？中国企业境外投资的方式选择[EB/OL]. http://www.investcircle.cn/web/article.asp? content=298.

伦布 3000 万美元，但投资人不知如何将资金和哥伦布的航海探险项目相衔接，何时投多少，组织架构如何设计，怎么追踪进展等，皆无从下手，于是向某私募管理人寻求帮助。该私募管理人根据双方意向，设计了如下模式：

（1）成立“大赚一笔”有限合伙企业，即私募股权投资基金的载体、外在表现形式之一。

（2）该私募管理人出资 100 万美元，作为企业的普通合伙人兼执行事务合伙人。根据《合伙企业法》，在有限合伙企业模式中，执行事务合伙人有权力管控合伙企业的经营决策，执行合伙事务。既然基金需由私募管理人打理，那么就需将私募管理人设置成执行事务合伙人。另外，只有普通合伙人才有资格担任执行事务合伙人。普通合伙人承担的是无限责任，责任担当比有限合伙人重，有一定约束其勤勉尽责地投资决策的作用，所以，私募管理人同时是合伙企业的普通合伙人，即 GP，其有权负责基金的运营管理，出资通常只是为了配合合伙企业的组织形式，维系合伙企业的日常经营而少量出资。

（3）投资人 A、B、C 出资 3000 万美元，作为企业的有限合伙人，即 LP。根据《合伙企业法》，在有限合伙企业模式中，有限合伙人无权负责企业的具体运营，以各自出资额为限承担责任。

（4）合伙协议约定：私募管理人有权支配企业的出资款，且有限合伙人的 3000 万美元出资款只能投向哥伦布的航海探险公司，用于哥伦布的大航海探险项目。

具体流程如图 1 –1 –1 所示：

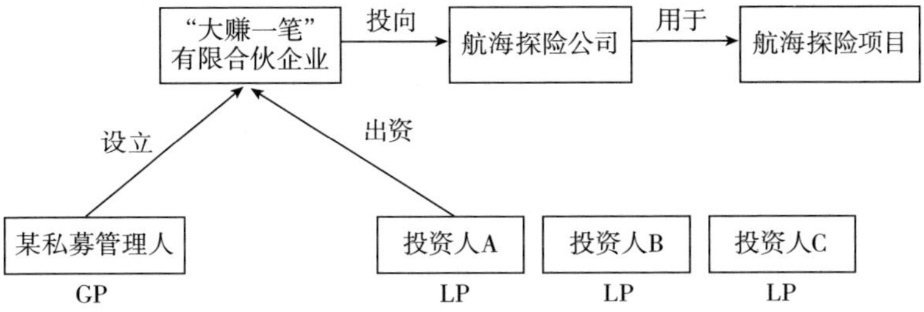

图 1－1－1　2018 年哥伦布募资流程

2018 年的哥伦布创业融资较之 1484 年更为容易，因为国王数量屈指可数，而私募基金的数量在全球范围内繁如漫天星辰。

子孙的福荫

哥伦布从实业起家，走在了时代的风口上，收益颇丰，但是，航海探险项目毕竟有时代性，当新大陆被发掘殆尽，世界地图被各大帝国画好圈圈，航海探险公司没有了新业务，就开始江河日下。类似的有时代性的实业也数不胜数。当然，坐在金山上的后辈，即使难以子承父业，长辈留下的资产也足够丰厚，自是衣食无忧。只不过坐吃山空总是个问题，子孙们也不希望自己的后辈指指点点，说前代的某某败家纨绔，所以，将继承的财富重新投资会是个出路。

从投资者角度来看，私募投资基金是理财产品，更准确地说，是委托理财的一种方式。投资者选择私募投资基金，相当于委托有资质、有技能的理财机构帮自己投资。这个提供专业理财服务，介于投资者和投资对象之间的理财机构就是私募管理人。如下所示：

直接投资，投资款路线

投资者———→投资对象

私募投资基金，间接投资，投资款路线

投资者——→私募管理人——→投资对象

为何将钱交由私募管理人打理?

委托私募管理人打理，相当于投资人聘请了一双发掘好项目的眼睛，一个精于投资理财的大脑，一颗为投资者谋利益的心。（当然，前提是投资人自己有甄别能力，挑选出靠谱的私募管理人，毕竟任何领域都良莠相间，私募行业也不例外）由私募管理人帮忙理财，更专业、高效，省心、省力。

至此，打江山的先辈可以借助私募基金融资，坐拥金山的后辈可以借助私募基金理财，这是创业者到投资者的转变。通常而言，针对一级、一级半市场的是私募股权投资基金，针对二级市场的是私募证券投资基金，由此，回到本书开篇的问题，私募投资基金是什么?

揭开面纱

我国的私募投资基金，最准确的定义出自法律规范，是指“在中华人民共和国境内，以非公开方式向投资者募集资金设立的投资基金”①。此处有四个关键词:“中国境内”“非公开”“投资者”“投资”。

“中国境内”，很明显，我国的私募投资基金必须依照我国的法律，接受我国的监管，在我国设立，在中基协登记备案。

“非公开”，体现的就是私募的“私”字。私募，很大一个特征在于入口门槛的限制，既包括宣传手段、募集方式、信息披露等非公开，也包括投资者非广大公众，具有特定性。

“投资者”，必须是符合我国法定要求的合格投资者。简单来说，因为投资私募基金有风险，盈亏由投资者自担，所以投资者的认知、心理和现实经济基础都必须具有相应的承受能力。具体将在本书“合格投资者”一节中讲述。

---

① 证监会,《私募投资基金监督管理暂行办法》第二条第一款,2014 年 8 月 21 日。

“投资”，即募集款的用途是投资。投资，特点之一是投资者自担风险，如果募资者承诺保本保收益，那么这是借贷性质，非投资特性。另外，私募基金的投资去向不应是借贷活动，如果募资后直接或间接用于借贷，则不符合投资的本质，不属于私募投资基金范围。

当募集结束，根据法定要求，需向中基协备案，经中基协在官网上公示，才意味着私募基金设立成功。此时，投资款从投资者个人的财产，转变为私募基金财产，投资者对私募基金财产享有收益权。根据中基协的温馨提示：私募投资基金应当做到“非公开募集”“向合格投资者募集”，私募基金管理人应当诚实信用，勤勉尽责，坚持“投资者利益优先”，做到“卖者尽责、买者自负”，投资者“收益自享、风险自担”。私募基金产品备案不是“一备了之”，私募基金管理人需持续履行向协会报送基金运作信息的义务，主动接受协会对私募基金管理人及产品的自律管理，协会将持续监测私募基金产品投资运作情况。①

私募基金设立成功，私募管理人才能运作基金财产。“私募基金财产的投资包括买卖股票、股权、债券、期货、基金份额及投资合同约定的其他投资标的。”②购买私募基金，投资者属于间接投资，投资范围约定在基金合同中，具体的投资指令由私募管理人独立作出。投资者无权违背基金合同，越过私募管理人擅自下达投资指令。

究其本质，私募管理人提供的是代客理财服务，投资者承担私募管理人投资决策的结果，也即投资者借由私募管理人的手来投资，盈亏自负。购买私募基金的收益追本溯源来自于投资对象本身产生的收益，所以，私募管理人作出的投资决策尤为重要。投资决策由私募管理人根据

① 中基协. 私募投资基金备案须知(2018 年 1 月 12 日版本)[EB/OL]. https://ambers.amac.org.cn/web/app/static/template/privateInvestmentNotice.pdf.

② 证监会,《私募投资基金监督管理暂行办法》第二条第二款,2014 年 8 月 21 日。

专业、经验、良好的风控能力，依照法律规定和基金合同的约定，严格遵从保障投资者合法权益的信念作出；相对的，投资者将给予私募管理人一定比例的管理费和业绩报酬作为服务费。

从投资对象的角度划分，私募投资基金大致分为私募证券投资基金、私募股权投资基金（含创业投资）、其他私募投资基金三类。自2018 年起，多了一种能跨类别投资的基金，叫“私募资产配置基金”。

私募证券投资基金，主要投资于公开交易的股份有限公司股票、债券、期货、期权、基金份额以及中国证监会规定的其他证券及其衍生品种。

私募股权投资基金，除创业投资基金以外，主要投资于非公开交易的企业股权。创业投资基金，主要是向处于创业各阶段的未上市成长性企业进行股权投资的基金（新三板挂牌企业视为未上市企业）。（对于市场所称“成长基金”，如果不涉及沪深交易所上市公司定向增发股票投资的，按照创业投资基金备案）如果涉及上市公司定向增发的，按照私募股权投资基金中的“上市公司定增基金”备案。

其他私募投资基金，投资除证券及其衍生品和股权以外的其他领域的基金①，例如红酒、艺术品等商品基金。

自 2018 年 9 月起，新增资产配置类私募投资基金管理人，故对应的，资产管理业务综合报送平台上新增了资产配置类别基金。② 此类私募管理人能开展跨资产类别配置的投资业务，相当于可以涵盖上述类型基金的投资对象，具体落实到设立和运作资产配置类别基金，有几大要求，具体参见本书“私募资产配置基金管理人”一节。

投资人与私募管理人之间的关系总结如下所示：

---

① 中基协，《关于资产管理业务综合报送平台上线运行相关安排的说明》之“有关私募投资基金‘业务类型/基金类型’和‘产品类型’的说明”，2016 年 9 月。

② 中基协．私募基金登记备案相关问题解答（十五）[EB/OL]. http://www.amac.org.cn/xhdt/zxdt/393344.shtml，2018-08-29.

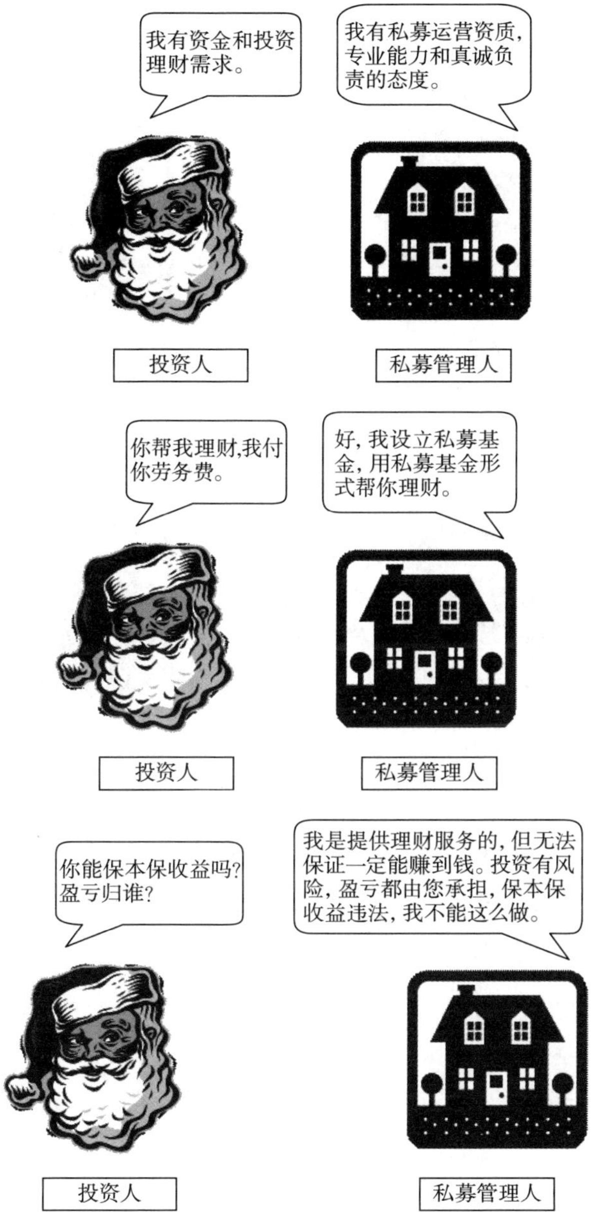
我有资金和投资理财需求。
我有私募运营资质，专业能力和真诚负责的态度。
投资人
私募管理人
你帮我理财,我付你劳务费。
好，我设立私募基金，用私募基金形式帮你理财。
投资人
私募管理人
你能保本保收益吗?盈亏归谁?
我是提供理财服务的，但无法保证一定能赚到钱。投资有风险，盈亏都由您承担，保本保收益违法，我不能这么做。
投资人
私募管理人

私募投资基金并非我国首创，而是兴起于国外，伴随我国经济的发展，按照我国法律逐渐建立起来的。要更好地认识私募投资基金，需回溯私募投资基金的历史沿革。

第二节
从舶来品到中国制造

纵观国际私募基金的发展历程，私募基金是伴随经济的发展和市场的需求出现的。美国是最早开展私募基金投资的国家，规模最大，发展也最成熟。在美国，传统机构投资者对高风险高收益的新兴金融市场和衍生产品开始逐步失去兴趣，市场上呼唤具有更高收益和冒险精神的机构投资者。与此同时，世界各国普遍经历了经济的快速发展时期，居民收入与财富不断增长，投资者的投资需求日趋多样化，私募基金应运而生。[①]

1949 年，全球第一只对冲基金出现，由任职于《财富》杂志的阿尔弗里德·琼斯（Alfred Jones）创立。[②] 1978 年，KKR 建立了第一只私募股权并购基金。[③] 之后，私募投资基金经历了一系列缓慢和高速、

① 搜狐财经．窥探未来，从回顾过去开始：快速了解海外私募基金发展历史[EB/OL]. http://www.sohu.com/a/225010475_752675, 2018-03-07.

② 对冲基金，可以简单理解为将基金投向风险各异的一揽子资产，从而平衡基金整体的投资风险。

③ [美]史蒂夫·M. 大卫杜夫．金融并购风云录（第 1 版）[M]．王世权，候君，赵黎明，译．北京：机械工业出版社，2011.

跌宕和起伏交错发展的时代。

我国私募基金也是经济发展和市场需求引出的，发展历程大致分为以下三个阶段。

有需求，无通道

20 世纪 90 年代初到 2004 年，随着改革开放的深入，社会闲置资金增多，投资需求日渐旺盛，但投资渠道有限。伴随着越来越多资金通过委托理财的方式进入股市，证券精英开始跳槽成立投资顾问公司、投资咨询公司、投资管理公司。这一时期，被视为“地下阶段”，前述公司的合法性存疑，委托他人代为理财没有专门的合法通道，没有直接的行政监管。根据司法判例，这一时期，相关的委托他人炒股的行为，一般被认为是委托理财合同关系。

2001 年 4 月，全国人大常委会通过了《信托法》。信托，是指委托人基于对受托人的信任，将其财产权委托给受托人，由受托人按委托人的意愿以自己的名义，为受益人的利益或者特定目的，进行管理或者处分的行为。也即，委托理财有了一个专门的称谓，专门的合法通道，明确的架构模式：信托。私募作为委托理财的一种方式，实质也是信托关系的一种表现形式，因此，信托法的出现，被视作给私募提供了一条通道，使私募能够从地下走向阳光。

借助通道

2004 年到 2013 年，这一时期普遍被视作私募阳光化发展的阶段。2004 年 2 月，深国投推出了一只证券类信托计划——“深国投 · 赤子之心（中国）集合资金信托”，这被称为国内第一只阳光私募，即采取信托方式发行，由私募机构作为投资顾问的私募基金产品。

这一时期，私募机构和私募投资基金仍然未得到官方正名，私募机构还不具备独立发行和管理基金的合法地位，私募机构此时的角色，类似由信托计划发行人聘请的专家顾问。2007 年修订后的《合伙企业法》，其中“有限合伙”这一组织形式的出现，为私募的发展提供了另一条通道。2010 年 2 月，首只以有限合伙方式运作的银河普润合伙制私募基金成立。

我是私募，我为自己代言

简单来说，信托和私募，都是信任他人的投资理财能力，委托他人帮自己理财，从而实现财富增值。虽然私募本质上是一种信托关系，但二者并不完全等同，原因在于法律规范对二者分别立规设限。二者各自独立，有各自的监管条线、组织架构和表现形式。例如，信托的出现，是《信托法》赋予的合法地位，私募的出现，是《证券投资基金法》赋予的合法地位；信托关系下，受托人可以是自然人，也可以是机构，但私募关系下，受托主体只能是机构；信托公司的监管部门是银监部门，由银监部门给予信托资质，但私募的监管由证监部门负责，向中基协登记成功即取得私募资质；二者的投资者资质要求不同，组织架构也不同。

总之，信托与私募的关系，相当于信托法律规范修了公路 A，私募法律规范修了公路 B，在两条公路上行驶的车都在做受托理财的生意，但是，每条公路对上路的车辆有不同的规定，不同的公路又由不同的监管部门管理。

私募之路正式通车是在 2013 年。2012 年 12 月，新修订的《证券投资基金法》将“非公开募集基金”纳入监管，这意味着私募证券投资基金有了真正的合法地位。2014 年 5 月，国务院在《关于进一步促进资本市场健康发展的若干意见》（国发〔2014〕17 号）里专门提出“培育私募市场”的意见，具体为：建立健全私募发行制度，以及发展私募投资基金。同年 8 月，证监会颁布的《私募投资基金监督管理暂行办法》，就非公开募集资金的内涵做了周延性解释，私募股权投资基金及其他私募基金也榜上有名，地位合法化，与私募证券投资基金比肩，自此，私募投资基金从登记备案、合格投资者、募集、投资运作到行业自律等都有了初步的系统性规范。其后，就各个操纵层面又不断下发更细致、更明确的规范和解答，逐步丰富和完善私募投资基金的整体架构。

截至2018年11月底，中国证券投资基金业协会（以下简称“中基协”）已登记私募基金管理人24418家（其中，私募证券投资基金管理人8966家，私募股权、创业投资基金管理人14676家，其他私募投资基金管理人776家）；已备案私募基金75220只（其中，已备案私募证券投资基金36053只，私募股权投资基金27115只，创业投资基金6442只，其他私募投资基金5610只）；管理基金规模12.79万亿元；私募基金管理人员工总人数24.55万人。

已登记私募基金管理人管理基金规模在100亿元及以上的有233家，管理基金规模在50亿～100亿元的277家，管理基金规模在20亿～50亿元的672家，管理基金规模在10亿～20亿元的796家，管理基金规模在5亿～10亿元的1151家，管理基金规模在1亿～5亿元的4320家，管理基金规模在0.5亿～1亿元的2306家。截至2018年11月底，已登记的私募基金管理人有管理规模的共21460家，平均管理基金规模5.96亿元。①

总之，我国的私募基金行业，走的是一条自下而上，在市场中自发孕育、产生、发展并最终得以阳光化、合法化的道路。② 自从开启了合法化的道路，一路上监管规定层出不穷。是机遇，还是打击？要回答这个问题，首先得回顾我国有关私募的法律沿革。

---

① 中基协．私募基金管理人登记及私募基金产品备案月报（2018年第11期）[EB/OL]．http://www.amac.org.cn/tjsj/xysj/smdjbaqk/，2018－09－07.

② 清华大学国家金融研究院．清华大学国家金融研究院研究报告（2016年第8期），中国私募基金行业发展历史与现状[EB/OL]．https://wenku.baidu.com/view/5a899833b5daa58da0116c175f0e7cd184251896.html，2016－09－14.

第三节
监管趋严≠束手束脚

时常，某某新规一出，坊间常见的说辞便是监管趋严，正所谓“十目所视，十指所指，其严乎。”但是，笔者看来，与其说监管趋严，不如说监管趋细。

私募行业的法律规制广泛且细致，不仅仅存在于专门的金融法规中，还涉及刑法、合同法、公司法、合伙企业法等领域，虽说新规年年有，但纵观整体法律构架，是围绕“规范”“保护”“促进”三个基调展开的。规范，即规范私募投资基金活动；保护，即保护投资者及相关当事人的合法权益；促进，即促进私募投资基金行业健康发展。这便是《私募投资基金监督管理暂行办法》确定的三个基调，这与《证券投资基金法》的立法原则旨趣趋同。

显而易见，促进二字，说明我国对私募行业的态度不是限制，更不是禁止，而是鼓励，鼓励私募行业朝健康、有序的状态发展，三大基调下衍生出来的规则，自然不是手镣脚铐。

回溯私募发展历史沿革，私募的本质是受人之托，代为理财，受托之人得符合法定要求，且专业、专注，用一个词形容即理财专家。简而言之，私募是委托专家理财的方式。法律规范虽在逐年增多，但细细观之，自始至今围绕的都是两个问题，即何为专家？如何理财？由此，与其说收严，不如说细化。

何为专家？

从茫茫大众中遴选专家，首先得有一套评价制度。

2012 年新修订的《证券投资基金法》将私募纳入调整范围，要求私募基金管理人应向基金行业协会履行登记手续。2014 年，由中基协制定的《私募投资基金管理人登记和基金备案办法（试行）》出台，要求各类私募管理人开展业务前需向中基协办理登记手续，登记备案成功才有资格开展私募业务。也即中基协的登记，是对私募机构专业理财资格的公示，是开展私募业务的前提。

但是，前述法律规范主要用于划清合法募资和非法集资的界线，对私募管理人之人、财、物三方面没有详细规制。此后，私募管理人良莠不齐、鱼龙混杂，需要从中筛出真正能代客理财的机构，于是，遴选评价机制进一步细化，要想在中基协登记，则必须符合规定的条件。2016 年，中基协制定并发布了《关于进一步规范私募基金管理人登记若干事项的公告》，同时发布了《私募基金管理人登记法律意见书指引》，优化了入门门槛，详细列出了向中基协申请登记的标准，要求律所介入，由律所尽调，协助整改，并提交法律意见书。法律意见书对拟申请登记机构的登记申请材料、工商登记情况、专业化经营情况、股权结构、实际控制人、关联方及分支机构情况、运营基本设施和条件、风险管理制度和内部控制制度、外包情况、合法合规情况、高管人员资质情况等多方面进行评价并发表结论性意见，确保拟申请登记机构合规，且足够专业、专注，排除资质不良或无私募业务发展需求的盲目跟风行为。另外，有关私募登记的相关问题解答，从 2014 年的第（一）个发展到

2018年的第（十五）个，不断调整对私募机构专业性和专注度的要求，提高内控要求，甚至对尽调及出具证明的第三方机构都设定了惩戒机制，确保第三方机构真实披露和勤勉履职，客观评价并辅助挑选出能胜任私募管理人一职的理财专家。

如何理财？

何为专家，针对的是前端，私募的设立；如何理财，针对的是中后端，私募的运营。

谈理财，首先得有财可理，这涉及募资；募资结束，投资款转变为基金财产后，接着便是基金的投资运作；在此过程中，还涉及私募管理人的整体内控管理；要退出，得赎回，转让基金份额，甚至还涉及基金清算，注销管理人资格等事宜。简而言之，私募基金的整体运作，包括募集、投资运作、管理、退出四大块。法律规范同样就各块逐步深入、释明，要求遴选出来的专家在后续的实操中持续保有专业的水平、专注的态度，以及合规的作风。具体如下：

关于募集，2012年修订后的《证券投资基金法》只将私募证券投资基金纳入监管，虽已着笔募集对象、募集手段、方式等，搭建了大概的框架，但只是概括性的表述，例如合格投资者，只说应具备相应资产或收入、相应风险识别及承担能力，未明确到底多少数额算相应资产，也未明确如何开展风险测评。2014年证监会发布的《私募投资基金监督管理暂行办法》（简称《私募办法》）将私募证券投资基金、私募股权投资基金等几大类别明确纳入调整范围，在募集方面，就募集对象、募集手段、方式等，较明确地给出了评判标准。但是，随着私募基金行业的发展日益壮大，风险不断积聚，风险事件陆续暴露，案件涉及的主要违法违规行为多数为发生在募集环节的问题，由此，2016年中基协发布了《私募投资基金募集行为管理办法》，对《私募办法》关于私募基金募集的相关规定进行了细化，从三个维度、六项义务对募集各环节的合规操作进一步展开说明。三个维度，即向不特定对象宣传的内容仅限于私募管理人的品牌、投资策略、管理团队等信息；向特定对象推介具体私募基金产品；向合格投资者募集资金，明确私募基金募集行为在不同阶段针对的对象范围。六项义务，即第一，在不特定对象群体中，通过投资者风险识别能力和风险承担能力调查筛选出特定对象作为潜在客户；第二，完成投资者适当性管理，针对特定对象推介与其风险识别和承担能力相匹配的私募基金产品；第三，揭示基金产品的风险，既保证私募性，又提示风险性；第四，募集机构须经合格投资者实质审查后，方可签署合同，落实《私募办法》关于向合格投资者募集资金的要求；第五，借鉴行业内优秀机构的经验、国际惯例以及《保险法》的规定，设置投资冷静期；第六，安排回访确认制度。[①] 2017 年，证监会制定了《证券期货投资者适当性管理办法》，中基协随即出台了《基金募集机构投资者适当性管理实施指引（试行）》，规范基金募集机构销售行为，指导投资者适当性管理制度的有效落实，强调合适的产品或服务匹配合适的客户，将合格投资者进一步细化为普通投资者和专业投资者，产品、服务需按标准划分风险等级，不同类别的投资者在一定条件下能相互转化。2018 年，中国人民银行、中国银行保险监督管理委员会、中国证券监督管理委员会、国家外汇管理局共同制定出台《关于规范金融机构资产管理业务的指导意见》，该意见规定："私募投资基金适用私募投资基金专门法律、行政法规，私募投资基金专门法律、行政法规中没有明确规定的适用本意见，创业投资基金、政府出资产业投资基金的相关规定另行制定。"由于私募领域的法律规范，除了《证券投资基金法》外，现有的其他规范都不属于法律、行政法规这两个级

① 中基协,《<私募投资基金募集行为管理办法>起草说明》,2016 年 7 月 15 日。

别，因此，2018 年资管新规中的某些规定也适用或影响到了私募运营。譬如，原先一些投资渠道受限的资金为规避监管，通过多层嵌套的方式投向私募基金，如今根据资管新规的要求，从资金到投资标的最多只能有两层嵌套，所以，私募基金募集时，需注意吸收的资金不是来源于多层违规嵌套。

关于投资运作，除了与前述募集相交叉的法律规范中有部分叙述，还有专门的私募投资运作规则，以及散见于《刑法》《合同法》《公司法》《合伙企业法》及金融相关法律规范中。随着私募基金的不断发展，作为私募基金的核心文件——基金合同一直缺少专业指引，特别是一些中小基金或者新成立的基金，基金合同的制定较为随意，容易产生争议。同时，私募基金行业鱼龙混杂，部分机构借“私募”之名从事违法违规活动，而投资者无法从合同文本层面进行甄别。因此，2016 年中基协发布《私募基金合同指引 1 号—3 号》，契约型、公司型、合伙型基金的内容与格式有了参照模板。指引的出台，一方面为私募证券投资基金、股权投资基金、创业投资基金等私募类产品提供统一、标准的合同文本参照，同时也为下一步大资管时代下私募类产品的统一监管奠定基础。① 为进一步落实信息披露义务，同年，中基协发布《私募投资基金信息披露管理办法》及《私募投资基金信息披露内容与格式指引 1 号、2 号》，从信息披露的主体和对象、信息披露的内容和方式、基金募集期间的信息披露、基金运作期间的信息披露、信息披露的事务管理、信息披露的自律管理等方面进行规定，初步构建起私募投资基金信息披露的自律监管框架。② 再者，证监会发布了《证券期货经营机构私募资产管理业务运作管理暂行规定》，私募证券投资基金管理人需参照此规定执行，较之 2015 年的《证券期货经营机构落实资产管理业务

① 中基协,《 < 私募投资基金合同指引 > 起草说明》,2016 年 7 月 15 日。
② 中基协,《 < 私募投资基金信息披露管理办法 > 起草说明》,2016 年 2 月 4 日。

"八条底线"禁止行为细则》（俗称"八条底线"），在结构化资管产品杠杆率、第三方提供投资建议服务、禁止性的运作行为等方面更加详细具体。2017 年，中基协发布的《私募投资基金服务业务管理办法（试行)》，替代了 2015 年的《基金业务外包服务指引（试行)》，明确私募基金服务机构与私募基金管理人的法律关系，全面梳理服务业务类别，提出各类业务职责边界，明确登记条件和自律管理要求，引入服务机构的退出机制，引导市场各方各尽其责。[①] 另外，《合伙企业法》是合伙型基金设立的基础；《公司法》是公司型基金设立的基础；任何合作的搭建，都离不开《合同法》作为各方权利义务构建的依据；《刑法》中的操纵证券、期货市场罪、内幕交易罪、非法吸收公众存款罪、集资诈骗罪对于私募运作也是踩不得的红线；证券交易、期货交易等有关规章制度也渗透到私募运营的方方面面。因此，有关私募运作的规范不是孤立的，而是独立规则与分散于各法中的规定相交织，广泛且细致。

关于管理，除了与前述相交集的规定，还有 2016 年中基协发布的《私募投资基金管理人内部控制指引》，引导私募管理人加强内部控制。内部控制在私募投资基金的资金募集、投资研究、投资运作、运营保障和信息披露等各个环节中贯穿始终。该指引明确了私募基金管理人应当依据指引并结合自身具体情况，建立健全并有效执行内部控制制度。主要从私募基金管理人内部控制的目标与原则、内部环境、风险评估、控制活动、信息与沟通及内部监督等方面的制度建设进行自律管理，构成了私募基金管理人内部控制的自律监管框架。[②] 2017 年中基协下发的《基金募集机构投资者适当性管理实施指引（试行)》，统一公私募基金适当性管理实施标准；结合原有业务规范，统一了基金行业适当性管理

① 中基协,《＜私募投资基金服务业务服务办法(试行)＞起草说明》,2017 年 3 月 1 日。

② 中基协,《＜私募投资基金管理人内部控制指引＞起草说明》,2016 年 2 月 1 日。

的具体要求，引导经营机构提高投资者保护的主动性和自觉性。[①] 同时，每年证监局都针对辖区内私募机构下发自查要点，既是监管，也是指导，对私募管理人整体运营管理的指导。

关于退出，包括股权类私募基金通过上市、股权转让、回购等方式退出，证券类私募基金通过赎回退出，以及基金清算，私募管理人之私募资质的注销，私募管理人之主体资格的注销等多种情形，同样也涉及专门规定和散落于其他法律法规中的部分规则。例如，基金份额的转让，涉及权利义务的转移，后继者资格的核查等事宜；私募基金的清算，首先看基金合同如何规定，若原先未设定于合同中，则应回溯《合同法》，并参照私募相关法律法规，看如何适用《合同法》对于合同终止及权利义务清算的规定，同时兼顾私募相关法律法规，优先保护好投资人的合法利益。再例如，注销私募管理人资质，需向中基协申请；注销私募管理人的主体资格，需向工商部门申请；不同的目的涉及的监管规则和主管部门有所不同。

总之，前述规则的演变，是基于市场对监管的反馈，监管又根据反馈作出进一步调整。一般而言，一开始常为原则性的监管框架，由于各类市场主体对原则性监管框架的不同反应，呈现出优劣不一的市场行为，在此基础上，监管进一步择优，摒弃不良市场行为，从而将原则性的规则往细枝末节的方向延伸，引导市场朝健康、有序的方向发展。可以这么说，监管的演进往往是为正当的市场行为扫清障碍，因此，在规则的迭代中，受严格限制的往往是无益于市场的行为，而非拦腰堵截正常、有益的私募发展进程。

---

① 中基协,《＜基金募集机构投资者适当性管理实施指引(试行)＞起草说明》,2017 年 6 月 28 日。

专家理财 VS 菜市场服务

假设管理100万元的基金，按照通常的费率2%计提管理费，私募管理人一年有2万元的收入；若管理1000万元、1亿元，对应一年有20万元、200万元的收入。就像开个大卖场，只不过大卖场是将商品放在货架上供客户选购，卖场向供货商收取商品上架费的同时还能卖出商品收取零售差价（即上架费+零售差价）；私募机构是将投资款转化为基金产品后置于平台，向投资者同样收取类似的上架费，若基金赚钱了，又计提一笔业绩报酬（即管理费+业绩报酬计提）。这貌似是个很来钱又轻松的渠道，投资风险由投资者自担，对于私募机构来说，只要有足够多的投资者往平台上投钱，仅仅管理费就是一笔可观的收入。这里，问题来了，开个私募机构真的如此轻松又来钱吗？

首先，得树立一个观念，私募管理人是提供专业理财服务的机构，和菜市场式的平台机构不一样。菜市场式的平台机构，着力于平台搭建和客户维护，将买家和卖家对接起来。虽然私募管理人也有连接投资者与投资对象的职能，但私募管理人最显著的职能是提供专业理财服务，相较绝大部分单个投资者而言，有较强的分析、判断、研究、决策、风控能力，提供的服务并非简单地撮合、串联、对接，而是发挥投资管理能力，受托为投资者理财。

另外，投资者之所以选择某私募管理人，是出于对其理财能力的信任，并非简单地挑选个卖场类的平台。现实中，不是每个私募管理人都能顺利募到资，因为无法取信于客户就没有资金来源；并且，资金自带逐利性，即使募到资，倘若业绩不好，投资者很快会抽走资金，私募管理人也难以维持基金规模。所以，开私募机构收取管理费没那么简单和轻松。这也解释了为何有些私募机构会降低投资者门槛，违规公开宣传和承诺保本保收益，因为取信于客户没那么容易，募资没那么容易，因此，仅仅直白地认为，多募资就能多收取管理费的想法是不切实际的。

私募管理人数量逐年上升，其中不乏跟风进入的，类似前几年的小贷、P2P，都刮过风潮，现在私募又处于风口浪尖。私募行业非常强调投资理财能力，在看到私募管理人收取类似于中介机构服务费的同时，更应当看到私募管理人理财专家的本质，这才有助于更清晰地理解我国法律法规监管的实质所在——界定专家，合规理财。

由此，按图索骥，强于摸石过河，红线越清晰，自然也越具有实操性，越游刃有余。这是机遇，法律规范助力，私募正当时。另外，非法集资，一个金融行业从业者普遍关心的话题，私募从业者自不例外，同样做的是资金生意，到底有多大区别?

第四节
私募基金与非法集资

同样是募资，一个合法，受鼓励；一个非法，受鄙弃。私募基金和非法集资本身是两回事，但是，若合规把控不到位，私募会陷入非法集资的泥泞。另外，非法集资也常常“借壳上市”——借助合法的外套上演一轮又一轮的骗局，今天可能藏身于 P2P 领域，如 E 租宝；明天可能隐匿于交易所行当，如泛亚；私募，同样也出现过非法集资的身影，如中晋系。其实，私募基金与非法集资本身互斥，只是会有画着私募外皮的鬼，挡人眼目，夺人钱财。为更好地捋顺其中的关系，笔者借由中晋系一案，向大家展示这个涉案资金达 400 余亿元的非法集资是如何套上私募外皮招摇于市的。

中晋黄金，究竟是什么?

坐标：上海黄浦江，时间：2014 年 12 月 15 日。

一艘摆渡轮在黄浦江岸港口缓缓起航，每 30 分钟在外滩与陆家嘴之间往返一次。由远及近，这艘摆渡轮船身上印有四个鲜明的大字“中晋黄金”，每当夜晚来临，中晋黄金广告牌绚丽亮灯，与浦江两岸的夜景交相辉映。① 游艇搭配金融中心黄浦江的场景甚是夺人眼目。中晋黄金，是周生生、周大福一类的存在吗?

网络检索“中晋黄金”四个字，出现“中晋黄金（上海）有限公司”“中晋黄金饰品（上海）有限公司”，还有“中晋黄金的基金投资特点”等匹配信息；又搜索“中晋”二字，出现以“中晋”开头的有关实业、担保、基金理财等多个领域的公司，盘根错节，涉猎甚广，有种资金相当雄厚又有点神秘的感觉。这种隐隐约约的神秘感总叫人浮想联翩，一堆貌似搞实业的，跟基金理财有什么关系呢?

剥洋葱

坐标：上海第二中级人民法院，时间：2017 年 6 月 22 日。

上海二中院正在开庭审理一个从案发到是日，持续一年多的重大案件，坊间惯用“中晋系”指代此案。“中晋系”，一系列以“中晋”开头之公司的统称，背后均有国太投资控股（集团）有限公司（简称“国太控股”）的身影。经过审理，国太控股及徐勤等人非法集资涉案 400 余亿元，截至案发，未兑付本金 48 余亿元，被认定为集资诈骗罪。至此，有关“中晋”开头的一系列公司之真实意图有了定性——私募基金外套下的集资诈骗。

国太控股主要集资渠道是中晋股权投资基金管理（上海）有限公司（简称“中晋股权”）以及上海中晋一期股权投资有限公司（简称“中晋一期”），通过查询，中晋股权是国太控股的全资子公司，该公司于 2015 年 2 月 11 日在中基协登记备案过，说明中晋股权有发基金的资质，是有资质的私募基金管理人。骗局的核心就在于此，名义上由中晋股权和中晋一期两家公司共同设立上百个有限合伙型的私募基金，中晋

① 搜狐资讯 .“中晋黄金”摆渡轮在黄浦江畔正式起航[EB/OL]. http://roll.sohu.com/20150330/n410544291.shtml,2015－03－30.

股权作为 GP（普通合伙人），中晋一期作为 LP（有限合伙人）。

第二步，以中晋一期转让基金份额的形式，吸纳投资者资金。在每个私募基金中，中晋一期不区分投资者类别和风险承受能力，向其他 49 名公众投资者转让出资份额，转让后，相当于投资者变成合伙企业的 LP，中晋一期退出。

第三步，中晋股权设立的私募基金，名义上是投向一级市场里众多实体企业，而这些实体企业同中晋股权一样，有个共同的爸爸——国太控股，相当于国太控股设立私募管理人，募资后投向自己设立的实体企业。中晋黄金公司，便是为了营造投资去向而设立的实体企业，与此类似的还有餐饮、科技、地产等各行各业的“马甲”。诸类“马甲”均没有正常运作，绝大部分是空壳，有的甚至是虚构的，反过来给投资人一种国太控股实力雄厚、涉猎甚广的假象。

中晋股权在市面上募资的上百个私募基金中，在中基协备案的不足 1/10，所有投资款均流入国太控股资金池，而国太控股本身是徐勤等人的傀儡。原理再简单不过：用新投资者的钱兑付旧投资者本息。因而，前文中，往返于黄浦江上的“中晋黄金”游轮，只是为了向不特定公众营造财大气粗的假象，事实上，中晋黄金公司没有开展经营业务，打着向中晋黄金公司投资而设立的私募基金也只是骗人的幌子。

罪与非罪

什么是非法集资？非法集资是非法吸收公众存款、集资诈骗行为的统称。参照《最高人民法院关于审理非法集资刑事案件具体应用法律若干问题的解释》，构成非法吸收公众存款的关键词有四个：无资质、公开宣称、公开吸收、承诺还本付息或回报。

无资质，即未经有关部门依法批准或者借用合法经营的形式吸收资金；公开宣称，即通过媒体、推介会、传单、手机短信等途径向社会公开宣传；公开吸收，即面向社会不特定对象吸收资金；承诺还本付息或回报，即承诺在一定期限内以货币、实物、股权等方式还本付息或者给付回报。

非法集资都是刑事犯罪吗？不是，非法集资需达到一定条件，才上升到追究刑事责任的范畴，具体为：（1）个人非法吸收或者变相吸收公众存款，数额在 20 万元以上的，单位非法吸收或者变相吸收公众存款，数额在 100 万元以上的；（2）个人非法吸收或者变相吸收公众存款对象 30 人以上的，单位非法吸收或者变相吸收公众存款对象 150 人以上的；（3）个人非法吸收或者变相吸收公众存款，给存款人造成直接经济损失数额在 10 万元以上的，单位非法吸收或者变相吸收公众存款，给存款人造成直接经济损失数额在 50 万元以上的；（4）造成恶劣社会影响或者其他严重后果的。

“中晋系”事件被认定为集资诈骗，虽同属非法集资行为，但和非法吸收公众存款又有所区别，构成集资诈骗的关键词有两个：非法占有的目的、诈骗方式。非法占有的目的，即集资后不用于生产经营活动或者用于生产经营活动与筹集资金规模明显不成比例，致使集资款不能返还的；肆意挥霍集资款，致使集资款不能返还的；携带集资款逃匿的；将集资款用于违法犯罪活动的；抽逃、转移资金、隐匿财产，逃避返还资金的；隐匿、销毁账目，或者搞假破产、假倒闭，逃避返还资金的；拒不交代资金去向，逃避返还资金的；其他可以认定非法占有目的的情形。诈骗方式各行各业有所差异，就金融行业而言，常见方式为不具有发行股票、债券的真实内容，以虚假转让股权、发售虚构债券等方式非法吸收资金的；不具有募集基金的真实内容，以假借境外基金、发售虚构基金等方式非法吸收资金的；以投资入股的方式非法吸收资金的；以委托理财的方式非法吸收资金的；以及其他非法吸收资金的行为。

私募基金与非法集资的区别

第一，非常重要的一点，即资质。目前，证监会对私募基金业务不设行政许可，不进行牌照管理，但是，私募管理人工商注册后，需向中基协登记备案，方可开展私募基金业务。并且，私募基金也需向中基协备案后，才可投资运作；若未备案，私募管理人不能擅自动用基金财产。非法集资往往没有相关资质，或者借用合法经营的渠道行非法之事，违反国家金融管理法律规定。

第二，私募运作强调非公开宣传与非公开募集，强调投资者收入水平，风险认知和承受能力；非法集资为了更大规模地圈入资金，往往降低投资门槛，面向不特定大众公开宣传和募集。

第三，私募投资基金有风险，禁止承诺保本保收益；非法集资擅于承诺或变相承诺保本保息。

第四，私募运作禁止设置资金池；而非法集资时常资金混同，宣称“存取灵活”“活期理财”，典型的用后来投资者的钱兑付前面投资者的本息。

第五，私募管理人，有真实帮投资者理财的目的，基金财产有真实投向；而非法集资有时会虚构投资对象，实则将资金揽入自己腰包。

由此，私募投资基金与非法集资云泥之别，熟悉并严守私募规范，不突破或变相突破法定界限，勤勉尽责，便不容易陷入非法集资的泥泞。

第五节
速度与激情

当前，私募于国外欣欣向荣，于国内朝气蓬勃。雄心壮志准备入行的，或者已随浪潮起伏的，作为受托理财的专业人士，需要具备哪些素质呢？

私募从业者，投资理财的专业人士，真正能担起“专家”二字的，智力、眼力、专业、经验等客观因素很重要，除此以外，还有一个因素尤为重要，即人格因素，包括人格和心理偏好、性格基础等。

市场上，不同的投研人员及不同的私募机构会有各自的行事风格和企业文化；共同的是，他们都有打败市场的激情和信念。正如拉尔斯·克罗耶在《对冲基金经理笔记》一书中所说：“在这个行业中，一群非常聪明的人试图完成一项几乎不可能的任务：打败市场。如果失败，他们就会立刻遭到市场严厉的惩罚，而如果成功，他们将得到丰厚的回报。”

金融江湖翻云覆雨，变化弥多，时机和决策，举足左右，便有轻重。例如，2007 年，私募股权投资巨头——黑石集团完成了 IPO，这项举措直接推动黑石集团晋升为华尔街顶级公司。这种华丽的成长给从业者带来了满满的激情。

在私募领域，激情和敢为人先的魄力从未缺席，但是，回顾国内外前行者，取得成绩的不少，长久屹立的不多。其中的缘由，除了关乎业绩，还关乎能否成功地把控风险。如果说，速度与激情是足球场上冲锋陷阵的前场球员，那么，对风险的认知和把控便是必不可少的后卫及门将。

攻守兼备，自古战事大抵如此，缺攻无力，缺守无依。由此，运营私募，除了能干的技艺和想干的决心，还需具备对风险的认知，以及自律能力。例如，伯纳德·麦道夫，前纳斯达克主席，设立了麦道夫对冲避险基金，市场无问涨跌，基金稳赚不赔，实则是用后来投资者的钱兑付前面投资者的利息。麦道夫并非没认识到风险，而是主动罔顾法律和职业道德。同样令人侧目的是，受害者包括众多大型金融机构，金额达500亿美元以上。这些大型机构并非专业能力不济，“在很多人看来，把钱投给麦道夫已成为一种身份的象征”。①

因此，对风险的认知是其一，其二便是对风险的把控。认知深浅，这偏于客观；但风控二字，强调的就是对风险的控制，带有较强的主观选择与自律程度，落实与否，从严，亦或是松散。

打扫干净屋子再请客

谈风控，先看监管风向。从拟申请私募机构到存量私募机构，监管力度逐年增强。

收紧入口

自2017年起，全国范围内大部分地区都叫停了投资类公司、企业的工商登记注册，仅剩某些地区还可正常注册。自2018年下旬起，开

① 百度百科，“伯纳德·麦道夫”。

口愈发收紧。另外，原先向中基协登记并不需要律师事务所介入，但自2016年起，需由律师事务所尽调并出具法律意见书。

对存量私募机构加强监管

就存量私募机构而言，除了每年下发的自查要点越发细化，监管部门也在着力主动出击。2016年上半年证监会组织对305家私募机构开展了专项检查，2017年上半年是328家，2018年上半年是453家。并且，证监会还将继续贯彻依法全面从严监管要求，持续加强私募基金监管力度，坚决整治行业乱象和严重干扰市场秩序的行为。同时，不断加强风险监测预警，防范、化解私募基金行业风险，推动私募基金行业健康发展，促进私募股权和创投基金行业真正发挥资本市场基础性战略性作用。[①]

问题所在

综合2016年至2018年证监会对私募基金的专项检查执法情况，证监会检查重点，除资金募集、投资运作、信息披露等方面的合规性外，对跨区域经营的私募机构重点检查不同机构之间的业务往来、资金往来、产品嵌套情况以及业务隔离、风险隔离等制度的有效性情况，对管理非标债权的私募机构重点检查可能存在的“资金池”业务、保本保收益、影子银行风险、杠杆运用等情况。

严重违法违规行为：某些私募机构涉嫌非法集资、挪用基金财产、从事损害基金财产和投资者利益等严重违法违规行为。

违规募集行为：某些私募机构存在公开宣传推介、向非合格投资者募集资金、未履行投资者风险评估程序、未对私募基金进行风险评级、承诺保本保收益等违规募集行为。

---

① 证监会．证监会通报2018年私募基金专项检查执法情况［EB/OL］. http://www.csrc.gov.cn/pub/newsite/smjjjgb/smbtzzyd/201810/t20181016_345375.html,2018－10－16.

违规运作行为：某些私募机构存在开展“资金池”业务、证券类结构化基金不符合杠杆率要求、未按基金合同约定进行信息披露、未按规定保管基金相关材料、基金合同约定不托管但未在基金合同中明确基金财产安全保障措施等违规运作行为。

其他违规行为：某些私募机构存在私募基金未按规定备案、登记备案信息更新不及时不准确、证券类私募基金从业人员未取得基金从业资格、证券类私募基金委托个人提供投资建议、不配合监管检查等其他违规行为。

不规范问题：某些私募机构存在内控不健全、兼营与私募基金无关业务等不规范问题。

针对存在问题的机构，证监会处理如下：对存在资金募集、投资运作等违规问题的私募机构采取行政监管措施；对存在从事损害基金财产和投资者利益等严重违规行为的私募机构立案稽查，并先行采取行政监管措施；对涉嫌违法犯罪线索通报地方政府或移送公安部门；同时，证监会将上述违法违规问题及采取的监管措施记入资本市场诚信档案。

行政监管与行业自律相结合

监管风向从何而来，又将去向何方？要回答这个问题，先来看以下几个文件。

（1）有关我国资本市场的整体战略规划的文件。2014 年，在国务院下发的《关于进一步促进资本市场健康发展的若干意见》中，单列一条对培育私募市场作出了具体部署，这在国务院文件中是第一次，原文如下：“四、培育私募市场。（十三）建立健全私募发行制度。建立合格投资者标准体系，明确各类产品私募发行的投资者适当性要求和面向同一类投资者的私募发行信息披露要求，规范募集行为。对私募发行不设行政审批，允许各类发行主体在依法合规的基础上，向累计不超过法律规定特定数量的投资者发行股票、债券、基金等产品。积极发挥证券中介机构、资产管理机构和有关市场组织的作用，建立健全私募产品发行监管制度，切实强化事中事后监管。建立促进经营机构规范开展私募业务的风险控制和自律管理制度安排，以及各类私募产品的统一监测系统。（十四）发展私募投资基金。按照功能监管、适度监管的原则，完善股权投资基金、私募资产管理计划、私募集合理财产品、集合资金信托计划等各类私募投资产品的监管标准。依法严厉打击以私募为名的各类非法集资活动。完善扶持创业投资发展的政策体系，鼓励和引导创业投资基金支持中小微企业。研究制定保险资金投资创业投资基金的相关政策。完善围绕创新链需要的科技金融服务体系，创新科技金融产品和服务，促进战略性新兴产业发展。”①

随后，在证监会新闻发言人就《国务院关于进一步促进资本市场健康发展的若干意见》（简称《若干意见》）答记者问中，对于记者提问：“《若干意见》在统筹规划股票、债券、期货市场发展的同时，还单列一条对培育私募市场作出了具体部署，这在国务院文件中是第一次。请问，这是基于什么考虑?”证监会新闻发言人回答如下：“私募市场主要指面向特定对象、采取非公开方式募集资金和进行交易的金融市场，该市场既包括股票（股权）、债券、基金等金融产品，也涵盖了场内及场外的交易方式。境外成熟资本市场通常是以私募市场、场外市场为基础发展壮大起来的。我国资本市场在过去 20 多年中，主要围绕交易所市场和公募市场展开，私募市场刚刚起步，发展空间和潜力巨大。当前，培育私募市场，不仅可以健全多层次资本市场体系，拓展市场服务范围，增强对新兴产业、中小微企业的服务能力，还能够有效拓宽居民投资渠道，激发民间投资活力，提高社会资金使用效率。为培育私募市

① 国务院，《国务院关于进一步促进资本市场健康发展的若干意见》（国发〔2014〕17 号），2014 年 5 月 9 日。

场，《若干意见》首先提出了证券私募发行的总体要求。主要包括，建立合格投资者标准体系，规范募集行为。对私募发行不设行政审批，允许各类发行主体在依法合规的基础上，向累计不超过法律规定特定数量的投资者发行股票、债券、基金等产品。针对私募产品的风险收益特点，建立健全私募产品发行监管制度，切实强化事中事后监管。建立促进经营机构规范开展私募业务的风险控制和自律管理制度安排，以及各类私募产品的统一监测系统。在实践中，私募投资基金是重要的投资主体，因此《若干意见》对发展私募投资基金进行了专门规定。主要是：按照功能监管、适度监管的原则，完善各类私募投资产品的监管标准。依法严厉打击以私募为名的各类非法集资活动。完善扶持创业投资发展的政策体系，研究制定保险资金投资创业投资基金的相关政策。创新科技金融产品和服务，促进战略性新兴产业发展。"①

（2）处理好行政监管与行业自律的关系。2018 年，在证监会下发的《对十三届全国人大一次会议第 5044 号建议的答复》中写道："促进私募基金健康持续发展，加强私募基金行业管理，要处理好行政监管与行业自律的关系，明确各自边界，既要加强行政监管，也要发挥好行业自律管理的效能。行政监管和行业自律的定位不同，行政监管主要借助法律法规及依法行使的强制性行政手段对市场主体进行约束，而行业自律是行业协会进行自主治理的重要形式，主要通过制定行业规范和标准等，规范行业机构的市场行为，促进行业机构之间的公平竞争，营造建立良好的市场环境。"

对于建议中提到的"健全私募基金法律法规""提高私募基金管理人股东条件"和"试行分级监管"三项行政监管事项，证监会答复如下："一是健全私募基金法律法规。2014 年 8 月我会发布《私募投资基

① 证监会，《中国证监会新闻发言人就 < 国务院关于进一步促进资本市场健康发展的若干意见 > 答记者问》，2014 年 5 月 9 日。

金监督管理暂行办法》（以下简称《私募办法》），明确对私募基金行业采取事后登记备案的管理模式。此后，我会指导中国证券投资基金业协会先后出台一系列自律规则，有效地促进了行业规范发展。同时，我会积极配合原国务院法制办持续推动《私募投资基金管理暂行条例》（以下简称《私募条例》）的立法进程，进一步夯实私募投资基金在资金募集、资金托管、投资运作等各环节的制度基础。2017 年《私募条例》已正式向社会公开征求意见。2018 年，我会继续配合国务院立法部门根据公开征求意见反馈情况对《私募条例》进行修订。目前，我会正在落实《关于规范金融机构资产管理业务的指导意见》要求，加快修订《私募办法》，细化监管规则。同时，我会指导基金业协会进一步提升工作透明度，在已发布一系列自律规则、问题解答的基础上，近期先后发布《私募基金管理人登记须知》《私募投资基金备案须知》，并内置于协会'资产管理综合报送业务平台'系统，不断对外公开并细化登记备案相关标准。二是提高私募基金管理人股东资质。相较银行、证券、信托等传统金融机构监管法律法规对发起人、股东等准入条件有明确要求的状况，现有法律法规并未对私募管理人及股东设置具体的准入条件和禁入约束。我会从扶优限劣、从严监管的角度出发，指导基金业协会在开展私募基金管理人登记过程中，结合私募行业实际情况完善准入标准，要求私募基金管理人主业集中明确，注重从机构注册资本、经营范围、实际业务开展情况、财务状况、展业计划等多方面加以甄别，对于具有优质股东背景的申请机构优先支持，起到了一定的扶优限劣作用。下一步，我会将与立法部门沟通，建议在《私募条例》中强化对基金管理人和股东的规范要求。三是实行分级监管，改变监管思路。我会为提升私募基金监管效能，优化监管资源配置，推进差异化监管，正在探索并推进私募基金管理人分类分级机制，以私募基金管理人风险管理和持续合规情况为基础，结合私募基金管理人类别和综合情况，对各类私募基金管理人实施分类分级评价，为差异化监管提供依据。”

对于建议中提出的“培养私募基金从业人员”有关行业协会自律管理的内容，证监会答复如下：“中国证券投资基金业协会作为私募投资基金行业的自律性组织，接受中国证监会和国家民政部的业务指导和监督管理。为提高私募行业从业人员专业水平，基金业协会自2014年开始对私募基金从业人员进行注册管理。目前，针对从业人员资质准入，协会发布了《基金从业资格考试管理办法（试行）》，开展基金从业人员考试并出版配套教材；针对私募基金从业人员资格注册管理，协会已发布《关于进一步规范私募基金管理人登记若干事项的公告》《私募基金登记备案相关问题解答（九）、（十一）、（十二）》《关于基金从业人员资格管理实施有关事项的通知》等。为开展行业培训工作，基金业协会还同步建立与之对应的人员管理系统，要求从业人员每年完成一定的培训时长。下一步，基金业协会将继续完善从业人员管理自律规则，更加科学高效组织基金从业资格考试，强化从业人员合规培训、考核评价和问责制度，夯实私募基金行业的人才基础。”①

由此，监管风向很明确：减少存量风险，严防增量风险，行政监管与行业自律相结合。

慢即是快

合规，不仅仅关乎监管

市场上，一些机构通过寻找并引进一些成熟的、优质的私募产品，将自己的存量客户产品化（例如代销，或设立FOF基金），做出业绩后，又用这个产品吸引更多的增量客户。对于被投资的私募机构而言，获得机构客户的青睐，不仅能扩大规模，还是个不错的隐形背书。机构

① 证监会，《对十三届全国人大一次会议第5044号建议的答复》，2018年8月31日。

客户各有遴选标准和尽调程序，关注点大抵归为两块：赚不赚钱？安不安全？

赚不赚钱，即业绩，具体通过以下几点综合评估：投研团队的建设、产品的历史表现、投资策略、投资逻辑等。安不安全，即合规风控，具体通过以下几点综合评估：风险控制理念和措施、诚信情况等。当前，在金融强监管的大背景下，机构客户自身也很强调投资对象的合规问题，由此，合规，不仅仅事关监管，还直接关系与机构客户合作的可能性。

陀螺与行星

抽一鞭子转一下的，这是陀螺；依托万有引力自己就能转的，这是行星。目前，在监管主动出击下，监管风暴越刮越劲，但从监管层的角度思考，监管层更希望看到的应当是被监管者在上层法律、监管制度的引导下，能主动自律。正如证监会在《对十三届全国人大一次会议第5044号建议的答复》中提到的："促进私募基金健康持续发展，加强私募基金行业管理，要处理好行政监管与行业自律的关系，明确各自边界，既要加强行政监管，也要发挥好行业自律管理的效能。"①

运营风险，即经营管理风险。运营风险的出现，有时是企业主动违规的结果。有些企业为了迅速发展壮大，或大或小会做些出格的事，例如，P2P网络借贷，法规禁止在互联网、固定电话、移动电话等电子渠道以外的物理场所进行宣传或推介融资项目，禁止大规模线下营销，但生活中却有电视剧里植入广告，冠名真人秀节目等行为；再例如，广告法禁止与事实不符的夸大宣传，但某些企业宁可收罚单、缴罚款也要宣称一粒药包治百病，一个按摩仪驼背没问题等。

企业主动违规，一部分原因在于违法成本和收益相较之下，企业认

---

① 证监会，《对十三届全国人大一次会议第5044号建议的答复》，2018年8月31日。

为后者更值得冒险。这里，问题来了，运作私募，作为私募从业人员，或多或少踩踩红线问题大吗？能否等业务蒸蒸日上后，再加强合规整改？

答：不能抱有这种想法。

原因一，正如前文所说，监管广泛且细致，某些行为触犯行政规则的同时，还可能触犯刑事犯罪，后果不轻。例如内幕交易或操纵市场，尤其私募运作的资金量不小，容易触及犯罪指标。再例如，没有私募资质就开展募集，或者面向非合格投资者放低募集门槛，这貌似是快捷的募资方法，毕竟非合格投资者体量比合格投资者多多了。尤其私募成立之初，难以得到机构投资者的青睐，也不容易游说个体高净值客户时，采用承诺保本，降低投资门槛，面向不特定大众等方式貌似屡试不爽，实则是刀刃舔蜜。监管很关注适当性管理的落实情况，一经发现，后果严重。就算有些行为仅冒犯了行政规则，没达到刑事犯罪那么严重的程度，但混迹于私募，一旦被证监会或者中基协公示在违纪或黑名单中，犹如自断其臂，后果直接：通不过机构投资者尽调，券商不给代销，永远在监管网站上昭昭于众，损及颜面……如此，私募机构难有机会发展壮大，更何谈做大做强后再合规整改。私募行业，违法成本不低，建议从严把控。

原因二，就私募的近年监管风向来看，监管层主动监管力度增大。以往受处罚的案例多为投资者主动反映，或案发后倒查，以被动监管为主。但近年来，监管层主动约谈、主动抽查、现场检查数量增多。再者，近年来若干非法集资案件的爆雷和投资者教育的普及，也让越来越多的公众对投资一事提高警惕，所以，若想私下违规操作，忽悠公众，较之以往更容易被发觉。

原因三，违规操作有时会演变成恶性竞争，短期内容易给对手造成压力，但是，在监管层不断清理违规情形，将部分违规者踢出局的同时，合规的机构反而会有更健康、更通达的发展机会。

因此，私募从业者不仅需要速度与激情，还需要对风险有足够的认知和把握。在追求更快、更大的同时，更应将时间维度纳入思考，做长远打算，稳扎稳打。合规，是成功把控风险的一剂良药。本书的写作主旨便在于此，从私募的设立、募集、运作、退出四大块，系统地做合规解答，帮助想要了解以及已经身处私募浪潮中的从业者更清晰地把控风险。

第二章

私募管理人的设立

开展资金募集和基金运作之前，首先得设立能开展此类活动的主体，标准称呼为：私募投资基金管理人。

字面意思很明显，即管理私募投资基金的人（以下简称“私募管理人”“管理人”）。虽然名称中有个“人”字，但此“人”不是张三、李四这类自然人主体，只能是机构主体，即公司、合伙企业。所以，当说到某私募管理人的时候，不要误解为是在电脑面前，眼里闪烁着光芒的某位操盘手。

私募管理人的设立分为两个步骤，即成立机构主体，以及向中国证券投资基金业协会（以下简称“中基协”）申请登记。这两个步骤之间的关系是什么呢？下面我们举例说明。

某日阳光明媚，一名婴儿诞生了，被父母取名为小新。自出生之日起，小新便是世界上的一个人，拥有作为人的基本权利义务。小新觉得律师这个职业很酷，梦想长大当律师。他听说，要当律师必须向律师协会申请律师执业资格证。于是他努力学习，司法考试合格，向律师协会申请到了律师执业资格证。

类似的，小新的出生，可以看作是机构主体的成立；小新向律师协会申请律师执照，等同于机构向中基协申请私募管理人登记；小新通过律师协会的审核，取得律师执照，便是小新成为律师，能开展律师业务的标志；同样的，通过中基协的登记审核，则意味着申请机构取得了开展私募业务的资质。

由此，私募管理人的设立，简单来说，即两个步骤，先有个主体，再到该主体取得资质的过程。

私募管理人的设立并不复杂，但并非全国各地均可设立。自 2016 年以来，全国多地暂停了投资类公司的工商注册登记，并开展了对以投资理财名义从事的金融活动的一系列排查整治工作，截至 2017 年底，陆续放开了一些地区，2018 年中下旬又收紧。所以，要设立私募管理人，建议先到拟注册地工商部门询问，看该地是否已经恢复了私募管理人的注册登记。另外，我国一些地区有扶持政策，还有些地区为私募机构的落地提供了法律、会计、外包等方面的指引。所以，可多了解不同地区的政策，挑选合适的注册地。同时，由于政策普遍有时效性，需注意新旧交替，关注当下的政策。

第一节
设立之前， 应当知道的事情

有些事，具体着手时，总会给人一种感觉，看着山腰处有座明晃晃的城堡，不远，但却总是在山脚绕来绕去。类似的，如何设立私募管理人，答案很明显，就两个步骤，但实操中，你会发现海量的信息，究竟孰真又孰假？那么，我们先来看看，权威机构怎么说。

“官方”代办

中基协说，一切打着“官方”二字的代办都是吹牛皮。

关于私募机构的设立，市场上有些代办机构号称“包通过”“有官方渠道”等。对此，中基协严正声明：“协会从未指定或委托任何私募基金中介服务机构或个人代为办理或核查私募基金管理人登记、私募基金备案事宜。任何机构或个人许诺的所谓‘包通过’‘协会内部关系催办’‘专业移除异常公示’都是骗局。”①

来看中基协查处的案例：部分网站涉嫌冒充中基协“官方代办机

① 中基协．严正声明[EB/OL]．http://www.amac.org.cn/xhdt/zxdt/393112.shtml,2018－05－24.

构”或涉嫌采用虚假宣传及类似手段办理私募基金管理人登记和基金备案。[①] 例如××投资有限公司宣传时存在“私募基金牌照代办最具官方的代办机构”“已经成功办理上百家，最快5天出证，对于资质不齐全，资料不够的可通过我公司进行特殊办理”等涉嫌违法内容，该公司被中基协责令注销登记；另一家××投资管理有限责任公司，使用“中国证券投资基金业协会”作为宣传背景，并且有“基金公司备案专业代理（包通过）”内容等，中基协将其有关涉嫌违法事实移送北京市工商局进一步调查处理。[②]

由此可知，中基协从未设置过官方代办机构，拟申请机构需理性对待虚假宣传，莫轻信“特殊处理”“有熟人”“包通过”等神秘、隐晦、拍胸脯的说法。

虽然中基协的准入并非行政审批，但从其逐年对拟登记机构的反馈中可以看出，中基协对登记标准的把握愈来愈严。中基协明确指出：“申请机构应当在确有私募投资基金管理业务发展需要和展业能力时，提交私募基金管理人登记申请，合理安排后续产品备案。”[③] 所以，在申请登记环节，拟登记机构提交的材料需足以匹配法定要求，足以支撑律师事务所得出肯定结论。例如，需要商业计划书，以说明拟登记机构确是业务发展所需，非盲目跟风；需要社保证明，以说明员工入职情况属实，非挂靠、兼职……由此，拟登记机构也应熟悉登记备案要点，事先自我审视，积极配合律所尽调及整改，以便更顺利地完成登记手续。

---

① 中基协．中国基金业协会关于登记备案工作的严正声明[EB/OL]. http://www. amac. org. cn/djffsmhd/qwfb/390165. shtml,2015－11－24.

② 中基协．中国基金业协会严肃处理违法代办机构[EB/OL]. http://www. amac. org. cn/djffsmhd/qwfb/390164. shtml,2016－01－06.

③ 中基协．严正声明[EB/OL]. http://www. amac. org. cn/xhdt/zxdt/393112. shtml,2018－05－24.

“准入”之人、财、物

中基协说，要上琅琊榜，得是武林好手。

上榜中基协官网，才能开展私募业务。我国历来对投融资监管严格，私募是典型的投融资行为，自入口便设置了一系列要求，规范进入门槛。正如一条高速路，能上高速路的首先得是机动车，行人和非机动车禁入。同时，也并非所有机动车都能畅行，例如拖拉机就禁入。不符合规定的，会被拦下；贸然驶入的，会受到处罚。类似的，私募的出现和发展，是由法律规范架起了一条专用道，使其能从地下走向阳光。中基协的准入就类似于高速路入口的起落杆，一杆一车，符合相关标准的才可通行。准入标准，可以归纳为人、财、物三方面。

标准一：人

私募管理人是否能胜任受人之托，代客理财，首当其冲反映在该机构的人员组成上。人员组成，要点有三：合法、专业、专注。由此，重中之重，私募机构的人，包括股东/合伙人、实际控制人、员工。

1. 股东/合伙人

先看有境外股东的情况。对于私募证券类投资机构而言，外商独资和合资私募证券基金管理机构在中国境内开展私募证券基金管理业务，应当在中基协登记为私募证券基金管理人，且应当符合以下条件：（1）该私募证券基金管理机构为在中国境内设立的公司；（2）该境外股东应当为所在国家或地区金融监管当局批准或者许可的金融机构，且该境外股东所在国家或地区的证券监管机构应当已与中国证监会或者中国证监会认可的其他机构签订证券监管合作谅解备忘录；（3）该机构及其境外股东最近三年没有受到监管机构和司法机构的重大处罚。①

也就是说，第一，境外股东必须是金融机构的形式，该金融机构在境外也是合法成立的；第二，境外自然人不能成为股东；第三，不在备忘录区域内的国家和地区的金融机构也不能成为股东；第四，最近三年受相关处罚的不能成为股东；第五，必须向中基协申请登记；第六，包含境外股东的私募管理人，应当依法在中国境内设立并有效存续，且其组织形式为公司制。对于已经在中国境内设立了从事海外投资基金管理业务的外资机构，海外投资基金管理业务与其他境内私募基金管理业务应当适当隔离，不同产品的基金财产应当实现独立，单独托管，并应采取适当措施防范利益冲突。②

截至2018年6月，中国证监会已相继同62个国家和地区的证券期货监管机构签署了68个监管合作谅解备忘录，只有备忘录区域里的金融机构才有资格作为我国私募证券投资基金管理人中的股东，具体备忘录里包括哪些国家和地区呢？搜索证监会官网中“国际部”的“监管合作”（网址：http：//www. csrc. gov. cn/pub/newsite/gjb/jghz/）可以查询得到。

需特别注意，上述规定针对的是私募证券投资机构③，不包括私募股权投资机构。那么，问题来了，私募股权投资机构是否允许存在境外股东？

答：可以。2017年7月17日深圳××股权投资基金管理有限公司在中基协登记，获得私募基金管理业务资质④，这是家外商独资的私募

① 中基协．外商独资和合资私募证券投资基金管理人登记备案填报说明[EB/OL]．http://www. amac. org. cn/cms/contentcore/resource/download? ID=6208,2017-01.

② 中基协．外商独资和合资私募证券投资基金管理人登记备案填报说明[EB/OL]．http://www. amac. org. cn/cms/contentcore/resource/download? ID=6208,2017-01.

③ 中基协．私募基金登记备案相关问题解答(十)[EB/OL]．http://www. amac. org. cn/xhdt/zxdt/390744. shtml,2016-06-30.

④ 方丽．首批外商独资私募股权基金管理人获得资格[N]．中国基金报,2017-07-24.

股权投资公司，意味着私募股权投资机构可以有境外股东。当然，能作为私募股权投资机构境外股东的，同样也有条条框框加以限制，例如上海、北京、贵州、深圳等地都出台了有关外商投资股权投资企业试点的规定（此类规定，用“某某地区＋外商投资股权投资”百度一下就能搜到，本书不再赘述），因此，需符合相关规定的才可作为私募股权投资机构的境外股东。

接着来看股东/合伙人门槛。不得成为私募管理人股东或者合伙人的情形有哪些？

2017年8月30日，由国务院法制办下发的《私募投资基金管理暂行条例（征求意见稿）》，其中列举了不得担任私募管理人，不得成为私募管理人的主要股东或者合伙人的情形。虽然此文件还处于征求意见阶段，但可先用作参考。

根据该征求意见稿，不得担任私募基金管理人，不得成为私募基金管理人的主要股东或者合伙人的情形包括：因故意犯罪被判处刑罚，刑罚执行完毕未逾3年的；最近3年因重大违法违规行为被金融监管、税收、海关等行政机关处以行政处罚的；净资产低于实收资本的50%，或者或有负债达到净资产的50%的；不能清偿到期债务的；法律、行政法规和国务院证券监督管理机构规定的其他情形。① 可以这么理解，故意犯罪的主观恶性较大，因重大违法违规被金融监管、税收、海关等此类行政机关处罚的，较难以令人相信其能遵纪守法、勤勉尽责管理好基金财产，因而需要有段观察期（或者可以看作一段时间的惩罚）；对于负债比重较大，资金实力欠缺的股东，自身不具有实缴能力，或有被执行之忧，自然不是合适人选，毕竟私募机构注册资本和实缴资本普遍远高于一般公司、企业。私募机构的义务之一是保障投资者的合法权

---

① 国务院法制办，《私募投资基金管理暂行条例（征求意见稿）》，2017年8月30日。此文件还未正式颁布，此处仅作为参考。

益，落实该义务要求私募机构最基本应具备稳定性，而私募机构的稳定性一部分来源于股东自身的稳定，由此，对股东设置条条框框也是顺应私募机构的本质要求。

再重申一遍，前述有关股东/合伙人门槛的规定来自于 2017 年 8 月 30 日由国务院法制办下发的《私募投资基金管理暂行条例（征求意见稿)》，目前此条例还未正式颁布，此处仅作为参考。

另外，2018 年，在证监会下发的《对十三届全国人大一次会议第 5044 号建议的答复》中，证监会就“私募基金管理人股东条件”如是说：“相较银行、证券、信托等传统金融机构监管法律法规对发起人、股东等准入条件有明确要求的状况，现有法律法规并未对私募管理人及股东设置具体的准入条件和禁入约束。我会从扶优限劣、从严监管的角度出发，指导基金业协会在开展私募基金管理人登记过程中，结合私募行业实际情况完善准入标准，要求私募基金管理人主业集中明确，注重从机构注册资本、经营范围、实际业务开展情况、财务状况、展业计划等多方面加以甄别，对于具有优质股东背景的申请机构优先支持，起到了一定的扶优限劣作用。下一步，我会将与立法部门沟通，建议在《私募条例》中强化对基金管理人和股东的规范要求。”由此，下一步私募管理人的股东/合伙人条件将有更清晰及明确的限定。

接着，下一个问题，假设不愿意出面，找员工或亲戚当显名股东/合伙人，自己隐身其后可以吗？

此种情形风险点有四个。第一，中基协要求股东/合伙人以自有资金出资，这就带来一个问题，假设存在隐名股东/合伙人，在出资的银行卡流水单上，往往可以看到出资款从他人的账户划进来，验资完成后又整笔划出去，由此，显名股东/合伙人很可能无法证明出资能力及资金来源的合法性，通不过中基协审核；第二，中基协要求如实披露，故意隐瞒股东/合伙人身份属于虚假陈述，对私募机构、股东/合伙人及出具法律意见书的律所都存在隐患；第三，显名股东/合伙人具有对外公示的效力，倘若显名股东/合伙人因私被执行（如负债、离婚、发生继承等财产被执行的情形），隐名股东/合伙人得努力证明其才是股权或出资份额的真实持有人，或采取事后向显名股东/合伙人追偿等一系列维权措施；第四，隐名股东/合伙人若抽逃或未缴足出资，显名股东/合伙人同样因公示效力，负有先行承担责任的后果。总之，隐名的初衷往往是避免麻烦，但隐名存在隐患，结果可能招惹不少麻烦。

在 2018 年 12 月 7 日更新的《私募基金管理人登记须知》中，对于出资人，也即申请机构的股东/合伙人，中基协要求如下：（1）严禁股权代持，申请机构出资人应当以货币财产出资。出资人应当保证资金来源真实合法且不受制于任何第三方。申请机构应保证股权结构清晰，不应当存在股权代持情形。出资人应具备与其认缴资本金额相匹配的出资能力，并提供相应的证明材料。（2）股权架构要求，申请机构应确保股权架构简明清晰，不应出现股权结构层级过多、循环出资、交叉持股等情形。协会将加大股权穿透核查力度，并重点关注其合法合规性。（3）股权稳定性要求，申请机构应当专注主营业务，确保股权的稳定性。对于申请登记前一年内发生股权变更的，申请机构应详细说明变更原因。如申请机构存在为规避出资人相关规定而进行特殊股权设计的情形，协会根据实质重于形式原则，审慎核查。申请机构的出资人、实际控制人不得为资产管理产品。（4）根据竞业禁止的要求，出资人还应当遵守竞业禁止原则，恪尽职守、勤勉尽责，不应当同时从事与私募业务可能存在利益冲突的活动。

2. 实际控制人

私募管理人的实际控制人是通过持股、相关协议等原因，能够对私募管理人的决策、经营管理等方面产生重大影响、实际支配的人。例如控股股东通常是实际控制人，因为在公司型的私募管理人中，持股

50%以上的控股股东，其所持表决权足以影响股东会决议；再例如，有限合伙型私募管理人中的普通合伙人兼执行事务合伙人，其实际管控企业的经营决策，是合伙企业的实际控制人；再例如，一些股权较为分散的公司，几个股东联合签署一致行动协议，也足以影响公司重大决策和经营管理，则这些股东因协议原因成为实际控制人。

私募管理人的实际控制人应一致追溯到最后的自然人、国有控股企业或集体企业、上市公司、受国外金融监管部门监管的境外机构。在没有实际控制人情形下，应由其第一大股东承担实际控制人相应责任。①

3. **员工**

私募管理人中的从业人员，需要具备与岗位要求相适应的职业操守和专业胜任能力。② 先来看高管，私募管理人的高管包括法定代表人/执行事务合伙人（委派代表）、总经理、副总经理、合规/风控负责人等。

问题一：一个私募管理人至少应当配备多少名高管？

答：至少2名③，其中1名必须是合规/风控负责人④。

问题二：私募管理人的高管需要取得基金从业资格吗？

答：私募证券投资机构的所有高管［法定代表人/执行事务合伙人（委派代表）、总经理、副总经理、合规/风控负责人等］都必须取得基金从业资格；而私募股权投资机构至少2名高管［其中1名是法定代表人/执行事务合伙人（委派代表），另1名是合规/风控负责人］应当取得基金从业资格。⑤

---

① 中基协，《私募基金管理人登记须知》，2018年12月7日更新的版本。

② 中基协，《私募基金管理人登记须知》，2018年12月7日更新的版本。

③ 中基协，《私募投资基金管理人内部控制指引》第十一条第二款，2016年2月1日。

④ 中基协，《关于进一步规范私募基金管理人登记若干事项的公告》第四条，2016年2月5日。

⑤ 中基协，《关于进一步规范私募基金管理人登记若干事项的公告》第四条，2016年2月5日。

问题三：私募管理人的合规/风控负责人能从事投资业务吗？

答：不能。[①]

问题四：私募管理人的高管能兼职吗？

答：能，但有限制。

怎么理解呢？举个例子，情形一：A私募管理人实际控制人同时是B私募管理人的实际控制人，于是A、B为关联关系，A私募管理人的法定代表人张三在能两头兼顾的同时，也可以兼职担任B私募管理人的法定代表人。假设A、B两家私募管理人之间没有关联关系，那么，张三便不能兼职，原因是：中基协要求高管不能在非关联关系的私募机构中兼职。情形二：若前述A私募管理人的风控总监想要同时兼职B私募管理人风控总监，可以吗？答案是不行，因为风控总监不得兼职。情形三：如果前述A公司不是私募管理人，而是一家生产袜子的实业公司，那么A公司的法定代表人张三兼职B私募管理人的法定代表人，可以吗？是否可以，关键在于是否能向中基协证明其能同时担当两不误。根据经验，若法人兼职情况过多，会被退回补正，要求剥离部分法人职务。同时，中基协将关注其兼职的合理性、胜任能力、如何公平对待服务对象等，中基协还将重点关注在多家关联机构兼职的高管履职情况。[②]

问题五：除了法定代表人，其他高管可以兼职吗？

答：根据经验，除法定代表人外，其他从事私募基金管理业务相关的高管原则上不应兼职。例如将投资总监设置为高管时，出于专业化经营和对利益冲突防范的考虑，不应兼职（根据经验，即使投资总监未设置成高管，也不应兼职，这样才更能让中基协相信申请机构从事私募基

① 中基协,《关于进一步规范私募基金管理人登记若干事项的公告》,2016年2月5日。

② 中基协．私募基金登记备案相关问题解答(十二)[EB/OL]. http://www.amac.org.cn/xhdt/zxdt/391363.shtml,2016－11－23.

金管理业务的人员足够专注，能专心维护好投资者的合法权益）。

2018 年 12 月，在中基协下发的《私募基金管理人登记须知》中，对于高管任职的说明如下：根据《私募基金登记备案相关问题解答（十二）》，为维护投资者利益，严格履行“受人之托、代人理财”义务，防范利益输送及道德风险，私募基金管理人的高管人员应当勤勉尽责、恪尽职守，合理分配工作精力，在私募基金管理人登记及相关高管人员提出变更申请时，应当遵守以下要求：（1）不得在非关联的私募机构兼职；（2）不得在与私募业务相冲突业务的机构兼职；（3）除法定代表人外，私募基金管理人的其他高管人员原则上不应兼职，若有兼职情形，应当提供兼职合理性相关证明材料（包括但不限于兼职的合理性、胜任能力、如何公平对待服务对象、是否违反竞业禁止规定等材料），同时兼职高管人员数量应不高于申请机构全部高管人员数量的 1/2；（4）私募基金管理人的兼职高管人员应当合理分配工作精力，协会将重点关注在多家机构兼职的高管人员任职情况；（5）对于在一年内变更 2 次以上任职机构的私募高管人员，协会将重点关注其变更原因及诚信情况；（6）私募基金管理人的高管人员应当与任职机构签署劳动合同。在私募基金管理人登记、提交高管人员重大事项变更申请时，应上传所涉高管的劳动合同及社保证明。已登记机构应当按照上述规定自查私募基金管理人相关高管人员的兼职情况。协会将按照有关规定对私募基金管理人高管人员的兼职情况进行核查，逐步要求不符合规范的机构整改。

问题六：找外部人员帮忙“挂靠”高管可以吗？

答：不可以。各类规范对私募高管的要求较多，比如要有基金从业资格，要有相应的学历背景、投资管理从业经历①等，中基协对一些高

① 中基协．私募基金登记备案相关问题解答（二）[EB/OL]．http://www.amac.org.cn/flfg/flfgwb/smwd/392220.shtml,2015-01-21.

管背景说服力不足，难以证明足以胜任其职的私募管理人进行了反馈，要求补充说明该高管适格，或者直接要求更换高管后再重新申请登记。所以，一些机构往往为了更顺利地通过中基协审核，会找背景资历较匹配的外部人员帮忙“挂靠”高管，等通过了中基协审核后再将“挂靠”的高管撤下，换上真正的高管人员。这种“挂靠” + “置换”的方式，中基协持完全否定的态度。针对存在此种情况的个人及私募管理人，一经查实，中基协将记入个人诚信档案，视情节严重程度，采取行业内谴责、加入黑名单、取消基金从业资格等纪律处分；针对存在上述情况的私募管理人，一经查实，将公开谴责，并将虚假填报情况进行公示，情节严重的，将暂停受理其基金备案，撤销其管理人登记。此外，为私募基金管理人提供法律、会计、外包业务等的中介服务机构，若误导、诱导私募基金管理人采取“挂靠”等方式，一经查实，中基协也将对此类中介服务机构予以处罚。①

问题七：不找“挂靠”，那虚构高管履历，让高管背景经验看着“高大上”可以吗?

答：不可以，同样属于虚假陈述，一旦被发现，也将受到处罚。例如，被公示违规，对私募管理人的声誉会有冲击。投资者，尤其机构投资者往往倾向于选择合规的私募管理人，相信合规的私募管理人能诚信、谨慎地对待投资人资金。

接着来看除高管以外的其他员工。

问题一：其他员工需要有基金从业资格吗?

答：从事私募基金业务的专业人员应当具备基金从业资格。② 例如私募证券投资机构的基金经理，负责募集流程的产品经理，私募股权投

① 中基协．私募基金登记备案相关问题解答(十二)[EB/OL]. http://www.amac.org.cn/xhdt/zxdt/391363.shtml,2016 - 11 - 23.

② 中基协,《私募投资基金管理人登记和基金备案办法(试行)》,2014 年 2 月 7 日。

资机构的项目经理等，都属于从事私募基金业务的专业人员。根据经验，对于私募证券投资基金管理人，除了行政和财务人员，建议其他人员均具备基金从业资格；若有可能的话，建议行政和财务人员也通过基金从业资格考试。

问题二：其他员工的背景履历有要求吗？

答：有要求，员工应具备与岗位要求相适应的职业操守和专业胜任能力①，员工的专业背景、工作履历等需匹配其在私募管理人的岗位设置。

问题三：员工要设置多少人？

答：申请机构员工总人数不应低于5人，申请机构的一般员工不得兼职，比如，募集销售、投研决策、合规风控、估值清算等一系列投资业务相关的前中后台要有足够的人力支持，业务发展体量也应与人员质量、数量匹配，否则无法令人相信申请机构人员足够维系日常运作，会被反馈整改。另外，从私募机构内控管理的角度来看，专人专岗较能减少出错概率。通常，在成立初期，业务体量较少时，投研人员也许既负责募集销售，也管理基金，处理的事情比较繁杂。但随着基金规模的扩大，募集销售、基金备案、信息报送、投研决策、风险控制、档案整理等多项事务应分解由多人负责，专人专岗，提升每个员工就某个环节的专注度和准确度，防范风险事件。正如中基协所要求的，私募基金管理人组织结构应当体现职责明确、相互制约的原则，建立必要的防火墙制度与业务隔离制度，各部门有合理及明确的授权分工，操作相互独立②；授权控制应当贯穿于私募基金管理人资金募集、投资研究、投资运作、运营保障和信息披露等主要环节的始终；私募基金管理人应当建

① 中基协,《私募投资基金管理人内部控制指引》第十一条,2016年2月1日。
② 中基协,《私募投资基金管理人内部控制指引》第十条,2016年2月1日。

立健全授权标准和程序，确保授权制度的贯彻执行。[①]

问题四：员工数量和岗位设置有欠缺怎么办？

答：招人 + 外包。一些业务，例如审计、估值核算、基金财产托管等，建议外包给专业机构。一些岗位，例如每个私募管理人，都应配备风控高管，如果欠缺，那当然得继续招聘，直到招到合适的为止。同时，根据2018 年中基协下发的《私募基金管理人登记须知》，从业人员还应当遵守竞业禁止原则，恪尽职守、勤勉尽责，不应当同时从事与私募业务可能存在利益冲突的活动。

问题五：关于基金经理“静默期”的要求是否适用私募基金行业？

答：是。根据《基金管理公司投资管理人员管理指导意见》（证监会公告〔2009〕3 号）中第三十四条的规定：“公司不得聘用从其他公司离任未满 3 个月的基金经理从事投资、研究、交易等相关业务。”根据该规定，基金经理变更就职的公募基金公司，需要有 3 个月的“静默期”，在这 3 个月内该基金经理不得在其他公募基金管理公司从事投资、研究、交易等相关业务。为维护行业的公平、公正，统一监管标准，对从公募基金管理公司离职，转而在私募基金管理公司就职的基金经理，实行同样 3 个月的“静默期”要求，并在私募管理人登记环节予以落实。[②] 即“公”转“私”基金经理有 3 个月“静默期”。

问题六：怎么取得基金从业资格？

答：两种方式，考试或者通过资格认定。基金从业人员进行基金从业资格注册，中基协认可的考试科目包括：中基协组织的科目一《基金法律法规、职业道德与业务规范》、科目二《证券投资基金基础知识》、科目三《私募股权投资基金基础知识》，证券业协会组织的《证券投资

① 中基协，《私募投资基金管理人内部控制指引》第十五条，2016 年 2 月 1 日。

② 中基协．私募基金登记备案相关问题解答（四）[EB/OL]．http://www.amac.org.cn/flfg/flfgwb/smwd/392220.shtml.

基金》《证券市场基础知识》《证券投资基金销售基础知识》（该三个科目已于 2015 年停止组织考试）；以及符合中基协规定的其他认定方式取得基金从业资格的。

私募基金管理人的从业人员通过科目一和科目二，或科目一和科目三，或科目一和《证券投资基金》，或《证券市场基础知识》和《证券投资基金》考试的，可由所在任职机构向中基协申请基金从业资格注册。[①] 即考试的组合有四种，第一，通过科目一《基金法律法规、职业道德与业务规范》和科目二《证券投资基金基础知识》；第二，通过科目一《基金法律法规、职业道德与业务规范》和科目三《私募股权投资基金基础知识》；第三，通过科目一《基金法律法规、职业道德与业务规范》和《证券投资基金》；第四，通过《证券市场基础知识》和《证券投资基金》。

特别注意一：通过考试后，应当在四年内通过所在机构向中基协申请注册基金从业资格。[②] 已取得基金从业资格的私募管理人高管，自资格取得之日起一年内需要完成 15 学时的后续培训方可维持其基金从业资格。[③] 另外，机构须指定一名资格管理员，由资格管理员负责进行本机构从业人员的注册、变更、离职备案、年检等工作，已取得基金从业资格或基金销售业务资格的从业人员需完成每年度不少于 15 学时的后续培训，并通过所在机构每两年参加中基协组织的从业资格年检。[④] 后续培训有面授和远程两种方式，面授由中基协官网或微信公众号发布通知；远程培训可登录远程培训系统参加学习，学时信息可登录协会官网

① 中基协，《关于基金从业人员资格管理实施有关事项的通知》（中基协字〔2017〕100 号）第一条，2017 年 6 月 26 日。

② 中基协，《关于基金从业资格考试有关事项的通知》（中基协字〔2015〕112 号），2015 年 6 月 16 日。

③ 中基协，《关于进一步规范私募基金管理人登记若干事项的公告》，2016 年 2 月 5 日。

④ 中基协，《关于基金从业人员资格管理实施有关事项的通知》（中基协字〔2017〕100 号）第三条，2017 年 6 月 26 日。

“从业人员管理—培训平台—培训学时查询”进行查询。[①]

特别注意二：原先，根据《关于基金从业资格考试有关事项的通知》（中基协字〔2015〕112号）有关规定，截至2017年7月1日，认可中国证券业协会组织的《证券投资基金》《证券市场基础知识》和《证券投资基金销售基础知识》科目的考试成绩。但是，鉴于中国证券投资基金业协会从业人员管理平台有关功能尚在完善中，为确保基金从业人员注册工作有序平稳，对《证券投资基金》《证券市场基础知识》和《证券投资基金销售基础知识》科目考试成绩的认可期延长至2019年7月1日。基金从业资格（含基金销售业务资格）注册应统一由机构进行，已在基金行业机构任职的人员，由所在任职机构向中基协申请基金从业资格注册（含基金销售业务资格）。2019年7月1日之后，通过上述相关科目考试未注册的，向中基协申请基金从业资格（含基金销售业务资格）注册需补齐近两年的后续培训30个学时或重新参加基金从业资格考试。

通过中基协组织的相关科目考试后，在四年内可以通过所在机构向中基协申请基金从业资格注册。超过四年未通过机构申请基金从业资格注册的，需在注册前补齐最近两年的规定后续培训学时或重新参加从业资格考试。[②]

特别注意三：通过资格认定的方式仅限于私募股权投资机构的高管，也就是说私募证券投资机构的人员要想取得基金从业资格，只有通过考试的方式。具体符合哪些条件可以通过资格认定委员会认定基金从业资格，以及需要提交哪些材料等，详见中基协发布的《私募基金登记备案相关问题解答（九）》。

---

① 中基协，《私募基金登记备案相关问题解答（十二）》，2016年11月23日。

② 中基协，《关于基金从业人员资格管理实施有关事项的通知》（中基协字〔2017〕100号）第二条，2017年6月26日。

标准二：财

这里的“财”，指的是私募管理人的注册资本、运营资本金，即股东/合伙人认缴和实缴资金。要点在于资金来源合法、真实、足够，原因在于若申请机构出资不足、出资能力不济，例如股东/合伙人债台高筑无力偿还，诉讼缠身出资份额有被执行之虞，可能影响到私募机构的稳定性，难以维持后续运作。

1. 工商登记环节

一些地区在工商注册环节对私募管理人的注册资本没有明确要求，但一些地区有要求。例如福州经济开发区，对私募股权机构规定：以股份有限公司型设立的，注册资本应不低于人民币500万元；以有限责任公司型设立的，实收资本应不低于人民币100万元。对私募证券投资机构规定：注册资本应不低于人民币3000万元，管理资产在1亿元以上。① 实践中，具体可咨询拟注册地工商管理部门，以便提前做好准备。

2. 中基协登记环节

对于注册资本多寡，中基协目前没有明确的数额限定，也没有要求私募管理人必须全部实缴到位。② 但如果私募管理人的实缴资本低于认缴资本的25%，或者实缴资本低于100万元则会被公示。③ 例如在中基协官网“私募基金管理人分类公示”一栏中，有“管理人实缴资本低于注册资本25%”以及“管理人实缴资本低于100万”两个提示事项，点击进入可以看到被公示的私募管理人。具体如图2-1-1所示。

一些私募管理人喜欢将注册资本设置得很高。根据经验，过高的注

---

① 福州经济技术开发区金融办,《福州经济技术开发区关于促进股权投资和证券投资基金加快发展的暂行办法》,2017年1月25日。

② 中基协．私募基金登记备案相关问题解答（一）[EB/OL]. http://www.amac.org.cn/flfg/flfgwb/smwd/392220.shtml.

③ 中基协．私募基金登记备案常见问题解答[EB/OL]. http://www.amac.org.cn/xhdt/zxdt/390653.shtml,2016-05-27.

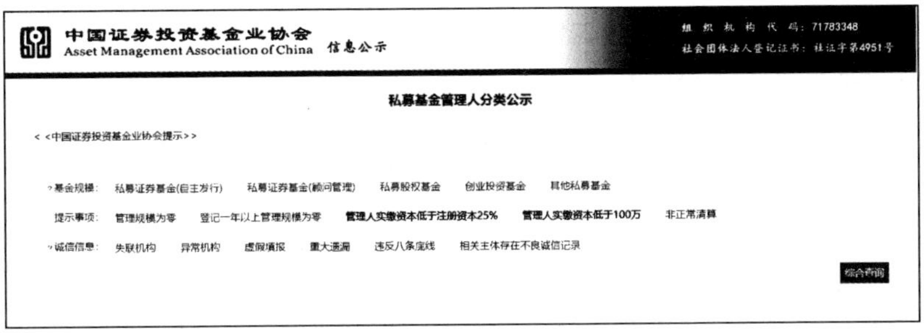

图 2－1－1　查询被公示的私募管理人

册资本有可能被反馈，要求说明注册资本设定较高的原因；过低也有被反馈要求增资的可能。那么，过高、过低具体怎么衡量？关键在于申请机构自身的真实背景、展业计划及现实条件等是否匹配，能否相互印证。例如申请机构的股东确实实力雄厚，又有宏大的计划及各方面现实的运作条件来支撑，那么注册资本设置较高也合理。

实践中，往往一些私募管理人之所以设置很高的注册资本，究其原因是希望看上去很有实力，借此取信于投资者。在向中基协申请登记时，此类机构又无法提供充足的材料证明实力背景、展业所需，因此，很大概率会被反馈要求整改。类似的，过低的认缴或实缴注册资本难以支撑私募管理人的日常运营，无法证明其能维持一段时间内正常的运营所需，所以，过低的情形下，大概率也将被反馈要求整改。

根据经验，虽然未要求应当具备特定金额以上的资本金才可申请登记，但作为必要合理的机构运营条件，申请机构应根据自身运营情况和业务发展方向，确保有足够的资本金保证机构有效运转。具体而言，相关资本金应覆盖一段时间内机构的合理人工薪酬、房屋租金等日常运营开支，律师事务所应当对私募基金管理人是否具备从事私募基金管理人所需的资本金、资本条件等进行尽职调查并出具专业法律意见。① 根据

① 中基协．私募基金登记备案常见问题解答［EB/OL］. http://www.amac.org.cn/xhdt/zxdt/390653.shtml,2016－05－27.

经验，运营资本金至少要能覆盖半年以上的开支。为何至少是半年？因为自2016年起，新登记的私募管理人在办结登记手续之日起6个月内仍未备案首只私募基金产品的，中基协将注销该私募管理人登记[①]，继而运营资本金应至少能支撑半年内设立一只私募基金的要求。

3. **过桥资本**

过桥资本，一种会被反馈整改的情形。一些申请机构在工商注册环节虽然有实缴的验资报告，但核验的资金往往是过桥资本，即向外借入资金用以充作实缴资本，一般在工商验资过程结束后便以各种名义返还出借人。在向中基协申请登记环节，由于律师事务所介入，股东/合伙人出资来源是尽调的内容之一，可能会核对申请机构的银行流水，即使有时股东/合伙人有意隐瞒真实情况，但银行流水往往很能说明问题，看得到资金往来。再有，过桥资本通常成本很高，在申请机构账户上停留的时间不长，所以常会看到资金迅速进入，迅速划走的记录。

对于过桥资本，根据经验，会被要求相关机构“减少过高的注册资本后实缴”，即中基协态度很明确，不认可过桥资本。所以，申请机构切莫觉得有工商阶段的验资报告就行，在中基协申请阶段很可能被发现是过桥资本而被要求整改。

另外，出借过桥资本的第三人也有法律风险。若第三人代垫资金协助发起人设立公司，双方明确约定在公司验资后或者在公司成立后将该发起人的出资抽回以偿还该第三人，发起人依照前述约定抽回出资偿还第三人后又不能补足出资，相关权利人可以请求第三人连带承担发起人因抽回出资而产生的相应责任。[②]

---

① 中基协,《关于进一步规范私募基金登记若干事项的公告》(中基协发〔2016〕4号),2016年2月5日。

② 《最高人民法院关于适用〈中华人民共和国公司法〉若干问题的规定(三)》,2010年12月6日最高人民法院审判委员会第1504次会议通过,2011年2月16日施行。

4. **股东出资受质疑**

私募机构股东出资，原先一般是货币出资和实物出资两种，实物出资通常为房产出资。根据经验，申请机构的注册资本，实缴部分需要说明实缴资金的合法来源，未实缴部分需要说明股东的变现能力，使中基协相信申请机构的股东具有真实的出资能力。这需要出具出资能力证明，包括出资能力的说明（出资款的合法来源），出资款的证明材料（工资部分需要上传银行的工资流水，投资收益要有对账单以及投资时签订的凭证。如果是房产出资的，假设房产已变卖，则需要出具卖房合同与买房合同及银行转账流水；假设房产还未变卖，则需要出具买房合同或者房产证以证明房产权属，以及目前房子市值证明）。若证明材料不足，阐述不清出资来源，无法支撑申请机构股东/合伙人的出资能力，将被要求再次提交证明材料及《补充法律意见书》。但是，需特别注意，自 2018 年 12 月，中基协明确要求，只能以货币财产出资，且应保证资金来源真实合法且不受制于任何第三方。①

标准三：物

私募管理人的“物”，主要包括名称、经营范围、营业场所、子公司/分支机构/关联方以及内部控制。

1. **名称**

私募管理人的名称中应当包含“基金管理”“投资管理”“资产管理”“股权投资”“创业投资”等相关字样，否则中基协将不予登记。②此外，从专业化经营和防范利益冲突角度出发，私募管理人不得兼营与私募基金可能存在冲突的业务、与买方“投资管理”业务无关的卖方

---

① 中基协．私募基金管理人登记须知［EB/OL］. http://www.amac.org.cn/xhdt/zxdt/393658.shtml,2018－12.

② 中基协．私募基金登记备案相关问题解答（七）［EB/OL］. http://www.amac.org.cn/flfg/flfgwb/smwd/392220.shtml.

业务以及其他非金融业务。中基协鼓励私募管理人在名称中增加“私募”相关字样，但目前暂不做强制性要求。①

2. **经营范围**

基于防范利益冲突、专业化管理的要求，无论是工商登记，还是实际经营中，私募管理人都不得兼营民间借贷、民间融资、融资租赁、配资业务、小额理财、小额借贷、P2P/P2B、众筹、保理、担保、房地产开发、交易平台等业务。这些业务与私募基金的属性相冲突，容易误导投资者。同时，私募管理人的经营范围中应当包含“基金管理”“投资管理”“资产管理”“股权投资”“创业投资”等相关字样。②

问题一：如果相冲突的多种业务与私募业务并存，能通过中基协登记审核吗？

答：不能，需要将冲突业务剥离。此类机构应当设立专门从事私募基金管理业务的机构后再申请私募管理人登记。

问题二：经金融监管部门批准设立的机构在从事私募基金管理业务的同时也从事上述非私募基金业务的，那么能通过中基协登记审核吗？

答：能，但应当相应建立业务隔离制度，防止利益冲突；若没有切实有效的业务隔离制度，估计也难以通过中基协的登记审核。

问题三：同一家私募管理人，能否既开展私募证券投资，又开展私募股权投资？

答：能与不能，看机构类型。

首先，根据专业化管理原则，私募基金管理人在申请登记时，应当在“私募证券投资基金管理人”“私募股权、创业投资基金管理人”等

---

① 中基协．私募基金登记备案常见问题解答[EB/OL]. http://www.amac.org.cn/xhdt/zxdt/390653.shtml,2016－05－27.

② 中基协．私募基金登记备案相关问题解答(七)[EB/OL]. http://www.amac.org.cn/flfg/flfgwb/smwd/392220.shtml.

机构类型，以及与机构类型关联对应的业务类型中，仅选择一类机构类型及业务类型进行登记；私募基金管理人只可备案与本机构已登记业务类型相符的私募基金，不可管理与本机构已登记业务类型不符的私募基金；同一私募基金管理人不可兼营多种类型的私募基金管理业务。若私募基金管理机构确有经营多类私募基金管理业务的实际、长期展业需要，可设立在人员团队、业务系统、内控制度等方面满足专业化管理要求的独立经营主体，分别申请登记成为不同类型的私募基金管理人。①

也就是说，如果机构类型为私募证券投资基金管理人，则业务类型对应的为私募证券投资；机构类型为私募股权投资基金管理人，则业务类型对应的为私募股权投资；机构类型为其他私募投资基金管理人，则业务类型对应的为其他私募投资；禁止兼营多种业务类型，如若既想从事证券类业务，又想从事股权类业务，还想从事其他类业务，建议设立独立的几家私募管理人运作不同的业务类型。

另外，由于2018年9月起，私募管理人的机构类型新增一种，私募资产配置基金管理人，对应的业务类型也新增一种，私募资产配置基金，这种管理人可在限定条件下开展跨资产类别的投资业务，具体参见本书“私募资产配置基金管理人”一节。

3. 注册地

全国多个地区对私募基金的发展有扶持政策，新设私募机构可考虑选择有扶持政策的地区。这里仅仅举三个例子，实践中可多咨询全国各地的情况。另外，需特别注意的是，原先可注册的一些地区由于政策收紧，很多地区目前暂时不能注册投资类公司、企业，所以，以下举例的地区是否还能注册，需要自行向当地工商管理部门咨询。

第一个是前海深港基金小镇。2018年开园，位于前海桂湾金融先

① 中基协．私募基金登记备案相关问题解答（十三）[EB/OL]. http://www.amac.org.cn/xhdt/zxdt/391907.shtml,2017-03-31.

导区，鲤鱼门地铁上盖物业区内，是中国自贸区内第一个基金小镇、深港金融中心的第一个基金小镇、中国综合交通运力第一的基金小镇。通过官网介绍可知，在现行扶持政策方面，基金小镇全面执行深圳市现行各级有关鼓励基金业发展的政策意见，协助符合条件的入驻机构申请相关扶持政策。一次性落户奖励，最高可达1500万元；经济贡献奖励，最高可达2000万元；办公空间扶持，最高可达每年300万元；金融创新贡献奖，最高可达100万元；行业活动资助，最高可达100万元；高层次人才奖励，最高可达300万元；总部企业个税补贴，最高可达每年30万元。此外，前海产业扶持政策方面，基金小镇提供总部企业扶持、产业发展资金、产业投资引导基金、前海境外高端人才和紧缺人才个税补贴、人才住房保障、自贸区人才出入境便利等扶持政策。①

第二个是珠海横琴新区。为大力发展私募投资基金业，鼓励、规范私募投资基金管理人、私募投资基金在横琴新区集聚发展，2017年12月13日横琴新区发布了《横琴新区促进私募投资基金业发展实施办法》。

根据该实施办法，支持措施如下：（1）为促进横琴新区私募投资基金业蓬勃发展，管委会特设产业培育和扶持专项资金，适用于支持私募投资基金业发展。（2）允许在横琴新区依法设立外资私募基金管理人、私募基金；允许外资私募基金管理人在横琴新区发起管理人民币股权投资基金和创业投资基金；鼓励各类金融机构依法在横琴新区设立私募基金，开展私募投资业务；允许私募基金、私募基金管理人在企业名称中使用“基金”或“基金管理”字样。（3）鼓励设立私募基金创新机构，支持有条件的私募基金开展境外股权投资业务，鼓励在横琴新区设立专业从事境外股权投资的项目公司，支持有条件的私募基金管理

① 深圳特区报．前海深港基金小镇10月开园[EB/OL]. http://www.szqh.gov.cn/sygnan/qhzx/xwrd/201809/t20180914_14090512.htm,2018-09-14.

人、私募基金发起设立境外投资股权投资母基金；鼓励私募基金管理人发行多币种产业投资基金；支持私募基金投资入股银行、保险等金融机构；鼓励私募基金通过区内要素交易平台创新业务，发行新型金融产品。（4）支持符合条件的私募基金管理人挂牌上市和发行债券；探索私募基金二级市场交易机制，盘活私募基金存量资产；支持私募基金通过区内交易市场进行资产交易、转让，建立投资者合理退出机制。（5）以有限合伙形式设立的私募基金管理人、私募基金的经营所得和其他所得，按照《财政部国家税务总局关于合伙企业合伙人所得税问题的通知》（财税〔2008〕159 号）规定，由合伙人分别缴纳所得税。不执行有限合伙企业合伙事务的自然人有限合伙人，根据国家有关规定，按照“利息、股息、红利所得”应税项目，按 20% 税率计算缴纳个人所得税。合伙人是法人和其他组织的，缴纳企业所得税。（6）鼓励私募基金投资区内企业或项目，促进横琴新区产业发展。对私募基金管理人、私募基金的扶持政策，按照《横琴新区促进股权投资基金业发展的实施意见》（珠横新管〔2012〕22 号）和《广东自贸试验区横琴片区产业培育和扶持暂行办法》（珠横新办〔2015〕11 号）等相关规定执行。区金融服务中心负责制定私募投资基金业扶持政策申报指南。（7）在私募基金管理人、私募基金工作的中国香港、中国澳门居民及特殊人才，按照相关规定享受扶持政策。鼓励私募基金管理人、私募基金引进精英人才。（8）符合条件的精英人才，可申请享受人才住房保障政策。①

另外，2018 年 9 月 20 日，中基协与珠海市横琴新区管理委员会在北京正式签署合作备忘录之补充协议，这是继 2016 年 10 月 24 日双方

① 横琴新区管理委员会金融服务局．横琴新区促进私募投资基金业发展实施办法[EB/OL]. http://zwgk.hengqin.gov.cn/caizj/gzwj/201712/31eb3df08dad4bbf86ff682308a0d970.shtml#,2017－12－13.

首次签署合作备忘录之后的再一次深入合作。此次补充协议的签署旨在进一步深化双方的战略合作伙伴关系，推动彼此在更深层次和更广领域务实合作，共同推动私募行业规范发展。①

第三个是成都君华汇。根据官网介绍，“君华私募基金汇”成立于2017年6月20日，是由成都市成华区人民政府、国泰君安证券股份有限公司四川分公司以及华润置地（成都）发展有限公司三方共同打造的覆盖西南地区辐射全国的私募集聚基地。作为国内首家由券商主导运营的专业化私募服务基地，致力于打造国内一流的私募服务专家和价值私募孵化基地。依托国泰君安专业服务能力，融合多家金融机构、私募专业服务机构、政府协会平台等资源能力，为入驻私募机构提供从工商注册、税收政策优惠、管理人登记备案、产品创设、托管外包、估值核算、种子基金、产品代销、资本引荐、资源对接、团队搭建、投研服务、品牌推广、办公入驻等一体化全方位综合金融服务。②

4. **营业场所**

一些地区对私募机构有扶持政策，由于政策导向，私募机构较集中注册在有扶持政策的地区，但实际营业场所会分散于全国各地，不一定入驻注册地办公。

问题一：实际营业场所与注册地不一致，能通过中基协的登记审核吗？

答：虽然注册地和实际经营场所不在同一个行政区域，但不影响私募管理人登记③，不过，应充分说明分离的理由。也就是说，注册地和

① 横琴新区管理委员会．中国证券投资基金业协会与珠海市横琴新区管理委员会在京签署合作备忘录之补充协议 双方合作再上新台阶[EB/OL]. http://www.hengqin.gov.cn/hengqin/tzgg/201809/9d0a6e30cfbc4a699faddb679b7953be.shtml,2018－09－20.

② 百度,“君华私募基金汇”,网址:http://www.junhuahui.com/。

③ 中基协．私募基金登记备案常见问题解答[EB/OL]. http://www.amac.org.cn/xhdt/zxdt/390653.shtml,2016－05－27.

实际营业场所可以不一致。

问题二：实际运营场所有什么要求？

答：独立、真实、能支撑私募业务的现有规模。例如面积足够容纳公司员工，配备办公所需的卡座、电脑、打印设备等。那么，合署办公行不行，例如公司大股东是某实业公司，现设立一家私募管理人，私募员工和实业公司员工共用同一办公场所可以吗？答：不行，建议使用独立的办公地址，做好办公环境、人员、设备的隔离，这也是私募机构专业化管理要求的体现。

5. **子公司/分支机构/关联方**

私募管理人的子公司是指持股5%以上的金融企业、上市公司及持股20%以上的其他企业[①]；关联方是指受同一控股股东/实际控制人控制的金融机构、私募基金管理人、投资类企业、冲突业务企业、投资咨询及金融服务企业等。[②] 此处对子公司/分支机构/关联方的规定较公司法等其他法律有所出入，以此为准。

问题一：符合前述条件的隐名出资是否需要披露？

答：应当披露。例如，私募管理人的控股股东隐名投资了一家P2P公司，持股61%。P2P是网络借贷，隶属金融行业，自然这家P2P公司和私募管理人属于关联企业，应当披露。私募管理人在申请中基协登记环节时，如实披露很重要。例如，北京某HJ投资基金管理有限公司、北京某DJ投资基金管理有限责任公司、北京某ZJ股权投资管理有限公司在登记时未能如实填报关联方信息等多种原因，被中基协公示并予以处罚。[③]

① 中基协,《私募基金管理人登记法律意见书指引》,2016年2月5日。

② 中基协,《私募基金管理人登记须知》,2018年12月。

③ 中基协．纪律处分决定书[EB/OL]. http://www.amac.org.cn/xxgs/jlcf/387622.shtml, 2015－01－20.

问题二：私募管理人能与子公司/分支机构/关联方，或者与管理人本身的控股股东、实际控制人等有业务往来吗？例如私募管理人的控股股东老张，将自有房屋出租给私募管理人用作办公场所，可以吗？

答：可以。实际上，关联交易并没有被禁止。有业务往来不是问题，问题的症结在于，该业务是否公允，是否违反法律规定和职业道德。例如，老张收取的租金远远超过市场同期价格，有利益输送嫌疑，便不合理。在申请登记阶段，若拟登记机构与子公司/分支机构/关联方之间有业务往来，需由律师尽调并评估相关交易是否存在损公肥私、利益输送、洗钱等情形，是否合法合理，并如实、完整地披露在私募管理人登记法律意见书中。

除前述要求外，在 2018 年 12 月中基协下发的《私募基金管理人登记须知》中，对于关联方还有如下要求：

（1）关联方同业竞争。申请机构的子公司、分支机构或关联方中有私募基金管理人的，申请机构应在子公司、分支机构或关联方中的私募基金管理人实际展业并完成首只私募基金备案后，再提交申请机构私募基金管理人登记申请。（2）关联方为投资类公司。申请机构的子公司、分支机构或关联方存在已从事私募基金业务但未登记为私募基金管理人的情形，申请机构应先办理其子公司、分支机构或关联方私募基金管理人登记。（3）严禁规避关联方。申请机构存在为规避关联方相关规定而进行特殊股权设计的情形，协会根据实质重于形式原则，审慎核查。（4）同质化要求。同一实际控制人下再有新申请机构的，应当说明设置多个私募基金管理人的目的与合理性、业务方向区别、如何避免同业化竞争等问题。该实际控制人及其控制的已登记关联私募基金管理人需书面承诺，在新申请机构展业中出现违法违规情形时，应当承担相应的合规连带责任和自律处分后果。同一实际控制人项下再有新申请机构的，申请机构的第一大股东及实际控制人应当书面承诺在完成私募基金管理人登记后，继续持有申请机构股权或实际控制不少于 3 年。

6. **内部控制**

内部控制是指私募基金管理人为防范和化解风险，保证各项业务的合法合规运作，实现经营目标，在充分考虑内外部环境的基础上，对经营过程中的风险进行识别、评价和管理的制度安排、组织体系和控制措施。私募基金管理人应当按照 2016 年 2 月 1 日实施的《私募投资基金管理人内部控制指引》，结合自身的具体情况，建立健全内部控制机制，明确内部控制职责，完善内部控制措施，强化内部控制保障，持续开展内部控制评价和监督。①

也就是说，私募管理人的内控，不仅仅局限于一套书面的制度，还包括治理结构是否完善、如何有效落实等问题。在申请登记的阶段，内部控制是中基协非常关注的要点，拟登记机构需要证明这是一套活的、科学的、渗透各业务环节及覆盖全体人员的内控体系，而非束之高阁、不着地气的摆设。

内控制度包括（视具体业务类型而定）运营风险控制制度，信息披露制度，机构内部交易记录制度，防范内幕交易、利益冲突的投资交易制度，合格投资者风险揭示制度，合格投资者内部审核流程及相关制度，私募基金宣传推介、募集相关制度以及适用于私募证券投资基金业务的公平交易制度、从业人员买卖证券申报制度等基本配套管理制度。② 再加上适当性管理的要求，制度的建设还应在适当性管理的层面继续细化，例如投资者评级及分类制度、投资者转化制度、产品分类及管理制度、销售募集机构遴选制度、产品回访制度、档案管理制度等专门的适当性管理相关制度和操作流程。申请机构还应建立健全财务制度。申请机构提交私募登记申请时，不应存在到期未清偿债务、资产负

① 中基协,《私募投资基金管理人内部控制指引》第二条、第三条,2016 年 02 月 01 日。

② 中基协,《私募基金管理人登记法律意见书指引》,2016 年 2 月 5 日。

债比例较高、大额或有负债等可能影响机构正常运作情形。申请机构与关联方存在资金往来的，应保证资金往来真实合理。

从内控机制的角度来看，负责合规风控的高级管理人员，应当独立地履行对内部控制监督、检查、评价、报告和建议的职能；私募基金管理人组织结构应当体现职责明确、相互制约的原则，各部门应当有合理及明确的授权分工，操作相互独立等。

总之，内控制度和机制建设不是为了通过登记审核而做的一次性用品，相反，由于私募机构每年有自查任务，且监管层现场或非现场检查的力度也逐年加强，建议拟登记机构从一开始就严格按照法定要求做好内部控制，稳步向前。

需特别注意，对于申请机构的人、财、物三方面，若出现以下两项及以上情形的，中基协将中止办理该类机构私募基金管理人登记申请6个月：（1）申请机构名称不突出私募基金管理主业，与知名机构重名或名称相近的，名称带有“集团”、“金控”等存在 误导投资者字样的；（2）申请机构办公场所不稳定或者不独立的；（3）申请机构展业计划不具备可行性的；（4）申请机构不符合专业化经营要求，偏离私募基金主业的；（5）申请机构存在大额未清偿负债，或负债超过净资产 50% 的；（6）申请机构股权代持或股权结构不清晰的；（7）申请机构实际控制关系不稳定的；（8）申请机构通过构架安排规避关联方或实际控制人要求的；（9）申请机构员工、高管人员挂靠，或者专业胜任能力不足的；（10）申请机构在协会反馈意见后 6 个月内未补充提交登记申请材料的；（11）中国证监会、中国证券投资基金业协会认定的其他情形。

私募资产配置基金管理人

中基协说，百花齐放才是春，欢迎新人入场。

私募管理人的机构类型原本只有三种，即私募证券投资基金管理人、私募股权基金管理人（包含创业投资）、其他私募投资基金管理人。在 2018 年 9 月，私募管理人的机构类型增加了一种，私募资产配置基金管理人。

根据专业化管理原则，例如证券类的私募管理人只能设立证券投资基金，股权类的私募管理人只能设立股权投资基金，但私募资产配置基金管理人能够开展跨资产类别配置的投资业务。

问题一：谁能申请私募资产配置基金管理人的资质？

答：自 2018 年 9 月 10 日起，拟申请私募资产配置基金管理人的机构，可通过资产管理业务综合报送平台（https：//ambers. amac. org. cn）在线提交相关申请材料。申请机构应当符合《证券投资基金法》《私募投资基金监督管理暂行办法》《私募投资基金管理人登记和基金备案办法（试行）》及相关法律法规和自律规则的规定。外商独资和合资的申请机构还应当符合《私募基金登记备案相关问题解答（十）》的相关规定。此外，申请机构还应当符合下列要求：

第一，实际控制人要求。受同一实际控制人控制的机构中至少一家已经成为中基协（以下简称“协会”）普通会员；或者受同一实际控制人控制的机构中至少包括一家在协会登记三年以上的私募基金管理人，该管理人最近三年私募基金管理规模年均不低于 5 亿元，且已经成为协会观察会员。

第二，“一控”要求。同一实际控制人仅可控制或控股一家私募资产配置基金管理人。

第三，股权稳定性要求。申请机构的第一大股东及实际控制人应当秉承长期投资理念，书面承诺在完成私募资产配置基金管理人登记后，继续持有申请机构股权或实际控制不少于三年。

第四，高级管理人员要求。申请机构应具有不少于两名三年以上资产配置工作经历的全职高级管理人员，或者具有不少于两名五年以上境内外资产管理相关经验（如投资研究、市场营销、运营、合规风控或者资产管理监管机构或者自律组织工作经历等）的全职高级管理人员。①

问题二：除了新申请，现存的私募管理人能否变更成此类机构类型？

答：能。针对符合上述要求的已登记私募基金管理人，申请变更登记为私募资产配置基金管理人的，协会在办理通过后将变更公示该机构管理人类型。针对此类私募基金管理人此前所管理的已备案且正在运作的存量私募基金，在基金合同、公司章程或者合伙协议（以下统称“基金合同”）到期前仍可以继续投资运作，但不得在基金合同到期前开放申购或增加募集规模，基金合同到期后应予以清盘或清算；如有续期的，应符合基金合同约定。协会将在相关私募基金公示信息中，对此情形予以特别提示。此类私募基金管理人应就此事项向相关私募基金投资者及时做好信息披露，维护投资者的合法权益。②

问题三：私募资产配置基金申请备案应当符合哪些要求？

答：私募资产配置基金申请备案时，应当符合《证券投资基金法》《私募投资基金监督管理暂行办法》《私募投资基金管理人登记和基金备案办法（试行）》及相关法律法规和自律规则的规定。此外，申请备案的私募资产配置基金还应当符合下列要求：

第一，初始规模要求。私募资产配置基金初始募集资产规模应不低于5000万元人民币。

第二，封闭运作要求。私募资产配置基金合同应当约定合理的募集期，且自募集期结束后的存续期不少于两年。私募资产配置基金存续期

---

① 中基协．私募基金登记备案相关问题解答（十五）[EB/OL]．http://www.amac.org.cn/xhdt/zxdt/393344.shtml，2018-08-29.

② 中基协．私募基金登记备案相关问题解答（十五）[EB/OL]．http://www.amac.org.cn/xhdt/zxdt/393344.shtml，2018-08-29.

内，应当封闭运作。

第三，组合投资要求。私募资产配置基金应当主要采用基金中基金的投资方式，80%以上的已投基金资产应当投资于已备案的私募基金、公募基金或者其他依法设立的资产管理产品。

私募资产配置基金投资于单一资产管理产品或标的的比例不得超过该基金资产规模的20%。

第四，杠杆倍数要求。结构化私募资产配置基金投资跨类别私募基金的，杠杆倍数（优先级份额/劣后级份额，中间级份额计入优先级份额）不得超过所投资的私募基金的最高杠杆倍数要求。

第五，基金托管要求。私募资产配置基金应当由依法设立并取得基金托管资格的基金托管人托管。基金托管人不得从事与其存在股权关系以及有内部人员兼任职务情况的基金管理人管理的基金托管业务。

第六，信息披露要求。私募资产配置基金进行信息披露时，应当符合《私募投资基金信息披露管理办法》及协会相关自律规则的规定，明确信息披露义务人向投资者进行信息披露的内容、披露频度、披露方式、披露责任以及信息披露渠道等事项。

第七，关联交易要求。私募资产配置基金管理人运用基金财产投资基金管理人、托管人及其控股股东、实际控制人、关联机构或者与其有重大利害关系的机构的权益性资产或者从事其他重大关联交易的，应当防范利益冲突，遵循持有人利益优先原则，建立健全内部审批机制和评估机制，符合基金的投资目标和投资策略，按照市场公允价值执行，并按照协会规定，履行信息披露义务。

第八，单一投资者的基金要求。仅向单一的个人或机构投资者（依法设立的资产管理产品除外）募集设立的私募资产配置基金，除投资比例、托管安排或者其他基金财产安全保障措施等由基金合同约定外，其他安排参照上述要求执行。

不予登记情形

中基协说，武林规矩，如下种种，不得入场。

正如套牌、超载、非法改装车不得上路一样，申请登记机构存在以下情形的，中基协将不予办理登记：（1）申请机构违反《中华人民共和国证券投资基金法》《私募投资基金监督管理暂行办法》关于资金募集相关规定，在申请登记前违规发行私募基金，且存在公开宣传推介、向非合格投资者募集资金行为的。（2）申请机构提供，或申请机构与律师事务所、会计师事务所及其他第三方中介机构等串谋提供虚假登记信息或材料；提供的登记信息或材料存在误导性陈述、重大遗漏的。（3）申请机构主要出资人、申请机构自身曾经从事或目前仍兼营民间借贷、民间融资、配资业务、小额理财、小额借贷、P2P/P2B、众筹、保理、担保、房地产开发、交易平台等在《私募基金登记备案相关问题解答（七）》中规定的与私募基金业务相冲突业务的。（4）申请机构被列入国家企业信用信息公示系统严重违法失信企业名单的。（5）申请机构的高级管理人员最近三年存在重大失信记录，或最近三年被中国证监会采取市场禁入措施的。（6）中国证监会和中国证券投资基金业协会规定的其他情形。

正如帮忙非法改装车、伪造车牌，或是未尽到安全技术检车义务的服务者会受到处罚，类似的，对于律师事务所及律师出具肯定性意见，而申请机构被不予登记，则中基协建立以下工作机制作为约束：（1）中基协将定期对外公示不予办理登记的申请机构名称及不予登记原因，同时公示为该机构出具法律意见书的律师事务所及经办律师名单。（2）律师事务所及经办律师为一家被不予登记机构提供私募基金管理人登记相关法律服务，且出具了肯定性结论意见的，中基协将通过电话沟通、现场约谈等多种途径及时提醒该律师事务所及经办律师相关业务的尽职、合规要求。（3）律师事务所的经办律师累计为两家及以上被不予登记机构提供私募基金管理人登记相关法律服务，且出具了肯定性结论意见的，出于审慎考虑，自其服务的第二家被不予登记机构公示之日起三年内，中基协将要求由该经办律师正在提供私募基金管理人登记相关法律服务的申请机构，提交现聘律师事务所的其他执业律师就申请机构私募基金管理人登记事项出具的复核意见；该申请机构也可以另行聘请其他律师事务所重新出具法律意见书。同时，中基协将有关情况通报相关经办律师任职的律师事务所。（4）律师事务所累计为三家及以上被不予登记机构提供私募基金管理人登记相关法律服务，且出具了肯定性结论意见的，出于审慎考虑，自其服务的第三家被不予登记机构公示之日起三年内，中基协将要求由该律师事务所正在提供私募基金管理人登记相关法律服务的申请机构，重新聘请其他律师事务所就私募基金管理人登记事项另行出具法律意见书。同时，中基协将有关情况通报所涉律师事务所所在地的司法行政机关和律师协会。（5）律师事务所及经办律师为已登记的私募基金管理人出具入会法律意见书或者其他专项法律意见书，存在虚假记载、误导性陈述或者重大遗漏，且出具了肯定性结论意见的，参照第（2）、（3）、（4）条原则处理。律师事务所及经办律师为申请机构就私募基金管理人登记事项出具的法律意见为否定性结论意见，但申请机构拒绝向中基协提供的，律师事务所及经办律师可以将否定性结论意见及相关证明材料送达申请机构，同时抄送至中基协邮箱：pflegal@ amac. org. cn（邮件以“申请机构名称 - 律师事务所名称/律师姓名 - 否定性结论意见”命名）。针对此种情形，相关机构经认定属于不予登记情形的，中基协将对外公示该机构信息，并注明律师事务所及经办律师发表了否定性结论意见。此种情形，不计入前述公示机制的累计案例次数。①

① 中基协. 私募基金管理人登记须知[EB/OL]. https://ambers. amac. org. cn/web/app/static/template/managerPofNotice. pdf,2017 - 12 - 15.

由此，比照法律法规、自律规则等相关要求，当申请机构的人、财、物有不匹配的情形，建议申请机构事先整改，莫等中基协反馈再说。若接二连三被反馈，将降低申请机构可信度，加大通过的难度。

具体从零到一如何着手设立私募管理人？我们接着来看私募管理人的设立流程。

第二节
流 程

上一节，我们说，私募管理人的设立包含两个步骤，先有个主体，再到该主体取得资质的过程。自然，相对应的，私募管理人的设立流程为：先到工商部门注册，从而获得主体；再向中基协申请登记备案，从而取得资质。另外，根据每个注册地的不同政策，可能存在金融办备案前置的情形。

金融办的备案

是否需先到金融办备案，各地政策不一。例如珠海横琴①，去工商部门注册前，应先到横琴新区金融服务中心申请备案，并拿到《商事登记函》；再例如湖南省②，应先到省政府金融办进行备案，然后凭省政府金融办出具的同意备案函在工商行政管理部门办理注册登记。

---

① 横琴新区金融服务中心,《横琴新区私募投资企业和金融类企业备案指南》,2016 年 5 月 2 日。

② 湖南省人民政府金融工作办公室,《关于促进私募股权投资行业规范发展的暂行办法》,2017 年 3 月 16 日。

备案前置不是行政审批，不同的注册地要求不一，可事先咨询拟注册地金融办或工商部门是否需先行备案。

机构主体的成立

和其他公司、企业的设立一样，成立私募管理人主体，需到工商部门，根据工商部门的清单准备材料注册。私募管理人的组织形式，可以是公司型或者合伙企业型。

需注意，私募管理人业务类型、机构类型的唯一性和一致性。根据私募管理人专业化经营的要求，同一个私募管理人不可兼营多种类型的私募基金管理业务。早期尚未明确时，市场上确实存在同一个私募管理人既涉猎二级市场，也投资一级、一级半市场的兼营情形。但 2017 年，中基协明确指出，对于新设立的私募管理人，只能选择一类机构类型和业务类型；对于之前已登记多类业务类型、兼营多类私募基金管理业务的私募管理人，必须整改，仅能选择其中一类作为展业范围。①

由此，针对已登记多类业务类型的私募管理人所管理的已备案且正在运作的存量私募基金，中基协要求，若存在基金类型与管理人在“资产管理业务综合管理平台”所选择业务类型不符情形的，在基金合同、公司章程或者合伙协议（以下统称“基金合同”）到期前仍可以继续投资运作，但不得在基金合同到期前开放申购或增加募集规模，基金合同到期后应予以清盘或清算，不得续期。② 也就是说，多类业务类型只能择一，兼营的存量基金只能减不能增。

虽然自 2018 年 9 月新增跨资产类别的私募管理人，但同样的，这

① 中基协．私募基金登记备案相关问题解答（十三）[EB/OL]. http://www.amac.org.cn/cms/article/preview? ID = 391907, 2017 - 03 - 31.

② 中基协．私募基金登记备案相关问题解答（十三）[EB/OL]. http://www.amac.org.cn/cms/article/preview? ID = 391907, 2017 - 03 - 31.

种管理人的机构类型与业务类型也具有唯一性和一致性，即机构类型为私募资产配置基金管理人，业务类型为资产配置。

因此，新设私募管理人，在工商部门设置经营范围时，就应明确为某一类业务类型。无论工商登记的经营范围，还是实际中的公司后续运作，都需遵循专业化经营原则，开展特定类型的基金管理运作。例如深圳××投资管理有限公司，想要从事证券类投资业务，工商登记的经营范围是投资管理、资产管理，向中基协申请登记备案时为证券投资类的私募管理人，业务类型为证券投资，后续运营也只能是证券投资业务。

根据现行监管要求，新登记完成的私募基金管理人自登记完成后的10个工作日内主动与注册地所属地方证监局取得联系。

综上，从成立机构主体到工商部门，同时需注意机构名称、经营范围、将来展业计划，应同时符合私募机构专业化经营的要求，匹配“三个唯一，三个一致”，即机构类型、业务类型、后续运作的唯一性和一致性。

私募资质的申请

机构主体成立后，接着应当向中国证券投资基金业协会（简称“中基协”）提交私募基金管理人登记申请。获得中基协的审核通过，则意味着私募管理人登记成功，正式拥有了开展私募业务的资质，也即俗称的“取得私募牌照”。

这里，需注意一点，此“牌照”非纸质或电子版的“牌照”样式的证书。鉴于私募基金登记备案信息共享机制已基本建成，为加强对私募基金行业的社会监督，实现对私募基金管理人登记的有效、动态管理，自2016年2月5日起，中基协不再出具私募基金管理人登记电子证明。中基协此前发放的纸质私募基金管理人登记证书、私募基金管理人登记电子证明不再作为办理相关业务的证明文件。根据《私募投资基金监督管理暂行办法》和《私募投资基金管理人登记和基金备案办法（试行）》的规定，中基协以通过协会官方网站公示私募基金管理人基本情况的方式，为私募基金管理人办结登记手续。

私募基金管理人登记备案最新情况，以中基协网站“私募基金管理人公示平台（http：//gs. amac. org. cn）”[①] 和“私募汇”手机 APP 客户端公示的私募基金管理人登记的实时基本情况为准。社会公众和投资者可通过上述两个官方渠道查询相关信息。[②] 能查询到公示信息的，即标志该机构成为了真正意义上的私募管理人，可以开展募资和设立私募基金。相对的，不登记则不得从事私募投资基金管理业务活动。[③]

提交登记申请，应当通过中基协的“资产管理业务综合管理平台”[④]。具体操作如下：网络搜索“中国证券投资基金业协会”[⑤]，进入后找到“资产管理业务综合报送平台”[⑥]，并用工商登记的机构名称及统一社会信用代码或组织机构代码注册，注册完毕后，进入该平台申请私募基金管理人登记。不知道怎么操作的，中基协网站上有专门的教学视频[⑦]、操作手册[⑧]以及登记须知[⑨]，根据前述教程如实填写并提交。

---

① 私募基金管理人公示［EB/OL］. http://gs. amac. org. cn/amac - infodisc/res/pof/manager/index. html.

② 中基协,《关于进一步规范私募基金管理人登记若干事项的公告》第一条,2016 年 2 月 5 日。

③ 中基协. 私募基金登记备案相关问题解答（一）［EB/OL］. http://www. amac. org. cn/flfg/flfgwb/smwd/392220. shtml.

④ 中基协,《关于“资产管理业务综合管理平台”第二阶段上线运行与私募基金信息报送相关事项的通知》(中基协发〔2017〕2 号),2017 年 4 月 4 日。

⑤ 中国证券投资基金业协会,http://www. amac. org. cn/。

⑥ 资产管理业务综合报送平台,https://ambers. amac. org. cn/cas/login? service = https://ambers. amac. org. cn/web/。

⑦ 资产管理业务登记备案系统视频课件,http://www. amac. org. cn/xhdt/zxdt/391910. shtml。

⑧ 资产管理业务综合报送平台操作手册,https://ambers. amac. org. cn/web/app/static/template/reference. pdf。

⑨ 私募基金管理人登记须知［EB/OL］. https://ambers. amac. org. cn/web/app/static/template/managerPofNotice. pdf.

想顺利通过中基协审核，需合规整改，并提交由律所出具的《私募基金管理人登记法律意见书》。[①] 律所尽调时往往有个材料清单，需要搜集一大堆材料，例如员工既往工作的离职证明，社保缴纳情况等。材料的收集整理不光是律所事后自行保存，还可能当中基协需要进一步核查时，连同补充法律意见书一同上传。中基协将根据律所的尽调和结论，甚至直接采取约谈高级管理人员、现场检查、向中国证监会及其派出机构、相关专业协会征询意见等方式对私募管理人提供的登记申请材料进行核查后作出决定。[②]

由此，“私募牌照”已经不存在形式上的证书，而直接体现在中基协的官网公示名单中，仅通过工商部门的登记是不够的，只有在中基协登记备案成功才可开展私募业务。另外，律所尽调及出具的《法律意见书》很关键，建议申请机构提前聘请专业的律师入场指导整改，协助筛选入职人员（尤其核心人员，例如风控总监、投资总监、项目经理等），以便加速登记进程和提高通过概率。

设立实操

假设，小明想在某地设立一家私募管理人，怎么办?

按照前述操作步骤，首先应当注册成立商事主体。小明来到工商部门，被告知不能直接注册，原因是注册私募管理人，首先应当去某某区金融服务中心申请备案。于是小明来到某某区金融服务中心（以下简称“区服务中心”），并根据《某某区私募投资企业和金融类企业备案指南》中的要求向区服务中心提交了一系列材料（例如申请表原件、企业名称预先核准通知书复印件、实际控制人的身份证明复印件及情况说

---

① 中基协,《关于进一步规范私募基金管理人登记若干事项的公告》, 2016 年 2 月 5 日。

② 私募基金管理人登记须知［EB/OL］. https://ambers. amac. org. cn/web/app/static/template/managerPofNotice. pdf.

明原件、企业内部管理制度及风控制度复印件、公司章程复印件、企业注册地址证明和实际办公地址的租赁合同复印件，等等）。区服务中心审核材料后，出具了一份《商事登记函》，告知小明可以向工商部门注册公司了。

接着，小明再次来到工商部门，按照工商部门的要求提交材料，顺利注册了一家名叫“某某资产管理有限公司”的商事主体，经营范围是“投资管理、资产管理”。

有了商事主体，要真正开展私募业务还需通过中基协的登记备案。小明登录中基协网站“资产管理业务综合管理平台”，用刚成立的商事主体名称及统一信用代码新注册并登录，按照中基协的教学视频一步一步填录信息。与此同时，小明联系律所，委托其出具法律意见书，该律所委派律师开展尽调并指导整改。在此过程中，律师发现公司高管张某没有基金从业资格，要求其尽快参加基金从业资格考试。张某说他有多年的相关从业经历，能否申请中基协的基金从业资格认证，这样就不用去考试了？律师说可以，资格认定的方式只存在于私募股权投资基金管理人，既然“某某资产管理有限公司”是一家私募股权投资基金管理人，除了通过考试的方式取得基金从业资格以外，符合条件的还可以向中基协申请资格认定。于是张某抓紧收集材料并申请资格认定，律师继续完成其他尽调。接着，律师又发现一个问题，小明之前在“资产管理业务综合管理平台”填录的信息与实际不符，小明以后想投资的是一级市场股权，所以，公司的机构类型和业务类型都应统一为“私募股权投资”，不能错填成其他类型或是多选，否则与专业化经营的原则不符。又一次，律师说，公司的运营资本金经计算无法证明能支撑半年开支，需要追加实缴；人力资源不够，估值核算及托管需要与外包机构洽谈及合作……继而，在配合律所进行了一系列合规整改后，律所出具了一份《关于某某资产管理有限公司之私募基金管理人登记法律意见书》，合并其他材料（例如承诺函、商业计划书、员工社保等）上传至“资产管理业务综合管理平台”。经过20个工作日，法律意见书没有被反馈，顺利通过了中基协审核。

小明尝试在中基协官网之“私募管理人公示”搜索“某某资产管理有限公司”，显示出相关信息，这意味着私募资质的取得，可以真正开展私募业务了。紧接着下一个环节，根据现行监管要求，新登记完成的私募基金管理人自登记完成后的10个工作日内主动与注册地所属地方证监局取得联系。于是小明按照监管要求完成了与注册地所属地方证监局的联系。

当然，私募管理人的成功设立只是第一步，后续募、投、管、退，还有诸多挑战，毕竟我国对投融资设有一系列监管和自律措施，每年都有私募机构违规被处罚的情形。小明希望某某资产管理有限公司成为私募界的一匹黑马，那么，小明既要精通投资运作，还要熟悉规则红线，在不闯红、不踩线的前提下做大做强。接下来怎么办？首当其冲的，先搞清楚税收。

第三节
税　收

私募管理人设立完成，私募管理人层面的税收问题小明很关心；同时，基金层面的税收小明也得熟悉。另外，股东们也想了解所得税情况，因为这直接关系到他们的税后收入。身边一些想设立私募机构的朋友，很好奇为何私募机构的注册地集中在某些地区，很关心不同注册地的支持政策……这部分，本书将从私募管理人、基金产品、股东/出资人三个层面解析税收，**但是，这部分只做资料整理，学术探讨，仅供大家参考，具体报税缴税请务必与会计师事务所、基金托管人等核对清楚，并与当地税务机关详细沟通，以免有所遗漏或出入。**

私募管理人层面

私募管理人层面的税收，针对的是管理人的收入。管理人的收入来源主要是管理人提供专业服务而收取的报酬，包括管理费和业绩报酬（如有约定的话）。另外，若管理人被外聘为非管理人自己发行的基金之顾问，则会有顾问咨询费。

管理人层面的税收主要有企业所得税①和增值税②两种，同时，还有以增值税的税额为计征依据的城建税③、教育税④等附加税（本文中以下部分不再对附加税另做说明⑤）。不同形式的管理人在税收上也有差异，下面从公司型和合伙企业型分别解析管理人层面的税收。

公司型的管理人

收入			管理费	业绩报酬	顾问咨询费
负税项目	增值税	一般纳税人	6%	6%	6%
		小规模纳税人	3%	3%	3%
	企业所得税	一般企业	25%		
		小微企业	其所得减按 50% 计入应纳税所得额，按 20% 的税率缴纳企业所得税。		

资料来源：《中华人民共和国增值税暂行条例》，2017 年 11 月 19 日修订。《中华人民共和国企业所得税法》，2017 年 2 月 24 日修订。

举例说明：A 管理人管理 B 基金（规模 1000 万元，管理费为 2%），B 基金的份额持有人分别是 A 管理人自己持有 10%，C 投资人持有 50%，D 投资人持有 40%。首先，A 管理人因管理 B 基金取得了 C 和 D 的管理费 18 万元，这 18 万元管理费需要缴纳增值税；其次，由于基金合同约定，若 A 管理人管理的 B 基金取得超额收益，则超额收益部分 C、D 投资人应提出 20% 作为业绩报酬支付给 A 管理人。后来 B 基金涨势良好，于是 C、D 投资人按约定支付给 A 管理人一笔业绩报酬，这笔业绩报酬应当缴纳增值税。对于 A 管理人自己所持基金份额相对应的超额收益，属于 A 管理人自己的投资收益，不需要缴纳增

① 《中华人民共和国企业所得税法》,2017 年 2 月 24 日修订。

② 国务院,《中华人民共和国增值税暂行条例》,2017 年 11 月 19 日修订。

③ 国务院,《中华人民共和国城市维护建设税暂行条例》,2011 年 1 月 8 日修订。

④ 国务院,《征收教育费附加的暂行规定》,2011 年 1 月 8 日修订。

⑤ 由于附加税以增值税的税额为基础计算,有增值税才有附加税,本处不对附加税另行说明;包括下文出现的增值税,虽存在附加税的征收,但同样不另行就附加税展开说明。

值税。

B 基金份额持有人	所持份额	超额收益
A 管理人	10%	不缴纳增值税
C 投资人	50%	因超额收益而应向 A 支付的业绩报酬，应由 A 缴纳增值税。
D 投资人	40%	

再举个例子，A 管理人受到 F 管理人的聘请，帮助 F 管理人管理由 F 管理人发行的 H 基金。作为回报，F 管理人将支付一笔投资顾问费给 A 管理人，这笔投资顾问费同样需要缴纳增值税。

目前，中基协只接受在我国境内合法设立并有效存续的机构申请中基协的备案登记①，因此我国公司型的管理人属于企业所得税法上的居民企业，一般企业按照 25% 缴纳企业所得税。若管理人年度应纳税所得额不超过 50 万元，从业人数不超过 80 人，资产总额不超过 1000 万元②，符合小型微利企业法定标准的，则享有减半征税的所得税优惠政策③。另外，若小微型管理人销售服务的月销售额不超过 3 万元（按季纳税 9 万元）的，还可享受暂免征收增值税优惠政策。④

合伙企业型的管理人

收入来源			管理费	业绩报酬	顾问咨询费
负税项目	增值税	一般纳税人	6%	6%	6%
		小规模纳税人	3%	3%	3%

资料来源：《中华人民共和国增值税暂行条例》。

① 中基协．私募基金登记备案相关问题解答（一）[EB/OL]. http://www.amac.org.cn/flfg/flfgwb/smwd/392220.shtml.

② 财政部、税务总局,《关于扩大小型微利企业所得税优惠政策范围的通知》（财税〔2017〕43 号）,2017 年 6 月 6 日。

③ 税务总局,《关于贯彻落实扩大小型微利企业所得税优惠政策范围有关征管问题的公告》（国家税务总局公告 2017 年第 23 号）,2017 年 6 月 7 日。

④ 税务总局,《关于小微企业免征增值税有关问题的公告》（国家税务总局公告 2017 年第 52 号）,2017 年 12 月 27 日。

合伙企业型的管理人收入来源同样是管理费、业绩报酬、顾问咨询费，但相较公司型的管理人，负税种类只有增值税，没有企业所得税。这是因为作为企业所得税依据的《中华人民共和国企业所得税法》不适用于个人独资企业、合伙企业，因而合伙企业不征收企业所得税。对于合伙企业的生产经营所得和其他所得，按照"先分后税"的原则，最终由合伙人分别缴纳所得税①，所以合伙企业型的管理人在管理人层面不征收企业所得税，只征收增值税。

基金层面

基金层面也存在税收。税务总局于2017年发布《有关资管产品增值税有关问题的通知》（财税〔2017〕56号），根据该文件，资管产品运营业务和其他业务的销售额和增值税应纳税额，由管理人分别核算。此文件将私募基金管理人纳入资管产品管理人范围，明确私募投资基金属于资管产品，适用于该文件的规定。由此，自2018年1月1日起，资管产品在运营过程中发生的增值税应税行为，暂适用简易计税方法，按照3%的征收率缴纳增值税。

另外，私募基金的组织形式分为公司型、合伙企业型、契约型三种，公司型的基金若符合《中华人民共和国企业所得税法》的居民企业的标准，还需缴纳企业所得税。来看私募基金的类型和投资对象，如下所示。

表2-3-1　私募基金的类型与投资对象

业务类型/基金类型	投资对象
私募证券投资基金	私募证券投资基金，主要投资于公开交易的股份有限公司股票、债券、期货、期权、基金份额以及中国证监会规定的其他证券及其衍生品种
私募证券投资类 FOF 基金	私募证券投资类 FOF 基金，主要投向证券类私募基金、信托计划、券商资管、基金专户等资产管理计划的私募基金

① 《中华人民共和国合伙企业法》第六条，2006年修订。

续表

业务类型/基金类型	投资对象
私募股权投资基金	私募股权投资基金，除创业投资基金以外主要投资于非公开交易的企业股权
私募股权投资类FOF基金	私募股权投资类FOF基金，主要投向股权类私募基金、信托计划、券商资管、基金专户等资产管理计划的私募基金
创业投资基金	创业投资基金，主要向处于创业各阶段的未上市成长型企业进行股权投资的基金（新三板挂牌企业视为未上市企业）。对于市场所称“成长基金”，如果不涉及沪深交易所上市公司定向增发股票投资的，按照创业投资基金备案；如果涉及上市公司定向增发的，按照私募股权投资基金中的“上市公司定增基金”备案
创业投资类FOF基金	创业投资类FOF基金，主要投向创投类私募基金、信托计划、券商资管、基金专户等资产管理计划的私募基金
其他私募投资基金	其他类别私募基金，投资除证券及其衍生品和股权以外的其他领域的基金
其他私募投资类FOF基金	其他私募投资类FOF基金，主要投向其他类私募基金、信托计划、券商资管、基金专户等资产管理计划的私募基金

资料来源：中基协“资产管理业务综合报送平台”系统中的《有关私募投资基金“业务类型/基金类型”和“产品类型”的说明》。

基金层面的税收，针对的是每个基金本身的收益，每个基金独立核算税收。另外，根据基金组织形式的不同，以及投资对象的不同，负税有较大差异。本部分将在不同基金组织形式、不同基金类型的大框架下进行梳理，解析私募股权投资基金、私募证券投资基金、创业投资基金层面的税收。

私募股权投资基金

<table>
<tr><td colspan="2">投资对象</td><td colspan="2">主要投向非公开交易的企业股权</td></tr>
<tr><td colspan="2">收益来源</td><td>股息红利</td><td>股权转让</td></tr>
<tr><td rowspan="2">负税项目</td><td>增值税</td><td>不征收</td><td>不征收</td></tr>
<tr><td>企业所得税（仅限公司型）</td><td>视情况而定</td><td>征收</td></tr>
</table>

关于股息红利的增值税情况，文件依据：《销售服务、无形资产、不动产注释》（财税〔2016〕36号）[①]、《财政部、国家税务总局关于明确金融、房地产开发、教育辅助服务等增值税政策的通知》（财税〔2016〕140号）[②]。根据上述文件，需要征收增值税的“金融服务”是指经营金融保险的业务活动，包括贷款服务、直接收费金融服务、保险服务和金融商品转让。其中“贷款服务项下的金融商品持有期间（含到期）利息（保本收益、报酬、资金占用费、补偿金等）收入”，这里专指合同中明确承诺到期本金可全部收回的投资收益。相对的，如果金融商品持有期间（含到期）取得的非保本的上述收益，不属于利息或利息性质的收入，不征收增值税。因此，非公开交易的企业股权属于非保本投资对象，从而私募股权投资基金投资非公开交易的企业股权所产生的股息红利不需要征收增值税。

关于股权转让所得的增值税情况，文件依据：《财政部、国家税务总局关于股权转让有关营业税问题的通知》（财税〔2002〕191号）[③]、《销售服务、无形资产、不动产注释》（财税〔2016〕36号）[④]。根据上述文件，在营业税改征增值税之前，对股权转让不征收营业税。2016年全面推开营业税改征增值税后，需要征收增值税的“金融商品转让”是指转让外汇、有价证券、非货物期货和其他金融商品所有权的业务活动，其他金融商品转让包括基金、信托、理财产品等各类资产管理产品和各种金融衍生品的转让。可以看出，需要征收增值税的“金融商品转让”范畴并不包含股权转让，也就是说，营改增之前对股权转让不征收

---

① 《销售服务、无形资产、不动产注释》（财税〔2016〕36号）第一条第（五）款第1项。

② 《财政部、国家税务总局关于明确金融、房地产开发、教育辅助服务等增值税政策的通知》（财税〔2016〕140号）第一条。

③ 《财政部、国家税务总局关于股权转让有关营业税问题的通知》（财税〔2002〕191号）第二条。

④ 《销售服务、无形资产、不动产注释》（财税〔2016〕36号）第一条第（五）款第4项。

营业税；营改增之后，对股权转让也不征收增值税。

关于股息红利的企业所得税，有免征和征收两种情形。先看免征的情形，文件依据：《中华人民共和国企业所得税法》[①]、《中华人民共和国企业所得税法实施条例》[②]、《财政部、国家税务总局关于执行企业所得税优惠政策若干问题的通知》（财税〔2009〕69号）[③]、《国家税务总局关于贯彻落实企业所得税法若干税收问题的通知》（国税函〔2010〕79号）[④]。根据上述文件，符合条件的居民企业之间的股息、红利等权益性投资收益免征企业所得税。这里需要解释三个概念，“居民企业”“权益性投资收益”以及“符合条件”。“居民企业”是指依法在中国境内成立，或者依照外国（地区）法律成立但实际管理机构在中国境内的企业。另外，由于《中华人民共和国企业所得税法》不适用于合伙企业和个人独资企业，因此合伙企业和个人独资企业不属于“居民企业”的范畴。“权益性投资收益”是指企业因权益性投资从被投资方取得的收入，权益性投资是指为获取其他企业的权益或净资产所进行的投资，如对其他企业的普通股股票投资、为获取其他企业股权的联营投资等，均属权益性投资[⑤]，所称股息、红利等权益性投资收益，不包括连续持有居民企业公开发行并上市流通的股票不足12个月取得的投资收益[⑥]。“符合条件”是指居民企业直接投资于其他居民企业取得的投资收益。也就是说，只有一种情形下，公司型私募股权投资基金在股息红

① 《中华人民共和国企业所得税法》第二十六条第二款。

② 《中华人民共和国企业所得税法实施条例》第十七条、第八十三条。

③ 《财政部、国家税务总局关于执行企业所得税优惠政策若干问题的通知》（财税〔2009〕69号）第四条。

④ 《国家税务总局关于贯彻落实企业所得税法若干税收问题的通知》（国税函〔2010〕79号）第四条。

⑤ 百度百科，“权益性投资”。

⑥ 国家税务总局，《<企业所得税优惠政策事项办理办法>的公告》（国家税务总局公告2018年第23号），2018年5月3日。

利上可以免征企业所得税，即作为居民企业的公司型私募股权投资基金直接投资于其他居民企业取得的股息红利等权益性投资收益。假若投向非居民企业（例如投资一家合伙企业），或者间接投资（例如购买债券），则取得的股息红利都不属于免征企业所得税的范围。

关于股权转让所得的企业所得税情况，文件依据：《中华人民共和国企业所得税法》①。一般情况下，企业所得税税率是25%。若公司型私募基金符合小型微利企业的法定条件，则在需要征税的情形下同样享有减半征税的所得税优惠政策②，甚至享受暂免征收增值税优惠政策③。

私募股权投资类 FOF 基金

投资对象		主要投向股权类私募基金、信托计划、券商资管、基金专户等资产管理计划。		
收益来源		分红	赎回	转让
负税项目	增值税	不征收	不征收	按3%征收
	企业所得税（仅限公司型）	征收	征收	征收

关于分红的增值税情况，文件依据：《财政部、国家税务总局关于明确金融、房地产开发、教育辅助服务等增值税政策的通知》（财税〔2016〕140号）④。根据上述文件，由于私募股权FOF基金投资对象是非保本产品，持有期间（含到期）取得的非保本分红，不属于利息或利息性质的收入，不征收增值税。

关于赎回差价收益的增值税情况，文件依据：《财政部、国家税务

① 《中华人民共和国企业所得税法》第四条、第六条。

② 税务总局，《关于贯彻落实扩大小型微利企业所得税优惠政策范围有关征管问题的公告》（国家税务总局公告2017年第23号），2017年6月7日。

③ 税务总局，《关于小微企业免征增值税有关问题的公告》（国家税务总局公告2017年第52号），2017年12月27日。

④ 《财政部、国家税务总局关于明确金融、房地产开发、教育辅助服务等增值税政策的通知》（财税〔2016〕140号）第一条。

总局关于明确金融、房地产开发、教育辅助服务等增值税政策的通知》（财税〔2016〕140 号）①。根据上述文件，购入基金、信托、理财产品等各类资产管理产品持有至到期，不属于《销售服务、无形资产、不动产注释》（财税〔2016〕36 号）第一条第（五）项第 4 点所称的金融商品转让，因此，私募股权 FOF 基金将投资对象赎回的行为不是需征税的“金融商品转让”行为，所取得的收益不征收增值税。

关于转让差价收益的增值税情况，文件依据：《销售服务、无形资产、不动产注释》（财税〔2016〕36 号）②。根据上述文件，需要征收增值税的“金融商品转让”，是指转让外汇、有价证券、非货物期货和其他金融商品所有权的业务活动；其他金融商品转让包括基金、信托、理财产品等各类资产管理产品和各种金融衍生品的转让。因此，私募股权 FOF 基金将投资对象转让的行为，属于需要征收增值税的“金融商品转让”行为，所取得的收益应征收增值税。另外，增值税的税率，根据税务总局于 2017 年发布的《有关资管产品增值税有关问题的通知》（财税〔2017〕56 号），资管产品在运营过程中发生的增值税应税行为，暂适用简易计税方法，按照 3% 的征收率缴纳增值税。

关于分红、赎回差价收益、份额转让差价收益的企业所得税情况，文件依据：《中华人民共和国企业所得税法》③。一般情况下，企业所得税税率是 25%。若公司型私募基金符合小型微利企业的法定条件，则在需要征税的情形下同样享有减半征税的所得税优惠政策④，甚至享受

① 《财政部、国家税务总局关于明确金融、房地产开发、教育辅助服务等增值税政策的通知》（财税〔2016〕140 号）第一条。

② 《销售服务、无形资产、不动产注释》（财税〔2016〕36 号）第一条第（五）款第 4 项。

③ 《中华人民共和国企业所得税法》第四条、第六条。

④ 税务总局，《关于贯彻落实扩大小型微利企业所得税优惠政策范围有关征管问题的公告》（国家税务总局公告 2017 年第 23 号），2017 年 6 月 7 日。

暂免征收增值税优惠政策[①]。

私募证券投资基金

投资对象	主要投向公开交易的股份有限公司股票、债券、期货、期权、基金份额以及中国证监会规定的其他证券及其衍生品种。

由于证券投资基金的投资对象比较多，在征税方面也有差异，因此就不同的投资对象分开解析。

①	投资对象	股票	
	收益来源	股息红利	转让差价收益
负税项目	增值税	不征收	征收或不征收
	企业所得税（仅限公司型）	征收或不征收	

关于股息红利的增值税情况，文件依据：《财政部、国家税务总局关于明确金融、房地产开发、教育辅助服务等增值税政策的通知》（财税〔2016〕140号）[②]。根据上述文件，“保本”的投资收益需要征收增值税，“保本”是指合同中明确承诺到期本金可全部收回的投资收益。税务上强调的是合同设立时是否承诺偿还本金，“保本”指的是到期有无偿还本金的义务，并非有无偿还本金的能力。因此，金融商品违约风险的高低以及为降低违约风险所做的增信措施并不影响保本与否的认定。若合同中未明确承诺到期本金可全部收回，则不认为是“保本”，无须再实质判断合同内容。[③] 从而，公开交易的股份有限公司股票属于非保本投资对象，产生的股息红利不需要征收增值税。

关于转让差价收益的增值税情况，文件依据：《营业税改征增值税

① 税务总局,《关于小微企业免征增值税有关问题的公告》(国家税务总局公告2017年第52号),2017年12月27日。

② 《财政部、国家税务总局关于明确金融、房地产开发、教育辅助服务等增值税政策的通知》(财税〔2016〕140号)第一条。

③ 中基协,《关于证券投资基金增值税核算估值的相关建议》,2017年12月29日。

试点过渡政策的规定》（财税〔2016〕36 号）①。根据上述文件，金融商品转让收入免征增值税的范围包括“4. 证券投资基金（封闭式证券投资基金，开放式证券投资基金）管理人运用基金买卖股票、债券”。这里存在争议，有观点认为应当征收，理由是：“证券投资基金（封闭式、开放式）”专门针对的是公募基金，这里的免征政策针对的是公募基金而不包括私募基金。另一种观点认为不征收，理由是：第一，法律层面的《证券投资基金法》，在总则中明确了证券投资基金分为公开或者非公开募集资金设立两种方式，也就是说“证券投资基金”这六个字并非专指公募基金。第二，《证券投资基金法》就“封闭式”“开放式”的解释，是在基金运作方式的层面进行分类的，“封闭式基金”是指基金份额总额在基金合同期限内固定不变，基金份额持有人不得申请赎回的基金；“开放式基金”是指基金份额总额不固定，基金份额可以在基金合同约定的时间和场所申购或者赎回的基金。从上述定义中也可以看出，这种运作方式并非特指公募基金，私募基金事实上也存在封闭式、开放式的运作方式。在《证券投资基金法》中，全文如果要特指公募基金，则基金二字前一定会有“公开募集”四个字，而没有冠以这四个字的，就包含了公募、私募两种形式，所以“封闭式基金”“开放式基金”也并非特指公募基金。第三，《证券投资基金法》是在 2013 年将私募纳入调整范围的，财税〔2016〕36 号文出台时间在 2016 年，因此，财税〔2016〕36 号文中的“4. 证券投资基金（封闭式证券投资基金，开放式证券投资基金）”应当既指公募基金，也指私募基金。第四，根据中基协 2017 年 12 月 29 日发布的《证券投资基金增值税核算估值参考意见》及释义，也认为“基金买卖股票、债券的差价收入免征增值税”。综上四点，具体《营业税改征增值税试点过渡政策的规

① 《营业税改征增值税试点过渡政策的规定》（财税〔2016〕36 号）第一条第（二十二）款第 4 项。

定》（财税〔2016〕36号）中免征增值税的“4. 证券投资基金（封闭式证券投资基金，开放式证券投资基金）管理人运用基金买卖股票、债券”，是否专指公募基金，到底是否适用于私募基金，需要与税务主管部门核实。

关于公司型的证券投资基金从股票中取得的收益之企业所得税情况，有观点认为应征收，也有观点认为不征收。认为不征收理由是：文件依据来自于《财政部、国家税务总局关于企业所得税若干优惠政策的通知》（财税〔2008〕1号）[①]，根据上述文件，对证券投资基金从证券市场中取得的收入，包括买卖股票、债券的差价收入，股权的股息、红利收入，债券的利息收入及其他收入，暂不征收企业所得税。相对的，认为应征收的理由是：鼓励证券投资基金发展的优惠政策是在2008年由财政部、税务总局出台的，针对的是公募基金行业，而2013年《证券投资基金法》才首次将私募纳入调整范围。由于相关财税政策确实还未及时根据上位法的变化作出明确调整，并且，2018年税务总局发布了《企业所得税优惠政策事项办理办法》的公告（国家税务总局公告2018年第23号），其中有个《企业所得税优惠事项备案管理目录（2017年版）》，该目录并未收录“证券投资基金从证券市场中取得的收入，包括买卖股票、债券的差价收入，股权的股息、红利收入，债券的利息收入及其他收入”这项优惠政策。因此，是否征收请与当地税务部门核实。另外，应征收的观点下，还认为：在征收的情形下还存在优惠政策。文件依据：《财政部、国家税务总局、证监会关于沪港股票市场交易互联互通机制试点有关税收政策的通知》（财税〔2014〕81号）[②]、

① 《财政部、税务总局关于企业所得税若干优惠政策的通知》（财税〔2008〕1号）第二条第一款。

② 《财政部、国家税务总局、证监会关于沪港股票市场交易互联互通机制试点有关税收政策的通知》（财税〔2014〕81号）第一条第（二）款、第（四）款。

《财政部、国家税务总局、证监会关于深港股票市场交易互联互通机制试点有关税收政策的通知》（财税〔2016〕127 号）[①]。根据上述文件，中国内陆地区居民企业通过沪港通投资且连续持有 H 股满 12 个月取得的股息红利所得免征企业所得税；中国内陆地区居民企业通过深港通投资且连续持有 H 股满 12 个月取得的股息红利所得免征企业所得税；除此以外的股息红利及转让差价收益应征收企业所得税，但因地域因素、符合小微型企业条件而享有税收优惠的除外。

②	投资对象	债券	
	收益来源	利息	转让差价收益
负税项目	增值税	视不同种类债券而定	不征收
	企业所得税（仅限公司型）	视不同种类债券而定	征收或不征收

关于利息的增值税情况，私募证券投资基金投资的债券主要包含国债、地方政府债、央行票据、同业存单、各类金融债等，不同种类的债券，股息红利之增值税征税情况有别，分开列明。（1）国债、地方政府债、央行票据、同业存单、各类金融债之利息收入不征收增值税。文件依据：《营业税改征增值税试点过渡政策的规定》（财税〔2016〕36 号）[②]、《财政部、国家税务总局关于金融机构同业往来等增值税政策的补充通知》（财税〔2016〕70 号）[③]、《财政部、国家税务总局关于进一步明确全面推开营改增试点金融业有关政策的通知》（财税〔2016〕46

① 《财政部、国家税务总局、证监会关于深港股票市场交易互联互通机制试点有关税收政策的通知》（财税〔2016〕127 号）第一条第（二）款、第（四）款。

② 《财政部、税务总局关于营业税改征增值税试点过渡政策的规定》（财税〔2016〕36 号）第一条第（十九）款。

③ 《财政部、国家税务总局关于金融机构同业往来等增值税政策的补充通知》（财税〔2016〕70 号）第一条。

号)[1]、中基协《证券投资基金增值税核算估值参考意见释义》[2]。根据上述文件，存款利息属于不征收增值税项目，基金持有的各类存款取得的利息收入不征收增值税。基金持有国债、地方政府债、央行票据、政策性金融债券、金融债券、同业存单取得的利息收入免征增值税。(2) 债券是依法在境内外合法交易场所发行的、按约定还本付息的有价证券，除前述（1）中以外债券，由于债券利息收入具有保本性质，因此属于增值税应税收入。[3] 另外，增值税的税率，根据税务总局于2017年发布的《有关资管产品增值税有关问题的通知》（财税〔2017〕56号）文件内容，资管产品在运营过程中发生的增值税应税行为，暂适用简易计税方法，按照3%的征收率缴纳增值税。

关于转让差价收益的增值税情况，文件依据：《销售服务、无形资产、不动产注释》（财税〔2016〕36号）[4]。根据上述文件，金融商品转让收入免征增值税的范围包括“4. 证券投资基金（封闭式证券投资基金，开放式证券投资基金）管理人运用基金买卖股票、债券”，因此，私募证券投资基金买卖债券所取得的转让差价收益不征收增值税。

关于利息的企业所得税情况，国债、地方政府债利息免征企业所得税，持有中国铁路建设的企业债券取得的利息收入，减半征收企业所得税，除此以外的债券利息需要征收企业所得税。文件依据：《中华人民共和国企业所得税法》[5]、《中华人民共和国企业所得税法实施条例》[6]、《国家税务总局关于企业国债投资业务企业所得税处理问题的公告》

① 《财政部、国家税务总局关于进一步明确全面推开营改增试点金融业有关政策的通知》（财税〔2016〕46号）第一条。

② 中基协,《证券投资基金增值税核算估值参考意见释义》第(六)条第2款。

③ 中基协,《证券投资基金增值税核算估值参考意见释义》第六条第4款第(2)项。

④ 《营业税改征增值税试点过渡政策的规定》(财税〔2016〕36号)第一条第(二十二)款第4项。

⑤ 《中华人民共和国企业所得税法》第二十六条第一款。

⑥ 《中华人民共和国企业所得税法实施条例》第八十二条。

（国家税务总局公告 2011 年第 36 号）、《财政部、国家税务总局关于地方政府债券利息所得免征所得税问题的通知》（财税〔2011〕76 号）、《财政部、国家税务总局关于地方政府债券利息免征所得税问题的通知》（财税〔2013〕5 号）、《财政部、国家税务总局关于铁路建设债券利息收入企业所得税政策的通知》（财税〔2011〕99 号）、《财政部、国家税务总局关于 2014、2015 年铁路建设债券利息收入企业所得税政策的通知》（财税〔2014〕2 号）、《企业所得税优惠政策事项办理办法》的公告（国家税务总局公告 2018 年第 23 号）之附件《企业所得税优惠事项备案管理目录（2017 年版）》。

关于转让差价取得的收益之企业所得税情况，有观点认为应征收，也有观点认为不征收的。认为不征收的文件依据：《财政部、国家税务总局关于企业所得税若干优惠政策的通知》（财税〔2008〕1 号）[①]。根据上述文件，对证券投资基金从证券市场中取得的收入，包括买卖股票、债券的差价收入，股权的股息、红利收入，债券的利息收入及其他收入，暂不征收企业所得税。就此，认为应征收的理由如下：鼓励证券投资基金发展的优惠政策是在 2008 年由财政部、税务总局出台的，针对的是公募基金行业，而 2013 年《证券投资基金法》才首次将私募纳入调整范围，因而 2008 年的优惠政策不包括私募基金。另外，由于相关财税政策确实还未及时根据上位法的变化作出明确调整，并且，2018 年税务总局发布了《企业所得税优惠政策事项办理办法》的公告（国家税务总局公告 2018 年第 23 号），其中有个《企业所得税优惠事项备案管理目录（2017 年版）》，该目录并没有收录“证券投资基金从证券市场中取得的收入，包括买卖股票、债券的差价收入，股权的股息、红利收入，债券的利息收入及其他收入”这项优惠政策，因此，该观点认

① 《财政部、税务总局关于企业所得税若干优惠政策的通知》（财税〔2008〕1 号）第二条第一款。

为：公司型的私募基金就此项应征收所得税。企业所得税税率一般为25%，因地域因素，或符合法定小微型企业的除外。

③	投资对象	公募证券投资基金		
	收益来源	分红	赎回差价收益	转让差价收益
负税项目	增值税	不征收	不征收	征收或不征收
	企业所得税（仅限公司型）	视情况而定		

关于分红的增值税情况，文件依据：《销售服务、无形资产、不动产注释》（财税〔2016〕36号）①、《财政部、国家税务总局关于明确金融、房地产开发、教育辅助服务等增值税政策的通知》（财税〔2016〕140号）②。根据上述文件，如果合同中明确承诺到期本金可全部收回的投资收益，则需要征收增值税；如果是非保本的上述收益，则不征收增值税。继而公募证券投资基金属于非保本产品，产生的分红无须缴纳增值税。

关于赎回差价收益的增值税情况，文件依据：《销售服务、无形资产、不动产注释》（财税〔2016〕36号）③、《财政部、国家税务总局关于明确金融、房地产开发、教育辅助服务等增值税政策的通知》（财税〔2016〕140号）④。根据上述文件，金融商品转让是指转让外汇、有价证券、非货物期货和其他金融商品所有权的业务活动。其他金融商品转让包括基金、信托、理财产品等各类资产管理产品和各种金融衍生品的转让。由于购入基金持有至到期，不属于需要纳税的“金融商品转让”，所以就基金份额赎回差价取得的收益不征收增值税。

关于转让差价收益的增值税情况，目前有争议。认为应当征收的文

① 《销售服务、无形资产、不动产注释》（财税〔2016〕36号）第一条第（五）项第1点。

② 《财政部、国家税务总局关于明确金融、房地产开发、教育辅助服务等增值税政策的通知》（财税〔2016〕140号）第一条。

③ 《销售服务、无形资产、不动产注释》（财税〔2016〕36号）第一条第（五）项第4点。

④ 《财政部、国家税务总局关于明确金融、房地产开发、教育辅助服务等增值税政策的通知》（财税〔2016〕140号）第二条。

件依据：《销售服务、无形资产、不动产注释》（财税〔2016〕36号）①。根据上述文件，转让基金份额属于需要征税的“金融商品转让”，因此基金转让取得的差价收益需要征收增值税。认为不应当征收的文件依据：《证券投资基金增值税核算估值参考意见》。该文件第二条第（二）款“金融商品转让”中写道：“在相关税收法规明确前，暂不对基金转让、赎回证券投资基金计提增值税。”并且《 < 证券投资基金增值税核算估值参考意见 > 释义》第四条第（一）款第2项“基金行业金融商品转让的范围”中写道：“为避免重复征税，在相关税收法规明确前，暂不对基金转让、赎回证券投资基金计提增值税。”因而，就证券投资基金转让公募证券投资基金的差价收益是否需计提增值税，建议与估值核算的外包服务人沟通，并与当地税务机关核实。

关于从公募证券投资基金中取得的收益之企业所得税情况，文件依据：《财政部、国家税务总局关于企业所得税若干优惠政策的通知》（财税〔2008〕1号）②，以及2018年税务总局发布的《企业所得税优惠政策事项办理办法》的公告（国家税务总局公告2018年第23号），其中有个《企业所得税优惠事项备案管理目录（2017年版）》。根据上述文件，对投资者从证券投资基金分配中取得的收入暂不征收企业所得税。由此，就公司型的私募证券投资基金从公募证券投资基金分配中取得的收入是否需征收企业所得税，建议同当地税务机关核实。

④	投资对象	股票期货、股指期货等金融衍生品
	收益来源	转让、平仓、到期时确认金融商品差价收益
负税项目	增值税	按照3%征收
	企业所得税（仅限公司型）	征收

① 《销售服务、无形资产、不动产注释》（财税〔2016〕36号）第一条第（五）项第4点。

② 《财政部、国家税务总局关于企业所得税若干优惠政策的通知》（财税〔2008〕1号）第二条第二款。

关于转让、平仓、到期时确认金融商品价差收益的增值税情况，文件依据：《销售服务、无形资产、不动产注释》（财税〔2016〕36号）①。根据文件，持有金融衍生品转让、平仓、到期时确认金融商品价差收益，按金融商品转让差价收益计税方式计算缴纳增值税。② 另外，根据税务总局于2017年发布的《有关资管产品增值税有关问题的通知》（财税〔2017〕56号），资管产品在运营过程中发生的增值税应税行为，暂适用简易计税方法，按照3%的征收率缴纳增值税。

关于转让、平仓、到期时确认金融商品价差收益的企业所得税情况，文件依据：《中华人民共和国企业所得税法》③。一般情况下，企业所得税税率是25%。若公司型私募基金符合小型微利企业的法定条件，则在需要征税的情形下同样享有减半征税的所得税优惠政策④，甚至享受暂免征收增值税优惠政策⑤。

⑤	投资对象	商品期货
	收益来源	转让差价收益
负税项目	增值税	不征收
	企业所得税（仅限公司型）	征收

关于商品期货转让差价收益的增值税情况，文件依据：《销售服务、无形资产、不动产注释》（财税〔2016〕36号）⑥。根据文件，金融商品转让，是指转让外汇、有价证券、非货物期货和其他金融商品所有权的业务活动。商品期货不是非货物期货，转让商品期货不属于增值税应税行为。

关于商品期货转让差价收益的企业所得税情况，文件依据：《中华

① 《销售服务、无形资产、不动产注释》（财税〔2016〕36号）第一条第（五）项第4点。

② 中基协，《证券投资基金增值税核算估值参考意见释义》，2017年12月29日。

③ 《中华人民共和国企业所得税法》第四条、第六条。

④ 税务总局，《关于贯彻落实扩大小型微利企业所得税优惠政策范围有关征管问题的公告》（国家税务总局公告2017年第23号），2017年6月7日。

⑤ 税务总局，《关于小微企业免征增值税有关问题的公告》（国家税务总局公告2017年第52号），2017年12月27日。

⑥ 《销售服务、无形资产、不动产注释》（财税〔2016〕36号）第一条第（五）项第4点。

人民共和国企业所得税法》[①]。一般情况下，企业所得税税率是25%。若公司型私募基金符合小型微利企业的法定条件，则在需要征税的情形下同样享有减半征税的所得税优惠政策[②]，甚至享受暂免征收增值税优惠政策[③]。

⑥	投资对象	债券质押式回购交易及债券买断式回购交易
	收益来源	利息
负税项目	增值税	不征收
	企业所得税（仅限公司型）	征收

关于利息的增值税情况，文件依据：《财政部、国家税务总局关于进一步明确全面推开营改增试点金融业有关政策的通知》（财税〔2016〕46号）[④]、《财政部、国家税务总局关于金融机构同业往来等增值税政策的补充通知》（财税〔2016〕70号）[⑤]。财税〔2016〕46号文中明确，金融机构开展的质押式买入返售金融商品利息收入属于金融同业往来利息收入，不征收增值税。财税〔2016〕70号文中明确，金融机构开展的买断式买入返售金融商品利息收入属于金融同业往来利息收入，不征收增值税。基金与金融机构开展的质押式和买断入返售取得利息收入免征增值税，其中包括以中国证券登记结算有限公司为中央对手方的买入返售取得的利息收入。

关于利息的企业所得税情况，文件依据：《中华人民共和国企业所

① 《中华人民共和国企业所得税法》第四条、第六条。

② 税务总局,《关于贯彻落实扩大小型微利企业所得税优惠政策范围有关征管问题的公告》(国家税务总局公告2017年第23号),2017年6月7日。

③ 税务总局,《关于小微企业免征增值税有关问题的公告》(国家税务总局公告2017年第52号),2017年12月27日。

④ 《财政部、国家税务总局关于进一步明确全面推开营改增试点金融业有关政策的通知》(财税〔2016〕46号)第一条。

⑤ 《财政部、国家税务总局关于金融机构同业往来等增值税政策的补充通知》(财税〔2016〕70号)第一条。

得税法》[1]。一般情况下，企业所得税税率是25%。若公司型私募基金符合小型微利企业的法定条件，则在需要征税的情形下同样享有减半征税的所得税优惠政策[2]，甚至享受暂免征收增值税优惠政策[3]。

⑦	投资对象	黄金合约
	收益来源	转让差价收益
负税项目	增值税	不征收
	企业所得税（仅限公司型）	征收

关于转让差价收益的增值税情况，文件依据：《财政部、国家税务总局关于黄金税收政策问题的通知》（财税〔2002〕142号）。根据上述文件，黄金交易所会员单位通过黄金交易所销售标准黄金（持有黄金交易所开具的《黄金交易结算凭证》），未发生实物交割的，免征增值税；发生实物交割的，由税务机关按照实际成交价格代开增值税专用发票，并实行增值税即征即退的政策，同时免征城市维护建设税、教育费附加。上述规定表明“销售标准黄金”是指销售的标准黄金对应的黄金合约，因此黄金ETF进行黄金现货实盘交易和黄金现货延期交收交易转让黄金合约取得的收入免征增值税。[4]

关于转让差价收益的企业所得税情况，文件依据：《中华人民共和国企业所得税法》[5]。一般情况下，企业所得税税率是25%。若公司型私募基金符合小型微利企业的法定条件，则在需要征税的情形下同样享

① 《中华人民共和国企业所得税法》第四条、第六条。

② 税务总局，《关于贯彻落实扩大小型微利企业所得税优惠政策范围有关征管问题的公告》（国家税务总局公告2017年第23号），2017年6月7日。

③ 税务总局，《关于小微企业免征增值税有关问题的公告》（国家税务总局公告2017年第52号），2017年12月27日。

④ 中基协，《<证券投资基金增值税核算估值参考意见>释义》，2017年12月31日。

⑤ 《中华人民共和国企业所得税法》第四条、第六条。

有减半征税的所得税优惠政策[1]，甚至享受暂免征收增值税优惠政策[2]。

私募证券投资类 FOF 基金

投资对象		主要投向证券类私募基金、信托计划、券商资管、基金专户等资产管理计划		
收益来源		分红	赎回差价收益	转让差价收益
负税项目	增值税	不征收	不征收	征收或不征收
	企业所得税（仅限公司型）	征收		

关于分红的增值税情况，文件依据：《财政部、国家税务总局关于明确金融、房地产开发、教育辅助服务等增值税政策的通知》（财税〔2016〕140 号）[3]。根据上述文件，由于私募证券类 FOF 基金投资对象是非保本产品，持有期间（含到期）取得的非保本分红，不属于利息或利息性质的收入，不征收增值税。

关于赎回差价收益的增值税情况，文件依据：《财政部、国家税务总局关于明确金融、房地产开发、教育辅助服务等增值税政策的通知》（财税〔2016〕140 号）[4]。根据上述文件，购入基金、信托、理财产品等各类资产管理产品持有至到期，不属于《销售服务、无形资产、不动产注释》（财税〔2016〕36 号）第一条第（五）项第 4 点所称的金融商品转让，因此，私募股权 FOF 基金将投资对象赎回的行为并非需征税的“金融商品转让”行为，所取得的收益不征收增值税。

关于转让差价收益的增值税情况，目前存在争议。认为需要征收的

---

① 税务总局，《关于贯彻落实扩大小型微利企业所得税优惠政策范围有关征管问题的公告》（国家税务总局公告 2017 年第 23 号），2017 年 6 月 7 日。

② 税务总局，《关于小微企业免征增值税有关问题的公告》（国家税务总局公告 2017 年第 52 号），2017 年 12 月 27 日。

③ 《财政部、国家税务总局关于明确金融、房地产开发、教育辅助服务等增值税政策的通知》（财税〔2016〕140 号）第一条。

④ 《财政部、国家税务总局关于明确金融、房地产开发、教育辅助服务等增值税政策的通知》（财税〔2016〕140 号）第一条。

文件依据：《销售服务、无形资产、不动产注释》（财税〔2016〕36号）①。根据上述文件，需要征收增值税的“金融商品转让”，是指转让外汇、有价证券、非货物期货和其他金融商品所有权的业务活动；其他金融商品转让包括基金、信托、理财产品等各类资产管理产品和各种金融衍生品的转让。因此，私募股权 FOF 基金将投资对象转让的行为，属于需要征收增值税的“金融商品转让”行为，所取得的收益应征收增值税。相对的，认为不需要征收的文件依据：《证券投资基金增值税核算估值参考意见》。该文件第二条第（二）款“金融商品转让”中写道：“在相关税收法规明确前，暂不对基金转让、赎回证券投资基金计提增值税。”并且《<证券投资基金增值税核算估值参考意见>释义》第四条第（一）款第 2 项“基金行业金融商品转让的范围”中写道：“为避免重复征税，在相关税收法规明确前，暂不对基金转让、赎回证券投资基金计提增值税。”因而，就私募证券投资基金转让基金的差价收益是否需计提增值税，建议与估值核算的外包服务人沟通，并与当地税务机关核实。

关于分红、赎回差价收益、份额转让差价收益的企业所得税情况，文件依据：《中华人民共和国企业所得税法》②。一般情况下，企业所得税税率是 25%。若公司型私募基金符合小型微利企业的法定条件，则在需要征税的情形下同样享有减半征税的所得税优惠政策③，甚至享受暂免征收增值税优惠政策④。

---

① 《销售服务、无形资产、不动产注释》（财税〔2016〕36 号）第一条第（五）款第 4 项。

② 《中华人民共和国企业所得税法》第四条、第六条。

③ 税务总局，《关于贯彻落实扩大小型微利企业所得税优惠政策范围有关征管问题的公告》（国家税务总局公告 2017 年第 23 号），2017 年 6 月 7 日。

④ 税务总局，《关于小微企业免征增值税有关问题的公告》（国家税务总局公告 2017 年第 52 号），2017 年 12 月 27 日。

创业投资基金

<table>
<tr><td colspan="2">投资对象</td><td colspan="2">主要向处于创业各阶段的未上市成长性企业进行股权投资的基金（新三板挂牌企业视为未上市企业）。对于市场所称“成长基金”，如果不涉及沪深交易所上市公司定向增发股票投资的，按照创业投资基金备案；如果涉及上市公司定向增发的，按照私募股权投资基金中的“上市公司定增基金”备案</td></tr>
<tr><td colspan="2">收益来源</td><td>股息红利</td><td>转让差价收益</td></tr>
<tr><td rowspan="2">负税项目</td><td>增值税</td><td>不征收</td><td>不征收</td></tr>
<tr><td>企业所得税（仅限公司型）</td><td colspan="2">有优惠政策，视情况而定</td></tr>
</table>

关于股息红利的增值税情况，文件依据：《销售服务、无形资产、不动产注释》（财税〔2016〕36 号）①、《财政部、国家税务总局关于明确金融、房地产开发、教育辅助服务等增值税政策的通知》（财税〔2016〕140 号）②。根据上述文件，需要征收增值税的“金融服务”是指经营金融保险的业务活动，包括贷款服务、直接收费金融服务、保险服务和金融商品转让。其中“贷款服务项下的金融商品持有期间（含到期）利息（保本收益、报酬、资金占用费、补偿金等）收入”，这里专指合同中明确承诺到期本金可全部收回的投资收益。相对的，如果金融商品持有期间（含到期）取得的非保本的上述收益，不属于利息或利息性质的收入，不征收增值税。因此，上述投资对象属于非保本投资对象，从而创业投资基金取得的股息红利不需要征收增值税。

关于股权转让所得的增值税情况，文件依据：《销售服务、无形资产、不动产注释》（财税〔2016〕36 号）③。根据上述文件，需要征收

① 《销售服务、无形资产、不动产注释》（财税〔2016〕36 号）第一条第（五）款第 1 项。

② 《财政部、国家税务总局关于明确金融、房地产开发、教育辅助服务等增值税政策的通知》（财税〔2016〕140 号）第一条。

③ 《销售服务、无形资产、不动产注释》（财税〔2016〕36 号）第一条第（五）款第 4 项。

增值税的“金融商品转让”是指转让外汇、有价证券、非货物期货和其他金融商品所有权的业务活动，其他金融商品转让包括基金、信托、理财产品等各类资产管理产品和各种金融衍生品的转让。可以看出，需要征收增值税的“金融商品转让”范畴并不包含股权转让，因此，股权转让差价收益不征收增值税。

关于创业投资基金之企业所得税的情况，先看有优惠政策的情形，文件依据：《中华人民共和国企业所得税法》[①]、《中华人民共和国企业所得税法实施条例》[②]、《国家税务总局关于实施创业投资企业所得税优惠问题的通知》（国税发〔2009〕87号）、《财政部、国家税务总局关于执行企业所得税优惠政策若干问题的通知》（财税〔2009〕69号）、《财政部、税务总局关于创业投资企业和天使投资个人有关税收政策的通知》（财税〔2018〕55号）。根据上述文件，首先，创业投资企业采取股权投资方式投资于未上市的中小高新技术企业2年（24个月）以上，凡符合以下条件的，可以按照其对中小高新技术企业投资额的70%，在股权持有满2年的当年抵扣该创业投资企业的应纳税所得额；当年不足抵扣的，可以在以后纳税年度结转抵扣。第一，经营范围符合《暂行办法》规定，且工商登记为“创业投资有限责任公司”“创业投资股份有限公司”等专业性法人创业投资企业；第二，按照《暂行办法》规定的条件和程序完成备案，经备案管理部门年度检查核实，投资运作符合《暂行办法》的有关规定；第三，创业投资企业投资的中小高新技术企业，除应按照科技部、财政部、国家税务总局《关于印发〈高新技术企业认定管理办法〉的通知》（国科发火〔2008〕172号）和《关于印发〈高新技术企业认定管理工作指引〉的通知》（国科发火〔2008〕362号）的规定，通过高新技术企业认定以外，还应符合职工

---

① 《中华人民共和国企业所得税法》第三十一条。

② 《中华人民共和国企业所得税法实施条例》第九十七条。

人数不超过500人，年销售（营业）额不超过2亿元，资产总额不超过2亿元的条件。其次，公司制创业投资企业采取股权投资方式直接投资于种子期、初创期科技型企业（以下简称“初创科技型企业”）满2年（24个月）的，可以按照投资额的70%在股权持有满2年的当年抵扣该公司制创业投资企业的应纳税所得额；当年不足抵扣的，可以在以后纳税年度结转抵扣。若符合法定小微企业的条件，也有相关优惠政策。其他的情形下，按照一般企业的纳税标准征收25%的企业所得税。

创业投资类FOF基金

投资对象		主要投向创投类私募基金、信托计划、券商资管、基金专户等资产管理计划		
收益来源		分红	赎回	转让差价收益
负税项目	增值税	不征收	不征收	视情况而定
	企业所得税（仅限公司型）	视情况而定		

关于分红的增值税情况，文件依据：《财政部、国家税务总局关于明确金融、房地产开发、教育辅助服务等增值税政策的通知》（财税〔2016〕140号）[①]。根据上述文件，由于创业投资类FOF基金投资对象是非保本产品，持有期间（含到期）取得的非保本分红，不属于利息或利息性质的收入，不征收增值税。

关于赎回的增值税情况，文件依据：《财政部、国家税务总局关于明确金融、房地产开发、教育辅助服务等增值税政策的通知》（财税〔2016〕140号）[②]。根据上述文件，购入基金、信托、理财产品等各类资产管理产品持有至到期，不属于《销售服务、无形资产、不动产注

① 《财政部、国家税务总局关于明确金融、房地产开发、教育辅助服务等增值税政策的通知》（财税〔2016〕140号）第一条。

② 《财政部、国家税务总局关于明确金融、房地产开发、教育辅助服务等增值税政策的通知》（财税〔2016〕140号）第一条。

释》（财税〔2016〕36号）第一条第（五）项第4点所称的金融商品转让，因此，创业投资类FOF基金将投资对象赎回的行为不是需征税的“金融商品转让”行为，所取得的收益不征收增值税。

关于转让差价收益的增值税情况，目前存在争议。认为需要征收的文件依据：《销售服务、无形资产、不动产注释》（财税〔2016〕36号）①。根据上述文件，需要征收增值税的“金融商品转让”，是指转让外汇、有价证券、非货物期货和其他金融商品所有权的业务活动；其他金融商品转让包括基金、信托、理财产品等各类资产管理产品和各种金融衍生品的转让。因此，私募股权FOF基金将投资对象转让的行为，属于需要征收增值税的“金融商品转让”行为，所取得的收益应征收增值税。相对的，认为不需要征收的文件依据：《证券投资基金增值税核算估值参考意见》。该文件第二条第（二）款“金融商品转让”中写道：“在相关税收法规明确前，暂不对基金转让、赎回证券投资基金计提增值税。”并且《＜证券投资基金增值税核算估值参考意见＞释义》第四条第（一）款第2项“基金行业金融商品转让的范围”中写道：“为避免重复征税，在相关税收法规明确前，暂不对基金转让、赎回证券投资基金计提增值税。”因而，就私募证券投资基金转让基金的差价收益是否需计提增值税，建议与估值核算的外包服务人沟通，并与当地税务机关沟通。

关于分红、赎回差价收益、份额转让差价收益的企业所得税情况，文件依据：《中华人民共和国企业所得税法》②。一般情况下，企业所得税税率是25%。若公司型私募基金符合小型微利企业的法定条件，则

---

① 《销售服务、无形资产、不动产注释》(财税〔2016〕36号)第一条第(五)款第4项。

② 《中华人民共和国企业所得税法》第四条、第六条。

在需要征税的情形下同样享有减半征税的所得税优惠政策①，甚至享受暂免征收增值税优惠政策②。

股东/出资人层面

股东/出资人的税收，分为私募管理人层面和基金层面。基金层面较之私募管理人层面，当直接投资于初创科技型企业时有优惠政策，因此，此处就私募管理人层面和基金层面的税收分别列出。

私募管理人的股东/出资人

公司型私募管理人中，缴纳注册资本的被称为“股东”，相对的，之于合伙企业型私募管理人，则被称为“出资人”。股东/出资人因其出资比例或章程/出资协议约定的分配方式而享有收益，收益来源于私募管理人的利润。

①公司型管理人的股东	负税
自然人	个人所得税（税率 20%）
公司	企业所得税
合伙企业	先分后税

当股东为自然人时，负有缴纳个人所得税的义务，税率为 20%，文件依据：《中华人民共和国个人所得税法》③，即利息、股息、红利所得，偶然所得和其他所得等，适用比例税率，税率为 20%。

当股东为公司时，负有缴纳企业所得税的义务，税率为 25%，但是，有优惠政策的除外，即符合条件的居民企业之间的股息、红利等权

① 税务总局，《关于贯彻落实扩大小型微利企业所得税优惠政策范围有关征管问题的公告》（国家税务总局公告 2017 年第 23 号），2017 年 6 月 7 日。

② 税务总局，《关于小微企业免征增值税有关问题的公告》（国家税务总局公告 2017 年第 52 号），2017 年 12 月 27 日。

③ 《中华人民共和国个人所得税法》，2011 年 6 月 30 日第十一届全国人民代表大会常务委员会第二十一次会议第六次修正，第三条第五项。

益性投资收益免征企业所得税，文件依据：《中华人民共和国企业所得税法》[①]、《中华人民共和国企业所得税法实施条例》[②]、《财政部、国家税务总局关于执行企业所得税优惠政策若干问题的通知》（财税〔2009〕69号）[③]、《国家税务总局关于贯彻落实企业所得税法若干税收问题的通知》（国税函〔2010〕79号）[④]。根据上述文件，符合条件的居民企业之间的股息、红利等权益性投资收益免征企业所得税。这里需要解释三个概念，“居民企业”“权益性投资收益”，以及“符合条件”。“居民企业”是指依法在中国境内成立，或者依照外国（地区）法律成立但实际管理机构在中国境内的公司。“权益性投资收益”是指企业因权益性投资从被投资方取得的收入，权益性投资是指为获取其他企业的权益或净资产所进行的投资，如对其他企业的普通股股票投资、为获取其他企业股权的投资等，均属权益性投资。[⑤]“符合条件”是指居民企业直接投资于其他居民企业取得的投资收益。另外，由于我国私募管理人需要在我国境内设立，因此公司型的私募管理人即是我国居民企业，作为居民企业的公司型股东直接投资于公司型私募管理人，即是居民企业之间的直接投资，因而所取得的股息、红利等权益性投资收益，免征企业所得税。如若该公司型股东非我国居民企业，则不免征企业所得税。

当股东为合伙企业时，采用先分后税方式（穿透征税），合伙企业负有代扣代缴的义务，而非作为股东的合伙企业本身负税。文件依据：

---

① 《中华人民共和国企业所得税法》第二十六条第二款。

② 《中华人民共和国企业所得税法实施条例》第十七条、第八十三条。

③ 《财政部、国家税务总局关于执行企业所得税优惠政策若干问题的通知》（财税〔2009〕69号）第四条。

④ 《国家税务总局关于贯彻落实企业所得税法若干税收问题的通知》（国税函〔2010〕79号）第四条。

⑤ 百度百科，“权益性投资”。

《中华人民共和国合伙企业法》[①]、《关于合伙企业合伙人所得税问题的通知》（财税〔2008〕159号）[②]。根据上述文件，合伙企业的生产经营所得和其他所得，按照国家有关税收规定，由合伙人分别缴纳所得税。当该合伙人的出资人是自然人的，则征收个人所得税（税率5%～35%）；当该合伙人的出资人是公司的，则征收企业所得税（税率25%）；当该合伙人的出资人是合伙企业的，继续按照“先分后税”的原则再次向下穿透。

②合伙企业型管理人的出资人	负税
自然人	个人所得税（税率5%～35%）
公司	企业所得税
合伙企业	先分后税

当出资人为自然人时，负有缴纳个人所得税的义务，税率为5%～35%，文件依据：《中华人民共和国合伙企业法》[③]、《财政部、国家税务总局关于合伙企业合伙人所得税问题的通知》（财税〔2008〕159号）[④]、《财政部、国家税务总局关于个人独资企业和合伙企业投资者征收个人所得税的法规的通知》（财税〔2000〕91号）[⑤]。根据上述文件，合伙企业的生产经营所得和其他所得，按照国家有关税收规定，由合伙人分别缴纳所得税，具体应纳税所得额的计算比照个人所得税法的“个体工商户的生产经营所得”应税项目，适用5%～35%的五级超额累进

① 《中华人民共和国合伙企业法》，2006年8月27日第十届全国人民代表大会常务委员会第二十三次会议修订，第六条。

② 《关于合伙企业合伙人所得税问题的通知》（财税〔2008〕159号），2008年12月31日，第二条、第三条。

③ 《中华人民共和国个人所得税法》，2011年6月30日第十一届全国人民代表大会常务委员会第二十一次会议第六次修正，第三条第五项。

④ 《财政部、国家税务总局关于合伙企业合伙人所得税问题的通知》（财税〔2008〕159号）第三条。

⑤ 《财政部、国家税务总局关于个人独资企业和合伙企业投资者征收个人所得税的法规》（财税〔2000〕91号）第四条。

税率，计算征收个人所得税。

当出资人为公司时，负有缴纳企业所得税的义务，税率为25%，文件依据：《中华人民共和国企业所得税法》[①]、《财政部、国家税务总局关于合伙企业合伙人所得税问题的通知》（财税〔2008〕159号）[②]。根据上述文件，合伙企业以每一个合伙人为纳税义务人，合伙企业合伙人是自然人的，缴纳个人所得税；合伙人是法人和其他组织的，缴纳企业所得税。这里不存在“符合条件的居民企业之间的股息、红利等权益性投资收益免征企业所得税”这项优惠政策，原因是合伙企业型的私募管理人不是居民企业。

当出资人为合伙企业时，根据代扣代缴、先分后税的原则，实际负税由穿透后的自然人和公司分别负担个人所得税、企业所得税。

基金的股东/出资人

基金有公司型、合伙企业型、契约型三种组织形式，这里只讨论公司型、合伙企业型两种基金的股东/出资人的负税情况，契约型基金的出资人负税因自然人投资者和机构投资者不同而分别缴纳所得税，此处不再单独说明。

①公司型基金的股东	负税
自然人	个人所得税（税率20%）
公司	企业所得税
合伙企业	先分后税

当股东为自然人时，负有缴纳个人所得税的义务，税率为20%，

① 《中华人民共和国企业所得税法》第四条。

② 《财政部、国家税务总局关于合伙企业合伙人所得税问题的通知》（财税〔2008〕159号）第二条。

文件依据：《中华人民共和国个人所得税法》①。即利息、股息、红利所得，偶然所得和其他所得等，适用比例税率，税率为20%。

当股东为公司时，则负有缴纳企业所得税的义务，税率为25%，但是，有优惠政策的除外，即符合条件的居民企业之间的股息、红利等权益性投资收益免征企业所得税。文件依据：《中华人民共和国企业所得税法》②、《中华人民共和国企业所得税法实施条例》③、《财政部、国家税务总局关于执行企业所得税优惠政策若干问题的通知》（财税〔2009〕69号）④、《国家税务总局关于贯彻落实企业所得税法若干税收问题的通知》（国税函〔2010〕79号）⑤。根据上述文件，符合条件的居民企业之间的股息、红利等权益性投资收益免征企业所得税。这里需要解释三个概念，“居民企业”“权益性投资收益”，以及“符合条件”。“居民企业”是指依法在中国境内成立，或者依照外国（地区）法律成立但实际管理机构在中国境内的公司。“权益性投资收益”是指企业因权益性投资从被投资方取得的收入，权益性投资是指为获取其他企业的权益或净资产所进行的投资，如对其他企业的普通股股票投资、为获取其他企业股权的联营投资等，均属权益性投资⑥，所称股息、红利等权益性投资收益，不包括连续持有居民企业公开发行并上市流通的股票不足12个月取得的投资收益⑦。“符合条件”是指居民企业直接投资于其

① 《中华人民共和国个人所得税法》，2011年6月30日第十一届全国人民代表大会常务委员会第二十一次会议第六次修正，第三条第五项。

② 《中华人民共和国企业所得税法》第二十六条第二款。

③ 《中华人民共和国企业所得税法实施条例》第十七条、第八十三条。

④ 《财政部、国家税务总局关于执行企业所得税优惠政策若干问题的通知》（财税〔2009〕69号）第四条。

⑤ 《国家税务总局关于贯彻落实企业所得税法若干税收问题的通知》（国税函〔2010〕79号）第四条。

⑥ 百度百科，“权益性投资”。

⑦ 《<企业所得税优惠政策事项办理办法>的公告》（国家税务总局公告2018年第23号），国家税务总局，2018年5月3日。

他居民企业取得的投资收益。另外，设立于我国并于中基协备案的公司型私募基金，外在表现形式为我国居民企业，作为居民企业的公司型股东直接投资于我国公司型私募基金，即是居民企业之间的直接投资，因而所取得的股息、红利等权益性投资收益，免征企业所得税。如若该公司型股东非我国居民企业，则不适用此项优惠政策。

当股东为合伙企业时，采用先分后税方式（穿透征税），合伙企业负有代扣代缴的义务，而非作为股东的合伙企业本身负税。文件依据：《中华人民共和国合伙企业法》[①]、《关于合伙企业合伙人所得税问题的通知》(财税〔2008〕159号)[②]。根据上述文件，合伙企业的生产经营所得和其他所得，按照国家有关税收规定，由合伙人分别缴纳所得税。当该合伙人的出资人是自然人的，则征收个人所得税（税率5%～35%）；当该合伙人的出资人是公司的，则征收企业所得税（税率25%）；当该合伙人的出资人是合伙企业的，继续按照“先分后税”的原则再次向下穿透。

②合伙企业型基金的出资人	负税
自然人	个人所得税（税率5～35%）
公司	企业所得税
合伙企业	先分后税

当出资人为自然人时，负有缴纳个人所得税的义务，税率为5%～35%。文件依据：《中华人民共和国合伙企业法》[③]、《财政部、国家税务总局关于合伙企业合伙人所得税问题的通知》（财税〔2008〕159

① 《中华人民共和国合伙企业法》,2006年8月27日第十届全国人民代表大会常务委员会第二十三次会议修订,第六条。

② 《关于合伙企业合伙人所得税问题的通知》(财税〔2008〕159号),2008年12月31日,第二条、第三条。

③ 《中华人民共和国个人所得税法》,2011年6月30日第十一届全国人民代表大会常务委员会第二十一次会议第六次修正,第三条第五项。

号)[①]、《财政部、国家税务总局关于个人独资企业和合伙企业投资者征收个人所得税的法规的通知》（财税〔2000〕91 号)[②]。根据上述文件，合伙企业的生产经营所得和其他所得，按照国家有关税收规定，由合伙人分别缴纳所得税，具体应纳税所得额的计算比照个人所得税法的“个体工商户的生产经营所得”应税项目，适用5% ~35%的五级超额累进税率，计算征收个人所得税。

另外，此处有优惠政策，即有限合伙制创业投资企业（以下简称“合伙创投企业”）采取股权投资方式直接投资于初创科技型企业满 2 年的，该合伙创投企业的个人合伙人可以按照对初创科技型企业投资额的 70%抵扣个人合伙人从合伙创投企业分得的经营所得；当年不足抵扣的，可以在以后纳税年度结转抵扣。文件依据：《中华人民共和国个人所得税法》[③]、《财政部、税务总局关于创业投资企业和天使投资个人有关税收政策的通知》（财税〔2018〕55 号)[④]。换句话说，当有限合伙企业型的私募股权投资基金，投资于初创科技型企业满 2 年，则该基金中的个人合伙人则可享受此优惠政策。

当出资人为公司时，负有缴纳企业所得税的义务，税率为 25%，同样的，此处有优惠政策，即有限合伙制创业投资企业（以下简称“合伙创投企业”）采取股权投资方式直接投资于初创科技型企业满 2 年的，法人合伙人可以按照对初创科技型企业投资额的 70%抵扣法人合伙人从合伙创投企业分得的所得；当年不足抵扣的，可以在以后纳税

① 《财政部、国家税务总局关于合伙企业合伙人所得税问题的通知》(财税〔2008〕159 号)第三条。

② 《财政部、国家税务总局关于个人独资企业和合伙企业投资者征收个人所得税的法规》(财税〔2000〕91 号)第四条。

③ 《中华人民共和国个人所得税法》,2011 年 6 月 30 日第十一届全国人民代表大会常务委员会第二十一次会议第六次修正,第三条第五项。

④ 《财政部、税务总局关于创业投资企业和天使投资个人有关税收政策的通知》(财税〔2018〕55 号)第一条第(二)款第 2 项。

年度结转抵扣。文件依据《中华人民共和国企业所得税法》[①]、《财政部、税务总局关于创业投资企业和天使投资个人有关税收政策的通知》（财税〔2018〕55 号）[②]。

当出资人为合伙企业时，采用先分后税方式（穿透征税），合伙企业负有代扣代缴的义务，而非作为出资人的合伙企业本身负税。文件依据：《中华人民共和国合伙企业法》[③]、《关于合伙企业合伙人所得税问题的通知》（财税〔2008〕159 号）[④]。根据上述文件，合伙企业的生产经营所得和其他所得，按照国家有关税收规定，由合伙人分别缴纳所得税。当该合伙人的出资人是自然人的，则征收个人所得税（税率 5% ~35%）；当该合伙人的出资人是公司的，则征收企业所得税（税率 25%）；当该合伙人的出资人是合伙企业的，继续按照“先分后税”的原则再次向下穿透。

由此可知，私募涉及的税收主要是增值税、所得税，除了国家统一规定的优惠外，还因扶持政策而不同。在选择私募机构注册地时，会倾向有支持政策的地区，但是，正如本部分开篇所说，自从 2016 年多地暂停以来，全国并未完全放开投资类企业的工商注册登记，2018 年进一步缩紧，所以，并非可以随意选择注册地。

特别提醒，政策新旧交替，本书此处只做分析、探讨，实践中，报税一事请务必详细咨询相关部门，与税务部门核对清楚，以免错漏。

---

① 《中华人民共和国企业所得税法》第四条。

② 《财政部、税务总局关于创业投资企业和天使投资个人有关税收政策的通知》（财税〔2018〕55 号）第一条第（二）款第 1 项。

③ 《中华人民共和国合伙企业法》，2006 年 8 月 27 日第十届全国人民代表大会常务委员会第二十三次会议修订，第六条。

④ 《关于合伙企业合伙人所得税问题的通知》（财税〔2008〕159 号），2008 年 12 月 31 日，第二条、第三条。

第四节
私募壳买卖

私募壳买卖＝捷径？

私募管理人从设立到资质取得有一定的时间成本及难度，且全国范围内还未完全放开私募管理人的工商注册，再加上中基协对私募管理人专业化经营的要求，一些想要尽早进入此行业的，或者一些想要兼营多种私募业务类型的，会有吸收其他类型私募管理人的需求，貌似买卖私募壳成了一种潜在的捷径。

买卖私募壳，一般有两个买卖时间点，一是有商事主体但还未申请私募资质，购买后再向中基协申请登记备案；二是已经在中基协登记备案过，购买后向中基协申请变更法定代表人、控股股东、实际控制人及管理团队，更新在中基协登记的信息。前者不属于真正的私募壳买卖，毕竟还未有私募资质，所以本书在此只探讨后者，直接购买已经在中基协登记备案过的私募壳的情形。

中基协态度

中基协的态度，从其一系列举措可以看出。

第一，要求中介机构恪尽职守。就一些券商、律师事务所等中介服务机构纷纷推出所谓“保壳”“卖壳”等一条龙服务的情形，中基协认为相关中介机构应当对私募行业法律法规有充分理解和正确认识，不可不顾法律风险、道德风险、合规风险。①

第二，清理私募管理人空壳。对于未备案过首只私募基金产品的私募管理人，中基协限定了其备案首只私募基金的时间，超过时限未备案的将被注销私募管理人登记。②

第三，加大“保壳”难度。（1）中基协暂不办理新登记的私募管理人将顾问管理型基金作为其管理的首只私募基金产品的备案申请，以及已登记且尚未备案私募管理人将顾问管理型基金作为其管理的首只私募基金产品的备案申请。③（2）加强持续性监管，登记备案并非一劳永逸。私募管理人有按时报送更新义务，否则会被列入异常机构名单并对外公示。即使后续整改完毕，至少6个月后才能恢复正常机构公示状态；若被中基协列为失联机构，则自失联机构公告发布之日起，列入失联机构名单的私募管理人，满3个月且仍未主动联系协会并提供有效证明材料的，中基协将注销其私募基金管理人登记。

第四，加大“卖壳”难度。（1）未完成首只私募基金备案的私募基金管理人，不可办理法定代表人、实际控制人或控股股东的重大事项变更，不可随意更换总经理、合规风控负责人等高级管理人员。④（2）已有管理规模的私募管理人在办理法定代表人、实际控制人或控股股东的重大事项变更申请时，除应按要求提交专项法律意见书外，还

① 中基协,《中基协负责人就落实〈关于进一步规范私募基金管理人登记若干事项的公告〉相关问题答记者问》,2016年2月22日。

② 中基协,《关于进一步规范私募基金管理人登记若干事项的公告》,2016年2月5日。

③ 中基协,《中基协负责人就落实〈关于进一步规范私募基金管理人登记若干事项的公告〉相关问题答记者问》,2016年2月22日。

④ 中基协,《私募基金登记备案相关问题解答(十四)》,2017年11月3日。

应当提供相关证明材料，充分说明变更事项缘由及合理性；已按基金合同、基金公司章程或者合伙协议的相关约定，履行基金份额持有人大会、股东大会或合伙人会议的相关表决程序；已按照《私募投资基金信息披露管理办法》相关规定和基金合同、基金公司章程或者合伙协议的相关约定，向私募基金投资者就所涉重大事项及时、准确、完整地进行了信息披露。[①]（3）中基协严正声明：“部分违法中介机构和个人罔顾职业操守和法律底线，打着‘保壳服务’等幌子，招摇撞骗，混淆视听，诱导和欺骗相关申请机构以获取高额中介费或服务费，赚取不法利益。这种行为严重地扰乱了私募基金行业秩序，对协会私募基金登记备案和自律管理工作造成严重负面影响，玷污了协会和私募基金行业的社会声誉”。[②]

第五，截至2017年12月，中基协已注销私募管理人13789家，其中未完成第一只私募基金产品备案被注销的11748家，因列入失联机构名录后被注销的68家。[③]

也就是说，中基协反对直白的、走捷径的私募壳买卖。买卖私募壳的外在表现形式，需要变更在中基协登记备案的一系列信息，其中，变更法定代表人、控股股东、实际控制人，需向中基协提交重大事项变更申请，需由律所尽调后出具法律意见书，并通过中基协的审核。目前这个难度也不亚于直接申请新的私募管理人登记，所以买卖私募壳也不见得是个捷径。

变更关键点

变更法定代表人、控股股东、实际控制人，并非都源于私募壳买

① 中基协,《私募基金登记备案相关问题解答(十四)》,2017年11月3日。

② 中基协,《严正声明》,2018年05月24日。

③ 中基协,《2017年私募基金登记备案综述及12月私募基金登记备案月报》,2017年12月。

卖，毕竟原因多样。这里，本书结合违规及失败的例子，谈谈变更关键点。

第一，看目标私募管理人是否被列为异常或失联机构。若私募管理人被列为异常或失联机构，即使整改完毕，至少6个月才能恢复正常机构公示状态。如果在变更过程中，私募管理人突然被注销登记，需重新提交申请，并经中基协评估拟登记机构人、财、物各方面条件，同一般的新申请登记无异，是否能顺利恢复正常机构也是未知数。目前，市场上一些中介机构和个人承诺能“专业移除异常公示”“包通过”“有协会内部关系”，对此，中基协于2017年12月7日发布了《私募登记备案特别提醒》，于2018年05月24日发布了《严正声明》，多次明确，其从未指定或委托任何私募基金中介服务机构或个人代为办理或核查私募基金管理人登记、私募基金备案事宜；任何机构或个人许诺的所谓“包通过”“协会内部关系催办”“专业移除异常公示”都是骗局。所以，若要选择控股被列为异常或失联的私募机构，上述风险需要考虑清楚。

第二，看目标私募管理人是否备案过私募基金。曾经，还未备案过私募基金的私募管理人要变更控股股东，虽然通过了中基协重大事项变更的审核，但私募管理人却因超期未备案首只私募基金产品而被中基协注销。例如，A私募管理人在《关于进一步规范私募基金管理人登记若干事项的公告》发布后，于2016年5月在中基协登记备案。由于原控股股东想引进新的股东张三，并移交控股权，于是在2016年9月，张三入股并控股了A私募管理人，并于2016年10月通过了中基协的重大事项变更审核。变更完成后，新控股股东张三刚开始筹划发基金一事，不料于2016年12月，由于超过6个月A私募管理人还未成功备案过首只私募基金，A私募管理人被中基协注销登记。这导致非常尴尬的局面，时间节点未控制好，反而变得两难，无法顺利开展运作。不过这种情形以后不会再有了，因为2017年11月3日，中基协发文，为保证新登记私募基金管理人的公司治理、组织架构和管理团队的稳定性，确保私募基金管理人持续有效执行登记申请时所提出的商业运作计划和内部控制制度，要求在备案完成第一只基金产品前，不可进行法定代表人、控股股东或实际控制人的重大事项变更；不可随意更换总经理、合规风控负责人等高级管理人员，法律法规另有规定或发生不可抗力情形的除外。[①] 因此，若想控股某家私募管理人，可先看看该管理人是否已经在中基协备案过私募基金，若有，才可能继续完成变更。

如果说私募管理人的设立是入门门槛，那么接下来的募、投、管、退四大块，才是私募行业真正的战场，可能大显身手，也可能无功而返。要想脱颖而出，专业的认知能力及敏锐的洞察力必不可少；要想根基稳扎，法律人的保驾护航显得尤为重要，否则起高楼容易，塌楼也容易，过往诸多例子不胜枚举。

私募行业日新月异，法律法规也在持续更替，现有监管下新问题怎么解决、新想法如何实现、哪些红线踩了会死，这都是需要研究透彻的。虽有拿云之志，但建议稳扎稳打，慢即是快。另一个层面也表明，风控人员是必备的，找挂靠一时方便，后续问题涌现时可能措手不及。接下来的这部分，本书结合处罚案例系统解读私募基金的募集流程。

---

① 中基协．私募基金登记备案相关问题解答(十四)[EB/OL]. http://www.amac.org.cn/cms/article/preview? ID=392552,2017-11-03.

第三章

私募投资基金的募集

私募管理人设立完毕，要开始募集私募基金了。为了成功拉到资金，也想迅速扩大知名度，于是，上电视，登报刊，广开发布会，让亲朋好友在朋友圈帮忙宣传，顺便请其他机构和个人代为募集。各种各样的机构及个人都加入了推销大军，只要能帮忙引流客户，就给予一定的好处费。同时，为了让投资人放心投资，顺带承诺保本保收益，灵活开放，募短投长。这样做果然有成效，投资人蜂拥而至，设立的每个基金都有成百上千个投资人，有的投几万元，有的投几十万元，总之，有钱就收，积少成多，基金规模扩张相当迅速。看着公司规模的壮大，相当有成就感，可是某天，证监会发布通告，有类似行为的某某投资管理公司被行政处罚了；还有甚者，某某资产管理公司因涉嫌非法集资，相关线索被移送公安部门了。这很让人震惊，这到底怎么回事？上述募集行为哪里错了？

本章将一一解答。

第一节
谁能募集？

募集行为的前端是募集者，后端是投资者，中间环节是募集流程。整个募集行为都有相对应的法定约束，我们先把目光置于前端，看看谁能募集？

直销和代销

私募管理人能自行募集其设立的私募基金，也可以委托基金销售机构代为募集，即直销和代销。

问题一：私募管理人何时能开展募集？

答：募集行为属于私募运营的一个环节，私募管理人必须先通过中基协的私募管理人登记，才能开始运作私募业务，因此，只有在中基协的官网上能查询得到私募管理人的公示信息时，私募管理人才能着手募集。

问题二：如果私募管理人先募集，后向中基协申请登记会有什么后果？

答：首先，无资质募资，有构成非法集资的可能；其次，这种先上车后买票的行为，中基协持否定态度。例如，江苏某某有限公司在申请登记前违规发行私募基金，且存在公开宣传推介、向非合格投资者募集资金行为[①]，于 2018 年 1 月 23 日被公示在中基协官网“不予登记机构”一栏中。因此，申请机构违反《中华人民共和国证券投资基金法》《私募投资基金监督管理暂行办法》关于资金募集相关规定，在申请登记前违规发行私募基金，且存在公开宣传推介、向非合格投资者募集资金行为的，中基协将不予登记。[②]

问题三：假设某基金是 A 私募管理人设立的，那么，B 私募管理人能帮 A 募集此基金吗?

答：不能。私募管理人能募集自行设立的基金，但非自行设立的则不能募集。

问题四：受托代为募集的基金销售机构，是否也有资质要求?

答：是的，在证监会注册取得基金销售业务资格并已成为中基协会员的机构，才能受私募管理人的委托代为募集私募基金。

资质一词，反复强调，换句话说，私募基金的募集方式有两种：一种是有资质的私募管理人（已在中基协登记）自行募集；另一种是委托有资质的基金销售机构（在证监会注册取得基金销售业务资格 + 成为中基协会员）代为募集。其他任何机构和个人不得从事私募基金的募集活动。[③]

问题五：募集人员也有资质要求吗?

答：有。从事私募基金募集业务的人员应当具有基金从业资格。[④]

---

① 中基协．不予登记的申请机构及所涉律师事务所、律师情况［EB/OL］. http://www.amac.org.cn/xxgs/bydjjg/392682.shtml,2018－01－30.

② 中基协．私募基金管理人登记须知［EB/OL］. https://ambers.amac.org.cn/web/app/static/template/managerPofNotice.pdf,2017－12－15.

③ 中基协,《私募投资基金募集行为管理办法》,2016 年 7 月 15 日,第二条。

④ 中基协,《私募投资基金募集行为管理办法》,2016 年 7 月 15 日,第四条。

例如，无基金从业资格的行政人员、财务人员便不能开展募集业务。通常，基金销售机构的从业人员申请注册从业资格的，需先通过规定的考试科目，再通过所在机构向基金业协会申请注册。

为方便大家理解，这里举个例子。

假设，私募管理人是一个制药厂，对于自己生产的药品，制药厂可以自行销售。不过，制药厂内的员工很多，有搞机器维修的，有搞研发的，有洒扫清洁的，等等，并非制药厂里的所有员工都能从事药品销售，必须有药品销售资格的员工才行。除了自行销售，制药厂还可委托其他机构代为销售。同样的，药品不是食品，对能够代为销售的机构也有资质要求，例如，餐厅、小卖部就不能卖药，得找个有资质的药店，且药店里的销售员工也得有药品销售资格。一句话概括，私募基金的募集，必须募集机构有资质，且募集人员也有资质。

问题六：现实中有这么一种情况，基金销售机构中的一些人员持有的是基金销售业务资格证，这和基金从业资格证不是一回事，这类人能从事基金募集业务吗？

答：有基金销售业务资格的可以募集基金。因为，中基协实施从业资格管理后，取消了只针对基金销售机构宣传推介基金的人员和基金销售信息管理平台系统运营维护人员的基金销售业务资格考试，一并纳入基金从业资格考试。对于基金销售机构从业人员的资格，中基协规定，对于在基金销售机构从事宣传推介基金、基金销售信息管理平台系统运营维护的人员，通过《基金法律法规、职业道德与业务规范》和《证券投资基金基础知识》，或《基金法律法规、职业道德与业务规范》和《私募股权投资基金基础知识》，或《基金法律法规、职业道德与业务规范》和《证券投资基金》，或《证券市场基础知识》和《证券投资基金》考试的，可由所在任职机构向中国证券投资基金业协会申请基金从业资格注册；通过《证券投资基金销售基础知识》或《证券投资基金》

考试的，可由所在任职机构向中国证券投资基金业协会申请基金销售业务资格注册。为鼓励提升自身合规专业素养，通过《基金法律法规、职业道德与业务规范》和《证券投资基金销售基础知识》考试的，可以申请注册基金从业资格。未来随着业务的发展，基金销售业务资格将逐步纳入基金从业资格进行管理。

问题七：考试成绩有时效性吗？

答：考试成绩有时效性。通过中国证券投资基金业协会组织的相关科目考试后，在四年内可以通过所在机构向中国证券投资基金业协会申请基金从业资格注册。超过四年未通过机构申请基金从业资格注册的，需在注册前补齐最近两年的规定后续培训学时或重新参加从业资格考试。①

问题八：以前的考试科目和现在的考试科目不一样，以前参加的《证券投资基金》《证券市场基础知识》和《证券投资基金销售基础知识》考试还有效吗？现在还能申请基金从业资格吗？

答：对这几门考试成绩的认可期限，截止到 2019 年 7 月 1 日。中基协曾于 2015 年发布了《关于基金从业资格考试有关事项的通知》（中基协字〔2015〕112 号），截至 2017 年 7 月 1 日，认可中国证券业协会组织的《证券投资基金》《证券市场基础知识》和《证券投资基金销售基础知识》科目的考试成绩；又于 2017 年发布了《关于基金从业人员资格管理实施有关事项的通知》（中基协字〔2017〕100 号），其中说道："鉴于中国证券投资基金业协会从业人员管理平台有关功能尚在完善中，为确保基金从业人员注册工作有序平稳，对《证券投资基金》《证券市场基础知识》和《证券投资基金销售基础知识》科目考试成绩的认可期延长至 2019 年 7 月 1 日。基金从业资格（含基金销售业

① 中基协，《关于基金从业人员资格管理实施有关事项的通知》（中基协字〔2017〕100 号），2017 年 06 月 26 日。

务资格）注册应统一由机构进行，已在基金行业机构任职的人员，由所在任职机构向中国证券投资基金业协会申请基金从业资格注册（含基金销售业务资格）。2019 年 7 月 1 日之后，通过上述相关科目考试未注册的，向中国证券投资基金业协会申请基金从业资格（含基金销售业务资格）注册需补齐近两年的后续培训 30 个学时或重新参加基金从业资格考试。”

以上解决的是谁有资格募集的问题，接下来，一个很现实的问题：若准备采用委托募集的方式，那么，面对一长串有资质的代销名单，具体选择哪家机构合作呢？

代销，当甩手掌柜？

委托募集，涉及代销机构的遴选和评估。代销机构的选择很重要，原因不仅仅是客户储备多寡、代销能力强弱、服务费率高低等，从合规的角度来看，要害在于私募管理人委托基金销售机构募集私募基金的，不得因委托募集免除私募管理人依法承担的责任。①

也就是说，委托募集不等于私募管理人可以当甩手掌柜。私募管理人的受托人义务，受托责任不变，私募管理人对投资者所负担的义务及责任并不因委托募集而转移。私募管理人与代销机构，虽然可以通过代销合同，将适当性管理责任明确，要求代销机构把控好入口；但是，如若代销机构人力、专业素质、风控措施等不到位，未做好客户识别、产品匹配等适当性管理工作，或者违规承诺，非法拆分收益权等，都将给私募管理人的后续运作埋下隐患。

由此，代销机构的遴选和评估很重要。基金管理人在选择基金募集机构时，为确保适当性的贯彻实施，要对基金募集机构进行审慎调查，

---

① 中基协，《私募投资基金募集行为管理办法》，2016 年 7 月 15 日，第八条。

了解基金募集机构的内部控制情况、信息管理平台建设、账户管理制度、销售人员能力和持续营销能力，并可将调查结果作为选择基金募集机构的重要依据。[①]

当然，这也是相互选择的过程，代销机构同样会对私募产品和私募管理人审慎调查并做出评价，择优代销。通常需了解基金管理人的诚信状况、经营管理能力、投资管理能力、产品设计能力和内部控制情况，并将调查结果作为是否销售该基金管理人产品或者服务、是否向投资者推介该基金管理人的重要依据。

当私募管理人与代销方达成代销合作，私募管理人有义务明确告知代销方所委托产品或者提供服务的适当性管理标准和要求，以及相应法律责任。结合每年证监部门向私募管理人下发的自查要点，其中有一项，要求私募管理人核查代销机构是否采取风险评估、风险揭示及符合合格投资者条件的确认措施，这就说明，私募管理人有义务对代销机构的募集行为持续关注。所以，私募管理人后续应定期或不定期对代销机构的客服人员、销售人员等开展培训；讲解合格投资者标准，私募产品性质、评级，以及宣传推介合规要点；检查代销协议、合格投资者承诺书、风险揭示书等情况，持续关注代销机构合规募集。

“第三种”募集方式

关于募集，除了以上两种方式，是否还有第三种募集方式呢？有一个活跃于媒体报道中的词汇——“销售飞单”，这是第三种募集方式吗？

关于“飞单”

飞单确实活跃于媒体报道，不过有关飞单的报道都是负面的，这是

① 中基协，《基金募集机构投资者适当性管理实施指引（试行）》第八条，2017 年 07 月 01 日。

因为飞单不合法，因此，销售飞单当然不是第三种合法的募集方式。

私募基金的销售渠道之一是证券公司/银行，以证券公司/银行为例，销售飞单，一般是指证券公司/银行工作人员利用投资者对证券公司/银行的信任，卖不属于证券公司/银行发行或代销的理财产品，从中获得佣金提成或其他形式的返利，并且在这个过程中，很多投资者以为购买的是证券公司/银行发行或代销的理财产品，主观上有被误导、欺骗的情形。销售飞单对于私募管理人以及销售机构来说，都有构成民事、行政、刑事责任的可能性。

1. 前车之鉴

（1）民事索赔：某证券公司某地分公司，因员工“飞单”私募基金，被投资者起诉要求证券公司赔偿损失。

具体案情：2014 年 10 月 14 日，原告私募基金投资者 Z 某某（以下简称“Z 投资者”），经被告证券公司的员工 G 某某（以下简称“G 员工”）介绍，与北京 A 基金管理有限公司签订了《北京 B 资产管理中心（有限合伙）入伙协议书》一份，合同约定：Z 投资者作为有限合伙人，缴纳资金 100 万元，该款打入北京 B 资产管理中心（有限合伙）账号，开户银行为某银行北京分行营业部，年预期回报率 12%，期限为 12 个月。后发生亏损，Z 投资者到期未收回资金。于是 Z 投资者起诉证券公司称，涉案基金产品是在证券公司工作人员 G 员工多次推介后购买的，且宣传推介及购买行为均发生在证券公司及正常的工作时间内，G 员工的行为已经足以误导 Z 投资者认为购买的是证券公司的合规代销产品，G 员工的行为构成民法上的表见代理，现 Z 投资者不能收回投资款，故起诉证券公司承担侵权损害赔偿责任。

此案例中有个法律专业词汇“表见代理”，可简单这么理解：员工个人行为，因符合某些法定条件，可视为公司行为，从而由公司承担责任。所以，销售飞单的行为虽然是员工个人行为，但此行为很可能牵连员工所在机构，使该机构承担赔偿责任。

这类案件，投资者能告赢吗？实践中，投资者有胜诉的，也有败诉的，胜败关键在于收集的证据能否证明员工有利用所在公司的办公环境、员工身份等自我增信、误导，且足以让投资者误以为所购买的是该公司真实发行或合规代销的产品。类似案例，败诉的原因大抵在于很多投资人一开始没有收集证据的意识，事发后再收集证据困难。但是，如若遇到证据收集齐备的投资人，这类案件胜诉概率很大，将导致公司为员工的个人行为买单。

（2）行政处罚：某证券公司某分公司因员工“飞单”行为，被证监局处罚。

具体案情：2017 年 4 月至 7 月，该分公司下辖某地区营业部部分员工于 2015 年 5 月至 6 月期间擅自销售非该证券公司自主发行或代销的金融产品，后证监局对该分公司采取出具警示函的监管措施。

此案例仅被行政警示，处罚较轻，原因在于事发后销售机构积极解决了投资者持有金融产品的兑付事宜。若投资者受损，处罚不会这么轻松，详见沪银监罚决字〔2017〕22 号、23 号、25 号处罚案例，便是投资者因飞单行为受损严重，从而销售机构被严厉处罚的例子。

（3）刑事定罪：银行员工“飞单”私募股权基金，构成非法吸收公众存款罪，判处有期徒刑并处罚金。

具体案情：2011 年 9 月至 10 月，北京 × × 资产管理有限公司注册三家有限合伙企业，以吸收有限合伙人出资入伙的名义分别对商丘 × × 典当有限责任公司、郑州 × × 汽车销售服务有限公司、河南 × × 汽车销售有限公司以及河南 × × 娱乐投资有限公司 × × 国际商务俱乐部四个项目中的各名出资人的本金和约定收益进行担保。为了吸收出资人，该公司相关人员联系了某银行某支行个人客户部经理小 A，小 A 在未经某银行审批的情况下，私自在某银行某支行办公场所，以电话联系、现场宣传等方式向众多银行客户等不特定人员销售上述四个股权投资项目，并承诺每年11% ~13%的高额固定回报，至事发先后招揽100余名投资人，非法募集资金达人民币1.105亿元，该集资公司相关人员及银行员工小A均构成刑事犯罪被处罚。

所以，视具体情形，飞单行为可单独构成民事、行政、刑事责任或者三种责任的竞合（即：同时触犯三种责任），责任主体不仅仅是违规的员工个体，还可能牵连私募机构和销售机构。那么，从预防的角度考虑，实践中应如何区分？违规与否的关键点在哪？

2. **是与非**

界定违规与否的关键在于综合考量以下因素：第一，该从业者所在机构有没有代销权；第二，该从业者有没有借助所在机构背景、员工身份、场地等外观故意误导或有意隐瞒，向客户宣传推介，使投资者误以为是销售机构自主发行或正规代销的产品；第三，该从业者有没有越界代替私募机构与投资者签署购买文件；第四，私募机构有没有对客户引流者按基金保有量等各种形式向该从业者返利。

除了飞单，媒体报道中还出现过一个词语同样与募集有关，叫直销代办，这个直销代办又是怎么回事？

直销代办

事实上，直销代办并非近期才出现的新事物，前些年就已被诸多诟病。例如，2014年8月4日至8日，证监会组织相关证监局、中基协对6家证券公司、8家基金子公司进行专项现场检查。其中，对存在委托不具有基金销售资格机构销售资产管理产品、进行有失公允的关联交易、重要信息未及时向投资人披露等违规行为的3家基金子公司采取责令整改、暂不受理公司业务备案的监管措施，同时暂停管理失责的母公司的业务申请，并对母子公司的相关责任人员采取了认定不适当人选、出示警示函等监管措施；对 1 家基金子公司及 2 家证券公司采取责令整改的监管措施。同时，对存在问题的机构，中基协决定暂停受理 3 家基金子公司及其母公司的资产管理产品备案申请，对 2 家证券公司和 3 家基金子公司进行书面警示、要求产品备案前事先沟通，对 4 家证券公司进行谈话提醒。

前述案例中，“委托不具有基金销售资格机构销售资产管理产品”就是直销代办情形之一，受到了证监会和中基协的处罚，案件中的基金子公司、母公司、证券公司均是责任主体。

确切的“直销代办”如何定性，来看 2017 年监管部门的通报。

根据媒体报道，2017 年春节前夕，多个地方证监局组织召开督察长专题会议，针对“直销代办”进行通报，并列出严格区分直销与代销业务的边界。

对“直销代办”的定义：基金管理公司与外部机构合作，通过签订服务协议，由外部机构推介客户直接作为公司直销客户，公司以推介基金保有量为依据向外部机构支付费用。

对“直销代办”的定性：违规，“直销代办”与《基金法》和《基金销售管理办法》的规定不相符，要求辖区基金公司就自身情况进行梳理自查，禁止开展新的“直销代办”业务，并就已开展的业务进行梳理评估与清理工作。

对“直销代办”的态度：叫停任何形式直销代办的业务，不管机构有没有第三方代销资格，都不能做这种业务，客户资金必须通过第三方销售。

对“直销代办”的具体要求：（1）自此不允许开展新的直销代办业务；（2）对已开展的、签订协议的直销代办业务，基金公司需进行梳理，评估以上业务对公司的影响程度，通过与合作方、律师沟通，协商解决方案；（3）基金公司就对自查清理“直销代办”中存在的问题以及建议（如已有的直销代办业务如何清理）于 2017 年 2 月 × 日前汇总提交地方证监局；（4）特别申明，无论外部机构是否具有代销资格均不允许开展“直销代办”业务；（5）对于诸如“××通”等网上引流、互联网直销前置的网上业务模式，待监管部门与行业进一步讨论。

显然，通过以上报道可以看出，直销代办的本质既非直销，也非代销，不是合规的募集方式。自然，私募基金的募集方式不包含直销代办。

由此，私募基金的募集方式有且只有两种：自行募集（由私募管理人直接与客户联系对接、评估、宣传推介和签署文件），以及委托有资质的代销机构走正规的代销程序（私募管理人与代销机构达成代销合作，由代销机构直接与客户联系对接、评估、宣传推介和签署文件）。

募集行为的一端是募集者，另一端是募集对象。私募基金的募集，作为募集者的机构和人员有资质要求，募集对象也有资格要求，这很重要，是自查重点，监管部门非常关注的要点。接着，我们来看，作为募集行为的另一端，私募基金的募集对象有什么具体要求？

第二节
向谁募集？

私募基金只能向合格投资者募集。合格投资者的标准是法定的，任何机构和个人都不能突破法定要求违规吸收非合格投资者。

合格投资者

关于合格投资者，由于2018年3月28日《关于规范金融机构资产管理业务的指导意见》（简称《资管指导意见》）出台，合格投资者的标准出现争议。具体争议在哪，我们随后再说。先来看看这份规范和私募基金有什么关系。

根据《资管指导意见》，私募投资基金适用私募投资基金专门法律、行政法规，而私募投资基金专门法律、行政法规中没有明确规定的则适用本意见，创业投资基金、政府出资产业投资基金的相关规定另行制定。①

问题一：什么是“法律”，什么是“行政法规”？

① 人行、银保监会、证监会、外汇管理局，《关于规范金融机构资产管理业务的指导意见》第二条第三款，2018年3月28日。

答：根据《立法法》，全国人民代表大会和全国人民代表大会常务委员会行使国家立法权，国务院根据宪法和法律，制定行政法规[①]，所以只有全国人大及其常委会制定的才可称为“法律”，国务院制定的称为“行政法规”。回溯有关私募基金的专门性法律规范，除了《证券投资基金法》位阶为法律，其余位阶均为政府部门规章及其以下的规则，在行政法规位阶上，目前暂时没有有关私募的专门性行政法规。

所以，争议就在于此。

根据证监会发布的《私募投资基金监督管理暂行办法》，私募基金的合格投资者应同时符合三个条件。[②] 第一，具备相应风险识别能力和风险承受能力。第二，投资于单只私募基金的金额不低于 100 万元。第三，符合下列相关标准的单位和个人：净资产不低于 1000 万元的单位；金融资产不低于 300 万元或者最近 3 年个人年均收入不低于 50 万元的个人（此处因资管新规出台有争议）。前款所称金融资产包括银行存款、股票、债券、基金份额、资产管理计划、银行理财产品、信托计划、保险产品、期货权益等。

根据《资管指导意见》，合格投资者是指具备相应风险识别能力和风险承担能力，投资于单只资产管理产品不低于一定金额且符合下列条件的自然人、法人或者其他组织。一是具有 2 年以上投资经历，且满足以下条件之一：家庭金融净资产不低于 300 万元，家庭金融资产不低于 500 万元，或者近 3 年本人年均收入不低于 40 万元。二是最近 1 年末净资产不低于 1000 万元的法人单位。三是金融管理部门视为合格投资者的其他情形。

前后比对，合格投资者的标准有所出入，多了一个“2 年以上投资经历”的要求；原“金融资产不低于 300 万元或者最近 3 年个人年均收

---

① 《立法法》第七条、第六十五条，2015 年 3 月 15 日修正。

② 证监会，《私募投资基金监督管理暂行办法》第十二条，2014 年 8 月 21 日。

入不低于50万元的个人”变成了“家庭金融净资产不低于300万元，家庭金融资产不低于500万元，或者近3年本人年均收入不低于40万元”；原“净资产不低于1000万元的单位”变成了“最近1年末净资产不低于1000万元的法人单位”。

有观点认为，既然原私募合格投资者的具体标准来源于《私募投资基金监督管理暂行办法》，这是由证监会出台，位阶在法律、行政法规之下，从而，应当适用《资管指导意见》中合格投资者的标准。此种推演对吗？是否应该以《资管指导意见》中的合格投资者标准作为私募基金的合格投资者标准？

还有观点认为，上述推演忽视了一个要点。事实上，有关私募合格投资者的标准，实际处于法律位阶的《证券投资基金法》已经做了规定。该法对私募合格投资者的描述如下：“非公开募集基金应当向合格投资者募集，合格投资者累计不得超过二百人。前款所称合格投资者，是指达到规定资产规模或者收入水平，并且具备相应的风险识别能力和风险承担能力、其基金份额认购金额不低于规定限额的单位和个人。合格投资者的具体标准由国务院证券监督管理机构规定。”最后一句很明确，“具体标准由国务院证券监督管理机构规定”，所以，证监会在《私募投资基金监督管理暂行办法》中对私募合格投资者的延伸，实际来源于《证券投资基金法》的授权。另外，结合2018年一些地区证监局向辖区内私募管理人下发的自查要点，其中关于合格投资者的表述还是用的原标准，没有使用《资管指导意见》里的规定，由此，私募管理人募资的对象，应以《私募投资基金监督管理暂行办法》里的合格投资者为准，即私募基金的合格投资者应同时符合三个条件[①]：第一，具备相应风险识别能力和风险承受能力。第二，投资于单只私募基金的

① 证监会,《私募投资基金监督管理暂行办法》第十二条,2014年8月21日。

金额不低于100万元。第三，符合下列相关标准的单位和个人：净资产不低于1000万元的单位；金融资产不低于300万元或者最近3年个人年均收入不低于50万元的个人（此处因资管新规出台有争议）。前款所称金融资产包括银行存款、股票、债券、基金份额、资产管理计划、银行理财产品、信托计划、保险产品、期货权益等。

特别提醒，以上有争议之处，建议和监管部门沟通清楚。

问题二：募集机构可以设定比法定要求更高的合格投资者标准吗？例如，约定净资产不低于2000万元的单位，约定金融资产不低于1000万元的个人等。

答：当然能。自行约定的条件，能比法定要求高，不能比法定要求低。根据法定规范，一些投资者不受上述标准的限制，可被直接视为合格投资者，具体包括如下几类：（1）社会保障基金、企业年金等养老基金，慈善基金等社会公益基金；（2）依法设立并在基金业协会备案的投资计划；（3）投资于所管理私募基金的私募基金管理人及其从业人员；（4）中国证监会规定的其他投资者。[①]

由此，私募基金的募集对象，有合格投资者和被视为合格投资者两类。对私募基金而言，外部机构的资管产品是重要的资金来源，由于《资管指导意见》出台，对资管产品的嵌套做了限制，这也影响到了私募管理人的募集行为，所以，私募管理人在受托管理其他资管产品前，需注意穿透核查该资管产品的嵌套情况，以便维护私募基金后续运作的合规性、稳定性。

两层嵌套，双向识别

假设，某金融机构想投资某项国家禁止的投资标的X，直接投资违

① 证监会，《私募投资基金监督管理暂行办法》第十三条，2014年8月21日。

规，于是迂回作战，先设立A资管计划投资于某FOF基金，该FOF基金投资了某私募管理人设立的B基金，由于该私募管理人不受国家此项约束，B基金直接投向标的X。表面上看，每个环节都合法合规，但事实上，资金已经成功从该金融机构流向标的X，达到该金融机构间接投资的目的。这种方式合规吗？如下所示：

A资管计划——→某FOF基金——→B基金——→标的X

答：不合规。因为2018年的《资管指导意见》明确规定了两层嵌套、双向识别，即明确禁止为规避监管要求而采用的多层嵌套模式；并且嵌套模式还需向上向下两个方向进行识别，以保证投资者未故意绕过监管投资违规的底层资产。具体如下：

关于两层嵌套[①]，《资管指导意见》规定，金融机构不得为其他金融机构的资管产品提供规避投资范围、杠杆约束等监管要求的通道服务。资管产品可以再投资一层资管产品，但所投资的资管产品不得再投资公募证券投资基金以外的资管产品。金融机构将资管产品投资于其他机构发行的资管产品，从而将本机构的资管产品资金委托给其他机构进行投资的，该受托机构应当为具有专业投资能力和资质的受金融监督管理部门监管的机构。公募资管产品的受托机构应当为金融机构，私募资管产品的受托机构可以为私募基金管理人。受托机构应当切实履行主动管理职责，不得进行转委托，不得再投资公募证券投资基金以外的资管产品。

关于双向识别[②]，《资管指导意见》要求实行穿透式监管，对于多层嵌套资产管理产品，向上识别产品的最终投资者，向下识别产品的底

① 人行、银保监会、证监会、外汇管理局，《关于规范金融机构资产管理业务的指导意见》第二十二条，2018年3月28日。

② 人行、银保监会、证监会、外汇管理局，《关于规范金融机构资产管理业务的指导意见》第二十七条第（二）项，2018年3月28日。

层资产（公募证券投资基金除外）。

由此，私募基金的募集还需注意两层嵌套、双向识别的新规，按照要求穿透核查。另外，除了合格投资者的资质，合格投资者的数量也是监管要点，我们接着来看，法定规范对私募基金投资者人数的限制。

投资者人数与穿透核查

单只私募基金的投资者人数累计不得超过法定数量。私募基金的组织方式分为公司型、合伙型、契约型，不同组织方式下的人数限制各不相同。其中，有限公司型私募基金不超过 50 人；股份公司型私募基金不超过 200 人；合伙型私募基金不超过 50 人；契约型私募基金不超过 200 人。

这看起来很简单，不过，实际中计算投资者数量并不像数手指头那么直白，有需要穿透核查的情形。怎么理解？我们举个例子：

假设，A 私募管理人要设立一个有限合伙型私募基金，按照规定，有限合伙型私募基金的投资者人数累计不超过 50 人。此时，作为该基金的管理人，同时兼为普通合伙人和执行事务合伙人的 A 要开始募集了，以下情形哪些是合规的呢?

情形一：向 50 个合格投资者募集。

情形二：向 49 个合格投资者募集，这 49 个均是自然人。

情形三：向 5 个合格投资者募集，其中 1 个是自然人，3 个是有限公司，1 个是卖袜子的有限合伙企业（称为“B 企业”）。B 企业出资人共有 10 个，其中 9 个是自然人，1 个是生产布料的有限合伙企业（称为“C 企业”）。C 企业出资人 8 个，8 个均是自然人。前述 B、C 企业的自然人出资人均是合格投资者。

情形四：向 D 城市的社会保障基金募集，该社保涵盖了 D 城市 2000 万名参保人员。

情形五：向3个在中基协备案的投资计划募集，每个投资计划都有100名投资者。

情形六：向2个有限合伙企业（非在中基协备案的基金）募集，其中1个企业的投资人有30个，30个都是自然人，另一个企业的投资人有10个，其中9个是自然人，1个是由50个投资人组成的合伙型私募基金，该50人均是有限责任公司。

情形七：向1个有限合伙企业募集，其中投资人有10人，9人是合格投资者，1人不是合格投资者。

答：情形一、七不合规，其他的合规。

为什么？

情形一：按照法定50人的上限，A只能向其他49人募集，因为A同时作为基金的普通合伙人兼执行事务合伙人，需要把A也计算进去。所以，情形一实际人数为51人，超过法定上限不合规，由此推之，情形二合规。

情形三：1个自然人按照1人计算；1个公司，无论有限公司还是股份公司均按照1人计算；1个合伙企业，需要穿透到该企业的出资人。情形三中，B企业出资人有10个，其中9个自然人计算为9人，C企业8个自然人计算为8人，由此，情形三中的投资者人数为1（自然人）+3（有限公司）+9（B企业中的自然人出资人）+8（C企业中的自然人出资人）=21人，再加上A管理人自己总共22人，未超出法定50人上限。情形三的穿透计算如图3-2-1所示：

情形四：社会保障基金，属于法定的不需要穿透计算的基金，总的1个社会保障基金按照1人计算。

情形五：依法设立并在基金业协会备案的投资计划，同样无须穿透核查最终投资者，1个投资计划直接按照1人计算，由此，情形五中的3个投资计划总计3人。

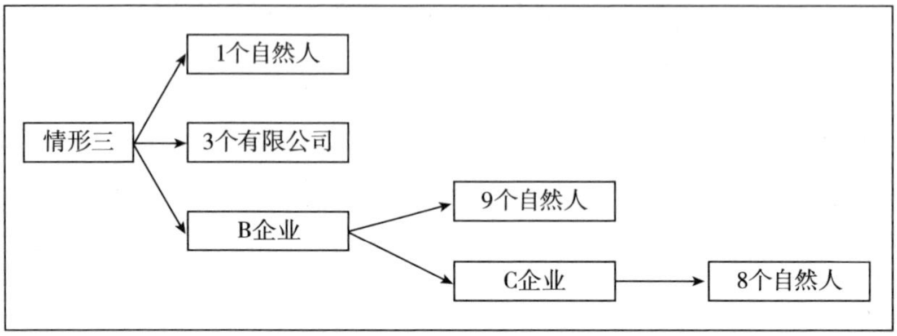

图 3－2－1　情形三的穿透计算

情形六：根据穿透核查的要求，2 个合伙企业均要穿透到最终投资人。第一个合伙企业投资人有 30 个自然人，计为 30 人；第二个合伙企业投资人有 9 个自然人，还有 1 个投资人为合伙型基金，不需要继续穿透计算。由此，情形六中的投资人总计为 1（A 管理人）＋30（第一个合伙企业中的自然人投资人）＋9（第二个合伙企业中的自然人投资人）＋1（第二个合伙企业中的合伙型基金）＝41 人，总数未超过法定 50 人的上限，情形六合规。情形六的穿透计算如图 3－2－2 所示：

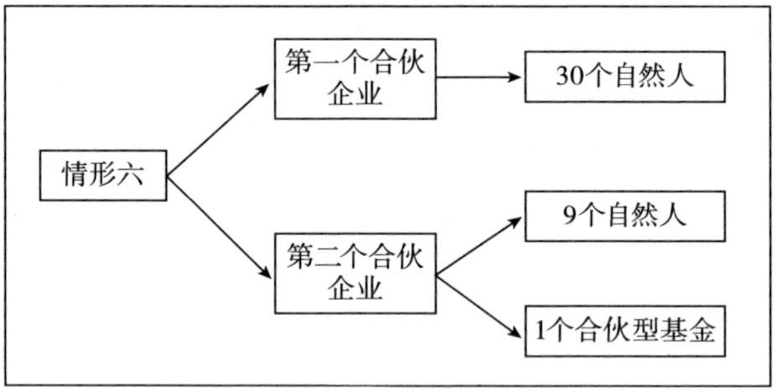

图 3－2－2　情形六的穿透计算

情形七：穿透核查，不仅意味着审核人数，还意味着审核最终投资人是否是私募合格投资者。情形七穿透审核后，人数未超过法定上限，但最终投资人中有 1 人是非合格投资者，因此情形七不合规。

上述是穿透核查的部分情形，穿透核查的完整法定要求是什么？来看以下规定：以合伙企业、契约等非法人形式，通过汇集多数投资者的资金直接或者间接投资于私募基金的，私募基金管理人或者私募基金销售机构应当穿透核查最终投资者是否为合格投资者，并合并计算投资者人数。但如果是（1）社会保障基金、企业年金等养老基金，慈善基金等社会公益基金，（2）依法设立并在基金业协会备案的投资计划，（3）证监会规定的其他投资者，前述三种情形下的投资者投资私募基金的，不再穿透核查最终投资者是否为合格投资者和合并计算投资者人数。①

综上，穿透核查针对的是合伙企业、契约等非法人组织形式，计数要依据合伙企业、契约等非法人组织形式中的投资者人数，并判断穿透后的投资人是否符合合格投资者标准。若穿透后还是合伙企业、契约等非法人形式，则还需继续穿透。相对的，1 个自然人或法人按照 1 个计算数量，并在自然人及法人层面判断是否符合合格投资者标准。另外，合伙企业、契约等非法人形式的穿透核查还存在法定的三种例外情形。

之所以合伙企业、契约等非法人组织形式需穿透核查，是因为非法人组织的直接损失承担者是其投资者，如果不穿透核查，则很可能导致一些为规避法定标准和数量的非合格投资者组成非法人组织进行投资，最终导致非合格投资者承受与其不相匹配的风险和损失。

由此，募集时除了把握好投资者资质，还需把控好投资者数量，注意穿透核查及例外的情形。

核查基金份额受让人

当原持有人将基金份额转让时，受让人是否也必须是合格投资者？受让人是否也受私募基金总人数的限制？

基金份额转让，私募管理人需把控好两点，一是受让人也必须是合

---

① 证监会，《私募投资基金监督管理暂行办法》第十三条，2014 年 8 月 21 日。

格投资者，二是基金份额转让后投资者总人数也应合规。所以，当发生基金份额转让时，私募管理人莫忘了核查和计算基金份额受让人。

举个例子，A 私募管理人开展募集，C 很想买入，但 C 本身不是合格投资者，于是 C 找到 B 商量，由 B 作为合格投资者先买入 A 发行的产品，然后 B 再私下转让一部分给 C，事成之后给予 B 一定好处费，B 欣然同意。后来，A 发现 B 私下转让，但 A 认为自己直接交易的对象是 B，只要 B 是合格投资者就行，至于 B 将自己名下的份额转给谁，无论张三、李四，这都是 B 的自由，与 A 无关，A 无须进一步核查。A 的想法对吗？

答：当然不对，B 的行为属于变相突破合格投资者标准的违法行为，私募管理人有核查和计算受让人的法定义务。

根据法定要求①，即使投资者转让基金份额，受让人也应当为合格投资者且基金份额受让后投资者人数也不得超过法定上限（即有限公司型私募基金不超过 50 人，股份公司型私募基金不超过 200 人；合伙型私募基金不超过 50 人；契约型私募基金不超过 200 人）。

这就是说，只要是购买私募基金的投资者，无论在哪个节点，无论是从发行人手中直接购买，还是从份额持有人处受让，最终持有者都必须符合合格投资者标准及合并计算总人数，禁止任何形式的直接或变相突破合格投资者标准及突破人数限制的行为。

变相突破合格投资者标准

由于私募基金 100 万元起投的门槛，以及对投资者资质有要求，一些机构和人员为了拓展资金来源，采用多种方式有意规避监管，变相扩大投资者范围，例如将基金份额拆分转让，或者收益权拆分转让等方式

① 证监会,《私募投资基金监督管理暂行办法》第十一条第二款,2014 年 8 月 21 日。

出售给不合格投资人。

来看证监会公布的一个真实案例①，通过私募产品“收益权拆分转让”的概念，规避合格投资者标准。

具体案情：“××宝”为互联网金融平台，通过其网站、APP等形式提供所谓“收益权转让”服务。具体模式是，“××宝”的运营商C公司通过其全资控股的D公司，作为合格投资者，先行购买相关私募产品；然后，由D公司将其持有的私募产品收益权拆分后，通过“××宝”转让给注册用户，注册用户还可以通过“××宝”再向其他注册用户转让收益权。“××宝”设定的投资金额起点分别为1000元（固定收益类）和1万元（权益类）。此外，按照D公司和投资者签署的《收益权转让协议》约定，私募产品的风险和收益在转让后均由受让方即投资者承担，后来本案涉及的许多投资者也遭受了不同程度的损失。具体操作流程如图3－2－3所示。

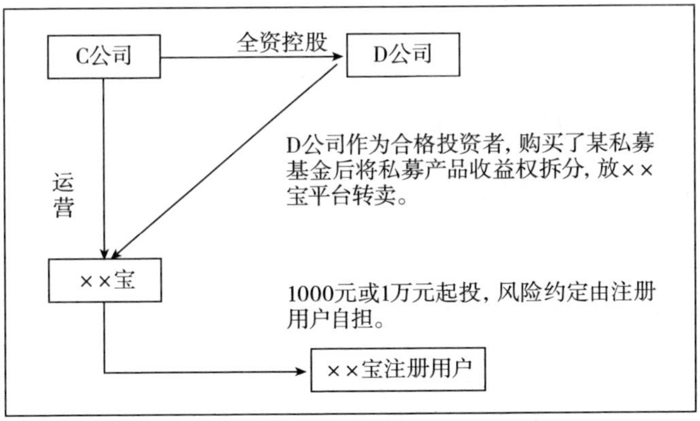

图3－2－3　收益权拆分转让流程

私募基金份额拆分转让，或者收益权拆分转让，就违规拆分的公司

① 证监会．“投资者保护．明规则、识风险”案例——非合格投资者的“危险游戏”[EB/OL]．http://www.csrc.gov.cn/pub/newsite/tzzbh1/tbtzzjy/tbfxff/201709/t20170915_323733.html，2017－09－15.

而言，会受到监管部门的处罚；就投资者而言，其风险均转移给了投资者。可以说，违规拆分行为降低了合格投资者门槛，让投资者承担了本不应该承担的风险。

法律之所以提高投资门槛及限定投资者范围，根本原因是为了保护投资者，而非掣肘投资者发财，毕竟私募基金有风险，且普遍风险还挺高，如果变相突破投资者标准，不合格投资者可能因风险承受能力弱而遭受无法承载的打击。正如《<私募投资基金监督管理暂行办法（征求意见稿）>起草说明》（以下简称《办法》）所言：“合格投资者标准过低容易将不具备风险识别能力和承担能力的公众投资者卷入其中，进而引发非法集资。由于采取了资产规模或收入水平和对单只基金最低认购额的双重标准，相比仅从对单只基金最低认购额来把握合格投资者标准更加全面，因此，对单只基金最低认购额的标准没有简单参照以前发展改革委的过高标准。对于个人投资者，《办法》分别从金融资产规模和收入水平两个维度进行规定，也为今后具有稳定高收入的群体参与私募基金留有空间。”所以，变相突破法定标准的这类募集行为被证监会称为“非合格投资者的‘危险游戏’”。事实上，从法律风险的角度来看，变相突破行为对募集机构也是“危险游戏”，一旦被发现，轻则被行政处罚，重则有可能构成非法集资，甚至有被刑事处罚的风险。

综上，募集行为的前端和后端都有法定限制，当然，募集行为的中间过程也少不了法定限制。具体募集机构如何合法合规地向合格投资者募资呢？我们接着来看募集程序。

第三节
募集程序

在具体描述募集程序前，首先和大家分享一个观点，募集程序，依葫芦画瓢最省力。

募集程序，步骤细琐，但严格按照规定操作，不仅保护投资者，也保护了募集机构。程序上若不拘小节，颠倒先后，甚至免去某些步骤，当下看起来似乎简便快捷，但很可能引起实体的错误，有时难以逆转；即使能够采取办法补救，但付出的时间、人力等诸多成本会超出按照既定程序完成的消耗。例如，不少于 24 小时的冷静期（尤其在委托募集的情形下容易被忽视），若缺少此程序便运作基金款项，倘若某天基金亏损，投资人突然主张未经过冷静期的运作行为违法，主张基金合同未生效并要求私募机构填补亏损怎么办？这不仅可能导致私募机构财产损失，还可能导致被行政处罚。所以，严格按照既定步骤走，表面貌似烦琐细碎，实际反而是对私募管理人以及受托募集机构的保护，减少出错和纠纷的可能，长远来看才是真正的高效便捷。正所谓多易必多难，慢即是快，莫随意颠倒和减少募集步骤，以免埋下隐患。

募集流程

一句话概括募集流程：了解客户，了解产品，将合适的客户匹配合适的产品的过程。

根据《私募投资基金监督管理暂行办法》[①]《私募投资基金募集行为管理办法》[②]《基金募集机构投资者适当性管理实施指引（试行）》[③]，以及上述文件的起草说明可知，私募基金的募集流程依次是：特定对象确定；投资者适当性匹配；基金风险揭示；合格投资者确认；投资冷静期；回访确认。

特定对象确定

募集资金，首先得确定募集对象。

私募较之公募最大的区别在于募集方式的非公开性。私募募集，能公开的内容很局限，募集机构仅可以通过合法途径公开宣传私募基金管理人的品牌、发展战略、投资策略、管理团队、高管信息以及由中国基金业协会公示的已备案私募基金的基本信息。私募管理人应确保前述信息真实、准确、完整，且不得包含单只基金产品的推介内容。

募集机构应当向特定对象宣传推介私募基金，这意味着，募集机构需在不特定对象群体中，筛选出特定对象作为潜在客户。在向投资者推介私募基金前，募集机构应当采取问卷调查等方式履行特定对象确定程序，对投资者风险识别能力和风险承受能力进行评估，并由投资者以书面形式承诺其符合合格投资者标准。未经特定对象确定程序，不得向任何人宣传推介私募基金。根据线下和在线两种宣传推介渠道，对应的确

---

① 证监会，《私募投资基金监督管理暂行办法》，2014 年 8 月 21 日。

② 中基协，《私募投资基金募集行为管理办法》，2016 年 7 月 15 日。

③ 中基协，《基金募集机构投资者适当性管理实施指引（试行）》，2017 年 7 月 1 日。

定程序可采用问卷调查和在线确定的方式。

第一，线下。问卷调查评估方法由募集机构设立，开展问卷调查应在投资者自愿的前提下进行，并且评估方法应当科学有效，确保问卷结果与投资者的风险识别能力和风险承担能力相匹配。可以参考中基协发布的《私募基金投资者问卷调查内容与格式指引》，以及《投资者基本信息参考模板》《基金投资者风险测评问卷参考模板》等模板修改。问卷调查主要内容包括但不限于以下方面：（1）投资者基本信息，其中个人投资者基本信息包括身份信息、年龄、学历、职业、联系方式等；机构投资者基本信息包括工商登记中的必备信息、联系方式等。（2）财务状况，其中个人投资者财务状况包括金融资产状况，最近三年个人年均收入，收入中可用于金融投资的比例等信息；机构投资者财务状况包括净资产状况等信息。（3）投资知识，包括金融法律法规、投资市场和产品情况、对私募基金风险的了解程度、参加专业培训情况等信息。（4）投资经验，包括投资期限、实际投资产品类型、投资金融产品的数量、参与投资的金融市场情况等。（5）风险偏好，包括投资目的、风险厌恶程度、计划投资期限、投资出现波动时的焦虑状态等。

第二，在线。如果通过互联网媒介在线向投资者推介，则应当设置在线特定对象确定程序，包括但不限于：（1）投资者如实填报真实身份信息及联系方式；（2）募集机构应通过验证码等有效方式核实用户的注册信息；（3）投资者阅读并同意募集机构的网络服务协议；（4）投资者阅读并主动确认其自身符合《私募办法》第三章关于合格投资者的规定；（5）投资者在线填报风险识别能力和风险承担能力的问卷调查；（6）募集机构根据问卷调查及其评估方法在线确认投资者的风险识别能力和风险承担能力。这里有两个问题。

问题一：若投资者不愿意提供投资者的相关信息，能强制性地要求其提供吗?

答：不能，对投资者相关信息的获取应以投资者自愿为前提。

问题二：评估结果的时效有多长？

答：投资者的评估结果有效期最长不得超过3年。募集机构逾期再次向投资者推介私募基金时，需重新进行投资者风险评估。同一私募基金产品的投资者持有期超过3年的，无须再次进行投资者风险评估。投资者风险承担能力发生重大变化时，可主动申请对自身风险承担能力进行重新评估。

投资者适当性匹配

通过前一步骤，募集机构了解了测评对象的基本情况和信息，进入下一步骤，投资者适当性匹配。

投资者适当性匹配，即根据投资者的风险承受能力销售不同风险等级的基金产品或者服务，把合适的基金产品或者服务卖给合适的投资者。在这个过程中，首先应区分投资者以及对基金产品进行风险评级，之后再有针对性地宣传推介。

1. 区分投资者

投资者分为专业投资者、普通投资者。未对投资者进行分类的，要履行普通投资者适当性义务。

符合下列条件之一的是专业投资者：（1）经有关金融监管部门批准设立的金融机构，包括证券公司、期货公司、基金管理公司及其子公司、商业银行、保险公司、信托公司、财务公司等；经行业协会备案或者登记的证券公司子公司、期货公司子公司、私募基金管理人。（2）上述机构面向投资者发行的理财产品，包括但不限于证券公司资产管理产品、基金管理公司及其子公司产品、期货公司资产管理产品、银行理财产品、保险产品、信托产品、经行业协会备案的私募基金。（3）社会保障基金、企业年金等养老基金、慈善基金等社会公益基金，合格境外机构投资者（QFII）、人民币合格境外机构投资者（RQGII）。(4）同时符合下列条件的法人或者其他组织：最近 1 年末净资产不低于 2000 万元；最近 1 年末金融资产不低于 1000 万元；具有 2 年以上证券、基金、期货、黄金、外汇等投资经历。(5）同时符合下列条件的自然人：金融资产不低于 500 万元，或者最近 3 年个人年均收入不低于 50 万元；具有 2 年以上证券、基金、期货、黄金、外汇等投资经历，或者具有 2 年以上金融产品设计、投资、风险管理及相关工作经历，或者属于前述第（1）条规定的专业投资者的高级管理人员、获得职业资格认证的从事金融相关业务的注册会计师和律师。

基金募集机构可以根据专业投资者的业务资格、投资实力、投资经历等因素，对专业投资者进行细化分类和管理。基金募集机构对专业投资者进行细化分类的，要向投资者提供风险测评问卷，对专业投资者的投资知识、投资经验、风险偏好进行评估，并得出相对应的风险等级。

专业投资者之外的，符合法律、法规要求，可以从事基金交易活动的投资者为普通投资者。普通投资者在信息告知、风险警示、适当性匹配等方面享有特别保护，募集机构要按照风险承受能力，将普通投资者由低到高至少分为 C1（含风险承受能力最低类别）、C2、C3、C4、C5 五种类别。具备下列情形之一的就是风险承受能力最低类别投资者：(1）不具有完全民事行为能力；(2）没有风险容忍度或者不愿承受任何投资损失；(3）法律、行政法规规定的其他情形。

基金募集机构向普通投资者以纸质或者电子文档形式提供风险测评问卷，对其风险承受能力进行测试，并遵循以下程序：(1）基金募集机构要核查参加风险测评的投资者或机构经办人员的身份信息；(2）基金募集机构以及工作人员在测试过程中，不得有提示、暗示、诱导、误导等行为对测试人员进行干扰，影响测试结果；(3）风险测评问卷要在填写完毕后 5 个工作日内，得出相应结果。基金募集机构要根据投资者信息表、风险测评问卷以及其他相关材料，对普通投资者风险等级进行综合评估，并在评估工作结束之日起5个工作日内，告知投资者风险等级评估结果。

专业投资者、普通投资者可以进行转化。但是，投资者转化效力范围仅适用于所告知、申请的基金募集机构，其他基金募集机构不得以此作为参考依据，将投资者自行转化。转化需具备一定条件，并由投资者向募集机构书面申请，由募集机构评估决定后并书面反馈。

普通投资者转化为专业投资者的，需要符合下列条件之一：（1）最近1年末净资产不低于1000万元，最近1年末金融资产不低于500万元，且具有1年以上证券、基金、期货、黄金、外汇等投资经历的除专业投资者外的法人或其他组织；（2）金融资产不低于300万元或者最近3年个人年均收入不低于30万元，且具有1年以上证券、基金、期货、黄金、外汇等投资经历或者1年以上金融产品设计、投资、风险管理及相关工作经历的自然人投资者。

专业投资者转化为普通投资者的，只有上述专业投资者中的第4类、第5类可以申请转化，应当遵循以下程序：（1）符合转化条件的专业投资者，通过纸质或者电子文档形式告知基金募集机构其转化为普通投资者的决定；（2）募集机构应当在收到投资者转化决定5个工作日内，对投资者的转化资格进行核实；（3）募集机构应当在核实工作结束之日起5个工作日内，以纸质或者电子文档形式，告知投资者核实结果。

普通投资者转化为专业投资者的操作程序：（1）符合转化条件的普通投资者，应当通过纸质或者电子文档形式向基金募集机构提出转化申请，同时还应当向基金募集机构做出了解相应风险并自愿承担相应不利后果的意思表示；（2）基金募集机构应当在收到投资者转化申请之日起5个工作日内，对投资者的转化资格进行核实；（3）对于符合转化条件的，基金募集机构应当在核实工作结束之日起 5 个工作日内，通知投资者以纸质或者电子文档形式补充提交相关信息、参加投资知识或者模拟交易等测试；（4）募集机构应当根据以上情况，结合投资者的风险承受能力、投资知识、投资经验、投资偏好等要素，对申请者进行谨慎评估；（5）募集机构应当在评估工作结束之日起 5 个工作日内，以纸质或者电子文档形式，告知投资者是否同意其转化的决定以及理由；（6）募集机构不同意普通投资者转化的，该投资者自收到不同意转化决定之日起 1 年内，不得向同一基金募集机构再次申请转化为专业投资者。

基金募集机构要建立投资者评估数据库，为投资者建立信息档案，并对投资者风险等级进行动态管理。基金募集机构要充分使用已了解信息和已有评估结果，避免投资者信息重复采集，提高评估效率。投资者评估数据库要包含但不限于以下内容：（1）投资者填写信息表及历次变动的内容；（2）普通投资者过往风险测评结果；（3）投资者风险承受能力及对应风险等级变动情况；（4）投资者历次申请转化为专业投资者或普通投资者情况及审核结果；（5）基金募集机构风险评估标准、程序等内容信息及调整、修改情况；（6）协会及基金募集机构认为必要的其他信息。

2. 对基金产品或者服务风险划分等级

可以由募集机构完成，也可以委托第三方机构提供，但是募集机构落实适当性义务不因委托第三方而免除，并且应当要求第三方机构提供基金产品或者服务风险等级划分方法及其说明。另外，募集机构所使用的基金产品或者服务风险等级划分方法及其说明，通过适当途径向投资者告知，例如书面告知，并结合口头解释等，让投资者理解。按照由低到高顺序，至少将基金产品或者服务划分为 R1、R2、R3、R4、R5 五个等级，且还可以根据实际情况在前述所列等级的基础上进一步进行风险细分。

基金募集机构对基金产品或者服务进行风险等级划分，要了解以下信息：（1）基金管理人的诚信状况、经营管理能力、投资管理能力、内部控制情况、合法合规情况；（2）基金产品或者服务的合法合规情况，发行方式，类型及组织形式，托管情况，投资范围、投资策略和投资限制概况，业绩比较基准，收益与风险的匹配情况，投资者承担的主要费用及费率。

基金产品或者服务风险等级划分要综合考虑以下因素：（1）基金管理人成立时间，治理结构，资本金规模，管理基金规模，投研团队稳定性，资产配置能力、内部控制制度健全性及执行度，风险控制完备性，是否有风险准备金制度安排，从业人员合规性，股东、高级管理人员及基金经理的稳定性等；（2）基金产品或者服务的结构（母子基金、平行基金），投资方向、投资范围和投资比例，募集方式及最低认缴金额，运作方式，存续期限，过往业绩及净值的历史波动程度，成立以来有无违规行为发生，基金估值政策、程序和定价模式，申购和赎回安排，杠杆运用情况等。

基金产品或者服务存在下列因素的，要审慎评估其风险等级：（1）基金产品或者服务合同存在特殊免责条款、结构性安排、投资标的具有衍生品性质等导致普通投资者难以理解的；（2）基金产品或者服务不存在公开交易市场，或因参与投资者少等因素导致难以在短期内以合理价格顺利变现的；（3）基金产品或者服务的投资标的流动性差、存在非标准资产投资导致不易估值的；（4）基金产品或者服务投资杠杆达到相关要求上限、投资单一标的集中度过高的；（5）基金管理人、实际控制人、高管人员涉嫌重大违法违规行为或正在接受监管部门或自律管理部门调查的；（6）影响投资者利益的其他重大事项；（7）协会认定的高风险基金产品或者服务。

基金募集机构可以通过定量和定性相结合的方法对基金产品或者服务进行风险分级。基金募集机构可以根据基金产品或者服务风险因素与风险等级的相关性，确定各项评估因素的分值和权重，建立评估分值与基金产品风险等级的对应关系。基金募集机构通过定量分析对基金产品进行风险分级时，可以运用贝塔系数、标准差、风险在险值等风险指标体系，划分基金的期限风险、流动性风险、波动性风险等。

3. 投资者与基金产品或服务的风险匹配

风险匹配，主要针对普通投资者。就专业投资者而言，其可以购买所有风险等级的基金产品或者服务，这是因为 C5 级别的普通投资者可以购买所有风险等级的基金产品或者服务，所以，风险承受能力、经济基础、投资经验门槛更高的专业投资者自然也能购买所有风险等级的基金产品或者服务。

基金募集机构要根据普通投资者风险承受能力和基金产品或者服务的风险等级建立以下适当性匹配原则：（1）C1 型（含最低风险承受能力类别）普通投资者可以购买 R1 级基金产品或者服务；（2）C2 型普通投资者可以购买 R2 级及以下风险等级的基金产品或者服务；（3）C3 型普通投资者可以购买 R3 级及以下风险等级的基金产品或者服务；（4）C4 型普通投资者可以购买 R4 级及以下风险等级的基金产品或者服务；（5）C5 型普通投资者可以购买所有风险等级的基金产品或者服务。

在向普通投资者销售产品或者提供服务前，应当告知下列信息：（1）可能直接导致本金亏损的事项；（2）可能直接导致超过原始本金损失的事项；（3）因经营机构的业务或者财产状况变化，可能导致本金或者原始本金亏损的事项；（4）因经营机构的业务或者财产状况变化，影响客户判断的重要事由；（5）限制销售对象权利行使期限或者可解除合同期限等全部限制内容；（6）适当性匹配意见。同时，对投资者进行告知、警示，内容应当真实、准确、完整，不存在虚假记载、误导性陈述或者重大遗漏，语言应当通俗易懂；告知、警示应当采用书面形式送达投资者，并由其确认已充分理解和接受。

由于R5级为最高风险，因此，基金募集机构在向普通投资者销售R5风险等级的基金产品或者服务时，应向其完整揭示以下事项：（1）基金产品或者服务的详细信息、重点特性和风险；（2）基金产品或者服务的主要费用、费率及重要权利、信息披露内容、方式及频率；（3）普通投资者可能承担的损失；（4）普通投资者投诉方式及纠纷解决安排。

禁止行为：（1）向不符合准入要求的投资者销售基金产品或者服务；（2）向投资者就不确定的事项提供确定性的判断，或者告知投资者有可能使其误认为具有确定性的判断；（3）向普通投资者主动推介风险等级高于其风险承受能力的基金产品或者服务；（4）向普通投资者主动推介不符合其投资目标的基金产品或者服务；（5）向风险承受能力最低类别的普通投资者销售风险等级高于其风险承受能力的基金产品或者服务；（6）其他违背适当性要求，损害投资者合法权益的行为。

问题一：募集机构禁止向普通投资者主动推介超出其风险等级的基金产品或服务，但是，如果投资者主动要求购买呢？能卖给他吗？

答：首先，最低风险承受能力类别的普通投资者不得购买高于其风险承受能力的基金产品或服务，就算他主动要求也不行。其次，除了最低风险承受能力类别的普通投资者，如果主动要求购买与之风险承受能力不匹配的基金产品或者服务，那么募集机构要遵循以下程序才可卖给投资者：（1）申请＋声明，普通投资者主动向基金募集机构提出申请，明确表示要求购买具体的、高于其风险承受能力的基金产品或服务，并同时声明，基金募集机构及工作人员没有在基金销售过程中主动推介该基金产品或服务的信息。（2）审核，基金募集机构对普通投资者资格进行审核，确认其不属于风险承受能力最低类别投资者，也没有违反投资者准入性规定。（3）警示，募集机构向普通投资者以纸质或电子文档的方式进行特别警示，告知其该产品或服务风险高于投资者承受能力。（4）确认 + 自担风险，普通投资者对该警示进行确认，表示已充分知晓该基金产品或者服务风险高于其承受能力，并明确做出愿意自行承担相应不利结果的意思表示。（5）基金募集机构履行特别警示义务后，普通投资者仍坚持购买该产品或者服务的，基金募集机构可以向其销售相关产品或者提供相关服务。

双录。基金募集机构通过营业网点等现场方式执行：（1）普通投资者申请成为专业投资者；（2）向普通投资者销售高风险产品或者服务；（3）调整投资者分类、基金产品或者服务分级以及适当性匹配意见。在以上三种情形下，向普通投资者销售基金产品或者服务前对其进行风险提示的环节要录音或者录像。通过互联网等非现场方式执行的，基金募集机构及合作平台要完善信息管理平台留痕功能，记录投资者确认信息。

问题二：假设因遗产继承等特殊原因产生的基金份额转让，导致的普通投资者主动购买高于其风险承受能力基金产品或者服务的行为，能否突破相关准入资格的限制？例如，原本是小张购买的 R5 级私募基金，小张某天驾鹤而去，小张的父亲老张并非购买私募产品的合格投资者，儿子小小张才 9 岁，属于无民事行为能力人，那么老张和小小张能继承小张的 R5 级私募基金吗？

答：能。但是，仅仅因遗产继承等特殊原因产生的基金份额转让这类情形下，可以突破相关准入资格的限制，除此之外，不可以突破相关准入资格限制。

问题三：由于投资者风险承受能力及基金产品或服务的风险等级会发生变化，当发生变化时可能有原本匹配但现在不匹配，或者原本不匹配但现在匹配的情况出现，募集机构要怎么处理？

答：首先，投资者信息发生重大变化的，募集机构应当及时更新投资者信息，重新评估投资者风险承受能力，并将调整后的风险承受能力告知投资者。其次，基金产品或者服务信息发生变化的，要及时依据基金产品或者服务风险等级划分参考标准，重新评估其风险等级，基金募集机构还要建立长效机制，对基金产品或者服务的风险定期进行评价更新。最后，进行匹配调整，由于投资者风险承受能力或基金产品或者服务风险等级发生变化，导致投资者所持有基金产品或者服务不匹配的，募集机构应当将不匹配情况告知投资者，并给出新的匹配意见。

4. **宣传推介**

募集机构应当向投资者推介与其风险识别能力和风险承担能力相匹配的私募基金。推介行为的关键词首先是“真实性、完整性、准确性”。

私募基金推介材料应由私募管理人制作并使用，由私募管理人对推介材料内容的真实性、完整性、准确性负责。除私募管理人委托募集的基金销售机构可以使用推介材料向特定对象宣传推介外，其他任何机构或个人不得使用、更改、变相使用私募基金推介材料。募集机构应当采取合理方式向投资者披露私募基金信息，揭示投资风险，确保推介材料中的相关内容清晰、醒目。私募基金推介材料内容应与基金合同主要内容一致，不得有任何虚假记载、误导性陈述或者重大遗漏，如有不一致的，应当向投资者特别说明。

私募基金推介材料内容包括但不限于：（1）私募基金的名称和基金类型；（2）私募管理人名称、私募管理人登记编码、基金管理团队等基本信息；（3）中基协关于私募管理人以及私募基金公示信息（含相关诚信信息）；（4）私募基金托管情况（如无，应以显著字体特别标注）、其他服务提供商（如律师事务所、会计师事务所、保管机构等），是否聘用投资顾问等；（5）私募基金的外包情况；（6）私募基金的投资范围、投资策略和投资限制概况；（7）私募基金收益与风险的匹配情况；（8）私募基金的风险揭示；（9）私募基金募集结算资金专用账户及其监督机构信息；（10）投资者承担的主要费用及费率，投资者的重要权利（如认购、赎回、转让等限制、时间和要求等）；（11）私募基金承担的主要费用及费率；（12）私募基金信息披露的内容、方式及频率；（13）明确指出该文件不得转载或给第三方传阅；（14）私募基金采取合伙企业、有限责任公司组织形式的，应当明确说明入伙（股）协议不能替代合伙协议或公司章程，说明根据《合伙企业法》或《公司法》，合伙协议、公司章程依法应当由全体合伙人、股东协商一致，以书面形式订立，申请设立合伙企业、公司或变更合伙人、股东的，并应当向企业登记机关履行申请设立及变更登记手续；（15）中基协规定的其他内容。

禁止的推介行为：（1）以任何方式承诺投资者资金不受损失，或者以任何方式承诺投资者最低收益，包括宣传“预期收益”“预计收益”“预测投资业绩”等相关内容；（2）夸大或者片面推介基金，违规使用“安全”“保证”“承诺”“保险”“避险”“有保障”“高收益”“无风险”等可能误导投资人进行风险判断的措辞；（3）使用“欲购从速”“申购良机”等片面强调集中营销时间限制的措辞；（4）推介或片面节选少于6个月的过往整体业绩或过往基金产品业绩；（5）登载个人、法人或者其他组织的祝贺性、恭维性或推荐性的文字；（6）采用不具有可比性、公平性、准确性、权威性的数据来源和方法进行业绩比较，任意使用“业绩最佳”“规模最大”等相关措辞；（7）恶意贬低同行；（8）允许非本机构雇佣的人员进行私募基金推介；（9）推介非本机构设立或负责募集的私募基金；（10）法律、行政法规、中国证监会和中基协禁止的其他行为。

“非公开”“特定”，同样是募集行为的关键词。募集机构及其从业人员推介私募基金时，禁止公开推介或者变相公开推介。

禁止的推介载体：（1）公开出版资料；（2）面向社会公众的宣传单、布告、手册、信函、传真；（3）海报、户外广告；（4）电视、电影、电台及其他音像等公共传播媒体；（5）公共、门户网站链接广告、博客等；（6）未设置特定对象确定程序的募集机构官方网站、微信朋友圈等互联网媒介；（7）未设置特定对象确定程序的讲座、报告会、分析会；（8）未设置特定对象确定程序的电话、短信和电子邮件等通信媒介。例如，“中晋系”一案中的私募基金产品，通过户外广告投放，冠名电视台节目等做宣传，明显违反了私募基金推介的“非公开”和“特定”的要求。

基金风险揭示

经过产品与投资者的适当性匹配，有针对性地宣传推介后，此时，投资者有意向认购某基金产品，在投资者签署基金合同之前，募集机构应当向投资者说明有关法律法规，说明投资冷静期、回访确认等程序性安排以及投资者的相关权利，重点揭示私募基金风险，并与投资者签署风险揭示书。

中基协发布了《私募投资基金风险揭示书内容与格式指引》，可结合具体情况修改。风险揭示书的内容包括但不限于：（1）私募基金的特殊风险，包括基金合同与中国基金业协会合同指引不一致所涉风险、基金未托管所涉风险、基金委托募集所涉风险、外包事项所涉风险、聘请投资顾问所涉风险、未在中国基金业协会登记备案的风险等；（2）私募基金的一般风险，包括资金损失风险、基金运营风险、流动性风险、募集失败风险、投资标的的风险、税收风险等；（3）投资者对基金合同中投资者权益相关重要条款的逐项确认，包括当事人权利义务、费用及税收、纠纷解决方式等。

合格投资者确认

在完成私募基金风险揭示后，募集机构应当要求投资者提供必要的资产证明文件或收入证明，合理审慎地审查投资者是否符合私募基金合格投资者标准，依法履行反洗钱义务，并确保单只私募基金的投资者人数累计不得超过《证券投资基金法》《公司法》《合伙企业法》等法律规定的特定数量。

投资冷静期

各方应当在完成合格投资者确认程序后签署私募基金合同。

问题一：基金合同应当约定给投资者设置不少于 24 小时的投资冷静期，募集机构在投资冷静期内不得主动联系投资者。那么，投资冷静期的起算点是什么？

答：（1）私募证券投资基金合同应当约定，投资冷静期自基金合同签署完毕且投资者交纳认购基金的款项后起算；（2）私募股权投资基金、创业投资基金等其他私募基金合同关于投资冷静期的约定可以参照前述对私募证券投资基金的相关要求，也可以自行约定。

问题二：冷静期内，募集机构不得主动联系投资者，那么假设投资者主动联系募集机构咨询，怎么办？

答：建议向投资者再一次说明，冷静期募集机构不能主动向其联系，但是由于其确实有需要主动咨询相关问题，那么仅仅就相关问题解释说明，在此过程中，不要有游说、诱导等行为，必要时最好留下记录，文字或录音、录像，以免后续解释不清到底是谁主动在冷静期里联系。

回访确认

关于回访制度，需要先看看监管层的起草说明，再来看有关回访制度的相关规定。

第一，《私募投资基金募集行为管理办法》。在中基协发布的《关于发布 <私募投资基金募集行为管理办法 > 的通知》中这样写道：“中国基金业协会鼓励募集机构按照本办法第三十条、第三十一条的规定实施回访制度，正式实施时间在评估相关实施效果后另行通知。”

《私募投资基金募集行为管理办法》第三十条、第三十一条规定如下：

募集机构应当在投资冷静期满后，指令本机构从事基金销售推介业务以外的人员以录音电话、电邮、信函等适当方式进行投资回访。回访过程不得出现诱导性陈述。募集机构在投资冷静期内进行的回访确认无效。

回访应当包括但不限于以下内容：（1）确认受访人是否为投资者本人或机构；（2）确认投资者是否为自己购买了该基金产品以及投资者是否按照要求亲笔签名或盖章；（3）确认投资者是否已经阅读并理解基金合同和风险揭示的内容；（4）确认投资者的风险识别能力及风险承担能力是否与所投资的私募基金产品相匹配；（5）确认投资者是否知悉投资者承担的主要费用及费率，投资者的重要权利、私募基金信息披露的内容、方式及频率；（6）确认投资者是否知悉未来可能承担投资损失；（7）确认投资者是否知悉投资冷静期的起算时间、期间以及享有的权利；（8）确认投资者是否知悉纠纷解决安排。

基金合同应当约定，投资者在募集机构回访确认成功前有权解除基金合同。出现前述情形时，募集机构应当按合同约定及时退还投资者的全部认购款项。未经回访确认成功，投资者交纳的认购基金款项不得由募集账户划转到基金财产账户或托管资金账户，私募基金管理人不得投资运作投资者交纳的认购基金款项。

第二，《基金募集机构投资者适当性管理实施指引（试行）》。2017

年6月28日，中基协发布了《基金募集机构投资者适当性管理实施指引（试行）起草说明》，其中说道："鼓励基金募集机构根据实际情况结合客户回访、自查、评估等工作，主动对老客户的适当性管理作出妥善安排，在实践中不断总结经验，持续优化投资者适当性管理制度"，"关于回访比例。《指引》第十二条规定基金募集机构应当抽取一定比例进行回访。有部分机构认为对于回访频率和比例应当进行明确。考虑到基金募集机构的多样性，明确回访频率和比率，有可能加重部分大型募集机构的工作压力，因此未采纳该意见。"

《基金募集机构投资者适当性管理实施指引（试行）》第十二条、第十三条对于回访制度规定如下：

基金募集机构要建立健全普通投资者回访制度，对购买基金产品或者服务的普通投资者定期抽取一定比例进行回访，对持有R5等级基金产品或者服务的普通投资者增加回访比例和频次。

基金募集机构对回访时发现的异常情况进行持续跟踪，对异常情况进行核查，存在风险隐患的及时排查，并定期整理总结，以完善投资者适当性制度。

回访内容包括但不限于以下信息：（1）受访人是否为投资者本人；（2）受访人是否已知晓基金产品或者服务的风险以及相关风险警示；（3）受访人是否已知晓自己的风险承受能力等级、购买的基金产品或者接受的服务的风险等级以及适当性匹配意见；（4）受访人是否知晓承担的费用以及可能产生的投资损失；（5）基金募集机构及其工作人员是否存在《私募投资基金募集行为管理办法》第二十二条规定的禁止行为。

总结：在《私募投资基金募集行为管理办法》里，回访制度属于监管层鼓励去建立和落实的制度，假设基金合同中或是募集机构内控制度有建立回访制度，则需要在符合募集办法的同时，按照约定和公司制度落实；假设这一时期的基金合同中或是募集机构内控制度中都没有约定回访制度，那么也不违规。但是，在随后的《适当性管理指引》中，明确要求建立健全普通投资者回访制度，遵循新老划断原则，对老客户鼓励增加回访工作，对新的普通投资者，需定期抽取一定比例进行回访，对持有 R5 等级基金产品或者服务的普通投资者增加回访比例和频次。

例外——部分投资者可免除部分募集步骤

如果投资者是专业投资机构，或者（1）社会保障基金、企业年金等养老基金，慈善基金等社会公益基金；（2）依法设立并在中基协备案的私募基金产品；（3）受国务院金融监督管理机构监管的金融产品；（4）投资于所管理私募基金的私募基金管理人及其从业人员；（5）法律法规、中国证监会和中国基金业协会规定的其他投资者，那么，此类投资者在募集程序上可以简化，具体参见中基协下发的《私募投资基金募集行为管理办法》第三十二条。

募集实战场景演示

小明是某募集机构的销售人员。一天，来了一名客户，男，中年样貌，除此以外，小明对他一无所知。此时，小明脑子里首先蹦出三个问题：他是谁？他能买啥？他想买啥？

根据前面的介绍，私募基金针对特定对象非公开募集，在具体推销之前，得确定对方属于私募基金的潜在适格客户，所以，先解决第一个问题，他是谁？首当其冲的，进行特定对象确定程序。

小明向该客户提供了《私募基金投资者问卷调查表》，指导该客户填写，大致情况如下：

客户 A 先生，45 岁，未婚，二十余年的金融行业从业者，多年投资理财经历，投资过的理财产品少部分保守型，大部分激进型，购买过其他私募机构发行的私募证券投资基金，风险偏好较激进，金融资产总计超过500万元，等等。

比照法定的合格投资者标准，该客户属于适格的潜在客户。接着，解决第二个问题，他能买啥？

根据公司内部的投资者分类及产品分级制度，公司将投资者分为普通投资者和专业投资者两类，产品R3到R5级别都有，此时，需要进行适当性匹配，从而准确地向其推介符合其风险认知及承受能力的合适的产品。于是，小明向该客户提供了《投资者基本信息表》《基金投资者风险测评问卷》《私募投资基金合格投资者承诺书》，并结合A先生提供的身份证明材料、工作证明、资产证明文件、收入证明文件等，与其聊了聊相关信息和投资经历。综合下来，大致情况如下：

A先生，完全民事行为能力，在某个经有关金融监管部门批准设立的金融机构担任高级管理人员，工作二十多年，具备丰富的投资理财知识和十年以上投资经验，经历过牛熊，谈起既往理财之路，侃侃不停，甚有心得。对私募产品的风险认知清晰，希望赚取高回报，愿意为此承担较大本金损失。

由此，评估结果，A先生符合专业投资者标准，故公司所有风险级别的基金产品都可以向其宣传推介。接着，解决第三个问题，他想买啥？

小明向A先生介绍了公司的产品结构、投资组合、投资逻辑、封闭期、历史业绩、管理费率等情况。A先生对于公司某款R4级别的产品感兴趣，认为该产品历史表现不错，且结合当下的市场行情，该产品的结构、杠杆倍数、投资范围等情况也符合A先生自己对市场走向的判断，该产品的开放日频率等也符合A先生的需求，于是，A先生想要购买此款产品。

按照流程，需要揭示基金风险。小明拿出《某某基金风险揭示书》，对A先生进行风险揭示，指引其签署《风险揭示书》《投资者类型及风险匹配告知书及投资者确认函》，并核对其提供的资产证明文件、收入证明文件。接下来，签署基金合同。同样的，基金合同需要向投资者详细讲解，小明拿出《某某基金合同》，讲解并指引A先生于合同各签署页中签字。

下一步，汇款。小明指引A先生通过银行转账汇款至该产品募集账户，汇款附言为：认购/申购某某私募证券投资基金×××万元。另，根据基金合同的约定，有24小时的投资冷静期，在这段时间里不能主动联系A先生。冷静期顺利经过，A先生没有放弃认购，公司另行安排了其他同事回访A先生。通过电话回访，A先生再次确认，于是，A先生此次认购成功，A先生的认购款项由募集账户划转到私募产品托管资金账户，这意味着，针对A先生的整套募集流程结束了。

当然，流程的结束并不意味着私募管理人一定能顺利运作A先生的认购款，为什么？因为还有一种潜在可能会使私募基金不能如约投资运作，即募集失败。

募集失败

假设私募基金募集期满，却因各种原因基金不能成立，这意味着募集失败。此时存在两个问题，谁来处理？怎么处理？

由于募集行为源于私募管理人，即使是委托募集的情形，也不得因委托募集免除私募管理人依法承担的责任，所以，若募集失败，则应由私募管理人来处理。需要处理的问题通常有三个：第一，因募集行为而产生的债务和费用；第二，投资者已缴纳的款项；第三，募集过程中签署的一系列文书材料。

通常的处理方式，因募集行为而产生的债务和费用，由私募管理人固有财产承担，而不应摊派给投资者；对于投资者已缴纳的款项，应及时全部退还并加计银行同期存款利息。这里曾有人问，能否和投资者协商，由投资者也承担一部分债务和费用，或者只退本金不计利息？

答：不能，原因是2016年7月15日中基协下发的《私募投资基金风险揭示书内容与格式指引》，里面对于“募集失败风险”一项写得很明确，“当基金无法成立时，基金管理人的责任承担方式：①以其固有财产承担因募集行为而产生的债务和费用；②在基金募集期限届满（确认基金无法成立）后三十日内返还投资人已交纳的款项，并加计银行同期存款利息”。中基协的态度很明确，因此，实践中建议按照指引的要求来操作。

对于募集过程中签署的一系列文书材料，例如托管人已盖章的基金合同及其他相关协议，通常托管人会要求返还。若返还，建议私募管理人留下书面记录，写明返还文件、原因、数量、去向。2016年7月15日中基协下发的《私募投资基金募集行为管理办法》，其中明确规定“募集机构应当妥善保存投资者适当性管理以及其他与私募基金募集业务相关的记录及其他相关资料，保存期限自基金清算终止之日起不得少于10年”，因此，无论基金成立与否，私募管理人都应当妥善保管文件材料，不能因基金未成立而随意销毁。

由此，对于私募流程中产生的一系列材料，笔者建议定期整理，专人负责立档建册。另外，私募管理人除了注意文件的收集保存，还应注意文书签署的规范程度。例如，落款时间不规范，倒签文件等，这些不规范行为，于私募管理人而言，会有什么隐患呢？

注意事项

关于颠倒签署时间

客户着急买产品，先进款，后签文件行不行？当然不行，倒签文件有隐患，客户不一定符合合格投资者标准，也不一定符合适当性要求。

整个募集流程，需要签署的文件不少，调查表、风险揭示书、基金合同等，每份文件有其签署的阶段和时间点。不同阶段文件的签署，代表募集流程的推进，例如签署基金合同代表确认了客户的合格投资者身份，代表投资者与私募管理人之间权利义务的建立。如果事先全部签完再具体核对客户提交的身份材料、资产证明等，一旦出现不匹配情形，那时再重新修正或废除已签好的文件则相当麻烦。所以，文件材料应按规定，分步骤依次签署。

关于真假金融资产

在投资者分类这一环节，需核对客户的金融资产凭证。虽然此核对义务并不要求募集机构一项一项实地走访、查证，但基本的核查手段还是必要的，以防金融资产凭证有伪。“假”金融资产并非都是投资者有意为突破合格投资者标准而伪造的，有时很可能是客户自行购买了一些奇奇怪怪的理财产品，这是怎么回事？来看以下案例。

一天，某位客户想购买某基金产品，并提交了一系列财产证明文件，包括银行存款证明，股票资产证明，基金资产证明，等等。其中，有份A某某投资有限公司及B某某财富公司共同签章出具的《受益权凭证》。这个受益权凭证对应的“理财产品”，经核对，首先不是公募基金（公募基金的凭证是证券公司或者基金公司出具的基金资产证明），另外，也不是信托公司的信托计划（信托公司的名录在银监会网站上查询得到），也不是基金公司及其子公司的资产管理计划（基金公司及其子公司的名录在证监会网站上查询得到），也不是保险资产管理产品（保险公司名录在保监会网站上查询得到），也不是期货公司资产管理计划（期货公司名录在证监会网站上查询得到），那么，这个“理财产品”有没有可能是私募产品呢？查询中基协网站上的“私募管理人公示”一栏，搜索A某某投资有限公司，确实有该A某某投资有限公司的登记备案信息，又搜索B某某财富公司，没有匹配信息，说明B某某财富公司不是私募基金管理人。进一步，搜索该理财产品，中基协网站上查询不到该理财产品的备案信息，另外，根据《受益权凭证》的内容，客户投资款的收款账户是没有私募管理人资质的B某某财富公司，并且，该收款账户是公司账户，并不是募资专户，再加上客户投资款是人民币30万元（正常的私募基金投资门槛应该是100万元起）；所以，综合看来，虽说A某某投资公司有私募管理人资质，但B某某财富公司并没有私募产品设立的资质，并且钱款流向和数额都有蹊跷，包括凭证内容还有其他诡异的地方，最后得出如下结论：由于没有权威机构对此产品进行最终定性，故不好评价该理财产品真假，但至少这个理财产品不符合正常理财产品的法定条件，所以，至少可以称其不合规。

可以计数的金融资产，应当是合规的金融资产，不建议将不合规的计入金融资产总数里。

募集程序中，将私募管理人、托管人（如有）与投资者三方权利义务确立下来的主要是基金合同（管理人与托管人之间，有时还有其他专门的合作协议）。对投资者的评估、产品匹配、风险揭示等步骤，都是为签署基金合同所做的前期准备，确保投资者是符合基金合同的适格缔约对象，确保已向投资者示明基金合同要害、签署后果等，在投资者无误解，各方意思表示真实、自愿的情形下缔结。

基金合同，实际是管理人、委托人、托管人（如有）之间，从募集到运作，再到结束的一整套连接机制和问题解决机制，涉及的相关法律规则很多。基金合同内容的确定，是个很重要的环节，实践中主要涉及两大问题：如何看懂，如何修改。我们接着来看。

第四节
基金合同

如何看懂私募基金合同?

乍一看，基金合同好多页，密密麻麻全是字。实际上，看合同有方法可寻，巨细得当，能提高效率。

从整体上看，2016 年 7 月 15 日中基协下发了基金合同指引（以下简称“合同指引”），对于合同指引中有明确要求的，基金合同应当载明合同指引规定的相关内容。在不违反《基金法》《私募办法》以及相关法律法规的前提下，基金合同当事人可以根据实际情况约定合同指引规定内容之外的事项。合同指引中某些具体要求对当事人确不适用的，当事人可对相应内容做出合理调整和变动，但管理人应在《风险揭示书》中向投资者进行特别揭示，并在基金合同报送中基协备案时出具书面说明。[①] 也就是说，基金合同可以按照三个层次梳理：第一层次，以合同指引明确规定的为准；第二层次，合同指引未明确规定的，按照实际

① 中基协. 私募投资基金合同指引 1 号(契约型私募基金合同内容与格式指引)[EB/OL]. http://www.amac.org.cn/flfg/flfgwb/zlgz/392202.shtml,2016－07－15.

需要可以根据相关法律法规约定；第三层次，合同指引明确规定的内容确实不适用的，调整变动后要向投资者特别揭示，且向中基协书面说明。

另外，在实践中，有些托管或外包服务机构也有根据合同指引制作的较系统、较完善的版本供参考，从而，在整体架构上，合同格式及框架大致趋同，具体落实到不同的机构及产品会根据实际情况做些调整。

从细节上看，基金合同中的大部分条款来自于相关法律规范，包括合同指引本身也是根据相关法律规范制定出来的，所以，要看懂和理解基金合同，如若熟悉常见的合同条款来源和设立缘由，便容易很多。私募证券投资基金管理人一般设立契约型基金，私募股权投资基金管理人一般设立合伙型基金（有限合伙为主），此处只探讨此两种基金合同。

契约型私募证券投资基金合同

根据合同指引，契约型私募证券投资基金合同的正文架构如下：前言、释义、声明与承诺、私募基金的基本情况、私募基金的募集、私募基金的成立与备案、私募基金的申购、赎回与转让、当事人及权利义务、私募基金份额持有人大会及日常机构、私募基金份额的登记、私募基金的投资、私募基金的财产、交易及清算交收安排、私募基金财产的估值和会计核算、私募基金的费用与税收、私募基金的收益分配、信息披露与报告、风险揭示、基金合同的效力、变更、解除与终止、私募基金的清算、违约责任、争议的处理、其他事项。本书根据以上框架选择性地梳理。

（1）有些合同，开头有个基金基本情况表，相当于把原本框架内的“私募基金的基本情况”浓缩为一张表格列于开头，开门见山，一眼看清合同的主要内容。表单上汇总了基金名称、管理人情况、托管人情况、基金投资范围、募集对象、费率、账户信息等主要内容，审核的时候，注意表里内容与后续部分的一致性。另外，注意审核一些基本信息的合规性，例如分级私募产品有法定的分级比例限制：分级私募产品应当根据所投资资产的风险程度设定分级比例（优先级份额/劣后级份额，中间级份额计入优先级份额）。固定收益类产品的分级比例不得超过3∶1，权益类产品的分级比例不得超过1∶1，商品及金融衍生品类产品、混合类产品的分级比例不得超过2∶1。① 再例如，按照投资性质的不同，不同的产品类型，投资比例也有限制：固定收益类产品投资于存款、债券等债权类资产的比例不低于80%；权益类产品投资于股票、未上市企业股权等权益类资产的比例不低于80%；商品及金融衍生品类产品投资于商品及金融衍生品的比例不低于80%；混合类产品投资于债权类资产、权益类资产、商品及金融衍生品类资产且任一资产的投资比例未达到前三类产品标准。②

（2）前言、释义、声明与承诺。这几部分容易被忽视，但其实很重要。前言中，订立合同的依据，因为法规逐年更新，所以，应注意依据的时效性。释义中，部分词汇的内涵不应留下理解偏差，例如“本基金合同”是仅指正在阅读的这份基金合同，还是包含了补充合同、附件在内；“工作日”是指国家法定工作日，还是仅指上交所、深交所等相关交易场所的正常交易日；“开放日”一词，曾因内涵限定不清发生过诉讼案件，本书后文将详细讲述；其他的各类账户、认购、申购、赎回行为等的定义，注意与法定的描述一致。声明与承诺，合同指引要求此部分加粗字体并列明，既然特别指出加粗字体，突出显示，就说明这部分很重要，得认真看，莫认为都大同小异从而熟视无睹。

（3）私募基金的募集事项。常见描述“以书面形式签订基金销售

---

① 《中国人民银行、中国银行保险监督管理委员会、中国证券监督管理委员会、国家外汇管理局关于规范金融机构资产管理业务的指导意见》（银发〔2018〕106号）第二十一条第一款。

② 《中国人民银行、中国银行保险监督管理委员会、中国证券监督管理委员会、国家外汇管理局关于规范金融机构资产管理业务的指导意见》（银发〔2018〕106号）第四条第二款。

协议，并将协议中关于私募基金管理人与基金销售机构权利义务划分以及其他涉及投资者利益的部分作为基金合同的附件。基金销售机构负责向投资者说明相关内容。基金销售协议与作为基金合同附件的关于基金销售的内容不一致的，以基金合同附件为准”。即，基金合同效力最高。这段话原文出自中基协下发的《私募投资基金募集行为管理办法》，既能明晰各方职责，保障投资者的知情权，同时又能解决多份文件对同一事项进行描述，若出现不一致时，以哪份文件为准的问题。

募集对象只能是合格投资者，投资单只私募基金初始金额不低于100万元的门槛。“初始金额”这四个字意味着，100万元的门槛针对的是每个投资者最开始的那笔投资款，若该投资者后续增加申购，可以是1万元、10万元等双方自行约定的数额，而非每次申购都不得少于100万元。募集期限没有法定长短约束，常见约定为一个月，并设定可自行调整的条件和幅度以应不时之需。投资者认购私募基金，从保证资金来源、流向清晰，防范洗钱的角度来说，不接受投资者现金认购，需将投资款从其在中国境内开立的自有银行账户转入募集专用账户。

法定投资冷静期不少于24小时，基金合同通常将投资冷静期设定为24小时，从签署完毕基金合同且缴纳认购基金款项后起算。冷静期后接着是回访确认程序，基金合同若书面示明投资者在回访确认成功前有权解除基金合同，则回访确认成功前不得将认购款从募集账户划转至基金财产账户或托管资金账户；若回访确认失败，则募集机构应及时（一般为几个工作日）退还认购款。基金份额持有限额，通常按照“时间优先、金额优先”的原则确认有效认购申请，且超过基金人数规模上限200人的认购申请无效。认购金额方面，实践中有较为统一的计算方式，认购金额的有效份额的计算保留到小数点后2位，由此误差产生的收益或者损失由基金财产承担。

（4）私募基金的成立与备案。私募基金合同的签署方式，涉及谁先签、怎么签的问题。直销的基金合同涉及管理人、托管人、委托人三方，通常采用签署纸质合同的方式，管理人和托管人双方先签署并加盖骑缝章（加盖骑缝章可防止人为故意换页），再由管理人将双方已签署（加盖骑缝章）的合同套印后与委托人签署。代销的基金合同则由代销机构交由委托人签署。假设合同签署文本不一致的，由于委托人的合同是由管理人和托管人签署的套印而来，因此以管理人和托管人双方签署的合同版本为准，由此产生的一切责任由管理人承担。关于私募基金成立的条件，需募集期结束，投资款到位，并评估募集是否成功，所以常见约定为当募集期结束后，由托管人核实资金到账情况后与管理人核对，向管理人出具《资金到账确认书》。募集成功则募集资金将从募集专户划转至托管资金账户，此时托管账户里的被称为“基金财产”，由管理人决定基金的具体成立日期，并发布成立公告，向基金份额持有人、托管人发送基金成立通知。

私募基金成立后，应按照法定程序向中基协备案，并且备案成功才可开展投资运作。如果基金募集失败，则处理方式也应写入基金合同，根据中基协《私募投资基金风险揭示书内容与格式指引》，募集失败，基金管理人的责任承担方式为：以其固有财产承担因募集行为而产生的债务和费用；在基金募集期限届满（确认基金无法成立）后三十日内返还投资人已交纳的款项，并加计银行同期存款利息。

（5）私募基金的申购、赎回与转让。关于申购和赎回的开放日及时间，基金的申购和赎回，因基金分封闭式和开放式而有别。封闭式基金是指基金份额总额在基金合同期限内固定不变，基金份额持有人不得申请赎回的基金；开放式基金是指基金份额总额不固定，基金份额可以在基金合同约定的时间和场所申购或者赎回的基金。[①] 由此，不同运作

① 《证券投资基金法》，全国人民代表大会常务委员会 2015 年 4 月 24 日修正，第四十五条。

方式的基金能申购、赎回的频率不同。以开放式基金为例，开放日是指能申购、能赎回的日子，常见按月、按季、按年等开放。一些投资者认为基金开放日间隔短则支取灵活，越灵活貌似基金财产越安全，一有风吹草动可随时撤出（这也是为何大多非法集资都打着“活期理财”“支取灵活”的幌子抓住投资者心理)，倾向于选择开放日频繁的基金。实际上，开放日过于密集有时对基金的运作不见得是好事。假设基金以价值投资为主，持有期限较长，换手率较低，过于频繁的基金财产进出结算会迫使被动买卖股票，影响管理人投资策略。所以，开放日频率的设定常常与基金的投资对象、投资策略和投资逻辑有关。

申购是投资人购买私募基金份额的行为，赎回是投资人将私募基金份额兑换为现金的行为，基金的申购同样适用投资冷静期和回访确认制度。申购与赎回的成立与生效条件，法律对公募基金规定为：投资人交付申购款项，申购成立，基金份额登记机构确认基金份额时，申购生效；基金份额持有人递交赎回申请，赎回成立，基金份额登记机构确认赎回时，赎回生效①；基金份额的申购、赎回价格，依据申购、赎回日基金份额净值加、减有关费用计算②。实践中私募基金也参照执行，将份额登记机构的确认作为生效条件；申购采用金额申请的方式，赎回采用份额申请的方式；申购时，按提交申购申请的开放日基金份额净值计算申购份额，赎回时，按提交赎回申请的开放日基金份额净值计算赎回份额。另外，申购采用全额交款方式，资金未在规定时间内全额到账则申购不成功。申购款与申购申请不一致时，应以申购申请为准，若申购款超出申购申请，多余的部分退回委托人账户；若到账申购款少于申购

① 《证券投资基金法》，全国人民代表大会常务委员会 2015 年 4 月 24 日修正，第六十六条。

② 《证券投资基金法》，全国人民代表大会常务委员会 2015 年 4 月 24 日修正，第六十九条。

申请时，则应将已交付的委托款项退回委托人账户。

关于申购和赎回的金额限制，根据合同指引，关键在于100万元人民币的下限，即首次购买金额不低于100万元；当持有的基金资产净值高于100万元时，可以选择部分赎回基金份额，且赎回后持有的基金资产净值不得低于100万元；若持有的基金资产净值低于100万元时，投资者只能选择一次性赎回，若其只赎回一部分，则管理人应将该基金份额持有人所持份额做全部赎回处理。

关于巨额赎回的认定及处理方式，一般对赎回申请份额超过基金总份额的10%～20%时，即认为发生了巨额赎回。根据不同的实际情况，巨额赎回对管理人的某些投资策略会有较大影响。例如，若正巧股市下行，基金净值下跌，突然某大客户巨额赎回，则将被迫大量卖出股票兑付，进而促使股价进一步下跌，使基金资产净值造成较大波动。由此，对于巨额赎回，通常采用两种方式兑付，全额赎回和部分延期赎回，由管理人根据基金规模调整和掌握。

关于拒绝或暂停申购、暂停赎回的情形及处理，虽然法律没有直接规定拒绝申购的情形及处理，但私募基金运作有保护投资者合法利益的要求，基金合同对于拒绝申购的情形及处理也是从优先考量投资者合法权益的角度出发，私募管理人根据客观情况分析推敲后作出判断，而非随便凭空臆断，由此，基金合同中通常约定如下：基金份额持有人人数达到上限200人；根据市场情况，基金管理人无法找到合适的投资品种，或其他可能对基金业绩产生负面影响，从而损害现有基金份额持有人的利益的情形；因基金持有的某个或某些证券进行权益分派等原因，使基金管理人认为短期内接受申购可能会影响或损害现有基金份额持有人利益的情形；基金管理人认为接受某笔或某些申购申请可能会影响或损害其他基金份额持有人利益的情形；法律法规规定或经中国证监会认定的其他情形。当基金管理人决定拒绝接受某些基金委托人的申购申请时，申购款项将退回基金委托人账户。法律对公募基金的暂停赎回情形有明确规定，即以客观情形为准。就私募基金合同而言，通常仿照该规定，设置私募基金暂停申购和暂停赎回的情形：因不可抗力导致基金管理人无法支付赎回款项的情形；证券交易场所交易时间临时停市，导致基金管理人无法计算当日基金资产净值的情形；发生本基金合同规定的暂停基金资产估值的情形；法律法规规定或经中国证监会认定的其他情形。[①] 在暂停申购的情形下，应当告知基金委托人，情形消除时应及时恢复申购业务的办理并告知基金委托人；在暂停赎回的情形下，基金管理人应当告知基金份额持有人，已接受的赎回申请，基金管理人应当足额支付，如暂时不能足额支付，应当按单个赎回申请人已被接受的赎回金额占已接受的赎回总金额的比例，将可支付金额分配给赎回申请人，其余部分在后续工作日予以支付（按比例支付可防止厚此薄彼或不公平对待投资者）。关于私募基金的转让，注意主动转让时受让人总人数、合格投资者等一系列评估标准的匹配；若继承或司法强制下的非交易过户，凭有效力的材料文书办理过户。

（6）当事人的权利和义务。合同的本质，是合同当事人权利义务的梳理，由此，有关权利义务的部分便是私募基金合同的核心。私募基金合同的当事人有管理人、托管人、委托人。

管理人的权利，即独立投资决策，主动维护基金财产安全，以及收取服务费。根据合同指引，包括但不限于：按照基金合同约定，独立管理和运用基金财产；按照基金合同约定，及时、足额获得私募基金管理人管理费用及业绩报酬（如有）；按照有关规定和基金合同约定行使因基金财产投资所产生的权利；根据基金合同及其他有关规定，监督私募基金托管人，对于私募基金托管人违反基金合同或有关法律法规规定、

① 《证券投资基金法》，全国人民代表大会常务委员会 2015 年 4 月 24 日修正，第六十七条。

对基金财产及其他当事人的利益造成重大损失的，应当及时采取措施制止；私募基金管理人为保护投资者权益，可以在法律法规规定范围内，根据市场情况对本基金的认购、申购业务规则（包括但不限于基金总规模、单个基金投资者首次认购、申购金额、每次申购金额及持有的本基金总金额限制等）进行调整；法律法规、中国证监会及中国基金业协会规定的和基金合同约定的其他权利。①

管理人的义务，即受人之托，尽责合规理财。根据合同指引，包括但不限于：履行私募基金管理人登记和私募基金备案手续；按照诚实信用、勤勉尽责的原则履行受托人义务，管理和运用基金财产；制作调查问卷，对投资者的风险识别能力和风险承担能力进行评估，向符合法律法规规定的合格投资者非公开募集资金；制作风险揭示书，向投资者充分揭示相关风险；配备足够的具有专业能力的人员进行投资分析、决策，以专业化的经营方式管理和运作基金财产；建立健全内部制度，保证所管理的私募基金财产与其管理的其他基金财产和私募基金管理人的固有财产相互独立，对所管理的不同财产分别管理，分别记账，分别投资；不得利用基金财产或者职务之便，为本人或者投资者以外的人牟取利益，进行利益输送；自行担任或者委托其他机构担任基金的基金份额登记机构，委托其他基金份额登记机构办理注册登记业务时，对基金份额登记机构的行为进行必要的监督；按照基金合同约定接受投资者和私募基金托管人的监督；以私募基金管理人的名义，代表投资者利益行使诉讼权利或者实施其他法律行为；按照基金合同约定负责私募基金会计核算并编制基金财务会计报告；按照基金合同约定计算并向投资者报告基金份额净值；根据法律法规与基金合同的规定，对投资者进行必要的信息披露，揭示私募基金资产运作情况，包括编制和向投资者提供基金

① 《私募基金合同指引 1 号（契约型私募投资基金合同内容与格式指引）》（中基协 2016 年 7 月 15 日起实施）第二十条。

定期报告；确定私募基金份额申购、赎回价格，采取适当、合理的措施确定基金份额交易价格的计算方法符合法律法规的规定和合同的约定，按照基金合同约定负责私募基金会计核算并编制基金财务会计报告；保守商业秘密，不得泄露私募基金的投资计划或意向等，法律法规另有规定的除外；保存私募基金投资业务活动的全部会计资料，并妥善保存有关的合同、交易记录及其他相关资料，保存期限自私募基金清算终止之日起不得少于10年；公平对待所管理的不同基金财产，不得从事任何有损基金财产及其他当事人利益的活动；按照基金合同的约定确定私募基金收益分配方案，及时向投资者分配收益；组织并参加基金财产清算小组，参与基金财产的保管、清理、估价、变现和分配；建立并保存投资者名册；面临解散、依法被撤销或者被依法宣告破产时，及时报告中国基金业协会并通知私募基金托管人和基金投资者；法律法规、中国证监会及中国基金业协会规定的和基金合同约定的其他义务。① 另外，当两个以上（含两个）管理人共同管理私募基金的，所有管理人对投资者承担连带责任。管理人之间的责任划分由合同进行约定，合同未约定或约定不清的，各管理人平均分担责任。② 即两个以上管理人内部责任划分只具有对内效力，对于投资者而言，所有管理人承担连带责任，而非以内部责任划分向投资者承担按份责任。如若基金合同违反法定要求擅自设立减轻责任承担方式的条款，此类条款也是无效的。

托管人的权利，即收取托管费，监督管理人。根据合同指引，包括但不限于：按照合同的约定，及时、足额获得私募基金托管费用；依据法律法规规定和合同约定，监督私募基金管理人对基金财产的投资运

① 《私募基金合同指引1号（契约型私募投资基金合同内容与格式指引）》（中基协2016年7月15日起实施）第二十二条。

② 《私募基金合同指引1号（契约型私募投资基金合同内容与格式指引）》（中基协2016年7月15日起实施）第二十三条。

作，对于私募基金管理人违反法律法规规定和合同约定，对基金财产及其他当事人的利益造成重大损失的情形，有权报告中国基金业协会并采取必要措施；按照基金合同约定，依法保管私募基金财产；法律法规、中国证监会及中国基金业协会规定的和基金合同约定的其他权利。①

托管人的义务，即为管理人提供服务，保障基金财产安全。包括但不限于：安全保管基金财产；具有符合要求的营业场所，配备足够的、合格的专职人员，负责基金财产托管事宜；对所托管的不同基金财产分别设置账户，确保基金财产的完整与独立；除依据法律法规规定和基金合同的约定外，不得为私募基金托管人及任何第三人谋取利益，不得委托第三人托管基金财产；按规定开立和注销私募基金财产的托管资金账户、证券账户、期货账户等投资所需账户；复核私募基金份额净值；办理与基金托管业务有关的信息披露事项；根据相关法律法规和基金合同约定复核私募基金管理人编制的私募基金定期报告，并定期出具书面意见；按照基金合同约定，根据私募基金管理人或其授权人的资金划拨指令，及时办理清算、交割事宜；根据法律法规规定，妥善保存私募基金管理业务活动有关合同、协议、凭证等文件资料；公平对待所托管的不同基金财产，不得从事任何有损基金财产及其他当事人利益的活动；保守商业秘密，除法律法规规定和基金合同约定外，不得向他人泄露本基金的有关信息；根据相关法律法规要求的保存期限，保存私募基金投资业务活动的全部会计资料，并妥善保存有关的合同、交易记录及其他相关资料；监督私募基金管理人的投资运作，发现私募基金管理人的投资指令违反法律法规的规定及基金合同约定的，应当拒绝执行，立即通知私募基金管理人；发现私募基金管理人依据交易程序已经生效的投资指

① 《私募基金合同指引1号(契约型私募投资基金合同内容与格式指引)》(中基协2016年7月15日起实施)第二十四条。

令违反法律法规的规定及基金合同约定的，应当立即通知私募基金管理人。[①]

投资者的权利，即基于基金份额享有的处置权，收益权，监督权，获得及时、真实信息的权利。包括但不限于：取得基金财产收益；取得清算后的剩余基金财产；按照基金合同的约定申购、赎回和转让基金；根据基金合同的规定，参加或申请召集基金份额持有人大会，行使相关职权；监督私募基金管理人、私募基金托管人履行投资管理及托管义务的情况；按照基金合同约定的时间和方式获得基金信息披露资料；因私募基金管理人、私募基金托管人违反法律法规或基金合同的约定导致合法权益受到损害的，有权得到赔偿；法律法规、中国证监会及中国基金业协会规定的和基金合同约定的其他权利。[②]

投资者的义务，即配合尽调，如实提供材料，不干涉管理人独立合规做决策，不损及其他投资者、托管人、管理人的合法权益。包括但不限于：认真阅读基金合同，保证投资资金的来源及用途合法；接受合格投资者认定程序，如实填写风险识别能力和承担能力问卷，如实承诺资产或者收入情况，并对其真实性、准确性和完整性负责，签署《合格投资者确认书》；以合伙企业、契约等非法人形式汇集多数投资者资金直接或者间接投资于私募基金的，应向私募基金管理人充分披露上述情况及最终投资者的信息，但符合《私募投资基金监督管理暂行办法》第十三条规定的除外；认真阅读并签署风险揭示书；按照基金合同约定缴纳基金份额的认购、申购款项，承担基金合同约定的管理费、托管费及其他相关费用；按基金合同约定承担基金的投资损失；向私募基金管理

① 《私募基金合同指引1号(契约型私募投资基金合同内容与格式指引)》(中基协2016年7月15日起实施)第二十五条。

② 《私募基金合同指引1号(契约型私募投资基金合同内容与格式指引)》(中基协2016年7月15日起实施)第二十六条。

人或私募基金募集机构提供法律法规规定的信息资料及身份证明文件，配合私募基金管理人或其募集机构的尽职调查与反洗钱工作；保守商业秘密，不得泄露私募基金的投资计划或意向等；不得违反基金合同的约定干涉基金管理人的投资行为；不得从事任何有损基金及其投资者、基金管理人管理的其他基金及基金托管人托管的其他基金合法权益的活动；法律法规、中国证监会及中国基金业协会规定和基金合同约定的其他义务。①

（7）关于私募基金的投资，基金的投资范围受法定和基金合同约定的限制，例如法定限制之一，非公开募集基金财产的证券投资，包括买卖公开发行的股份有限公司股票、债券、基金份额，以及国务院证券监督管理机构规定的其他证券及其衍生品种。② 除前述规定以外的品种不属于私募证券投资基金的投资范围。再例如一些基金合同自行约定："任一交易日日终，持有的单一股票占总股本的比例不超过5%；本基金管理人发行的全部私募基金投资于单一上市公司发行的股票不得超过该上市公司可流通股票的30%。"为何这么约定？因为根据《上市公司收购管理办法》，假若投资者其拥有权益的股份达到或者超过该公司已发行股份的5%但未达到20%的，应当编制简式权益变动报告书；若达到或者超过20%但未超过30%的，应当编制详式权益变动报告书，并披露；若已达30%还要继续增持的，应当采取要约方式进行，发出全面要约或者部分要约。所以，一些私募管理人为了避免持股达到前述范围，会在基金合同中做限制。基金合同常见兜底条款："涵盖须管理人事前按相关监管机构要求进行备案或具备相应资质的投资品种，管理人

① 《私募基金合同指引1号（契约型私募投资基金合同内容与格式指引）》（中基协2016年7月15日起实施）第二十七条。

② 《证券投资基金法》（全国人民代表大会常务委员会2015年4月24日修正）第九十四条第二款。

应按照规定具备相应资质或履行相应程序后方能投资”，例如法定要求所有资产管理计划均应在中基协完成备案并取得备案证明后，方可申请为其开立证券市场交易账户。[①]

私募基金的本质是投资活动，投资范围必须符合“投资”本质，例如委托贷款、信托贷款等方式直接或间接从事借贷活动便不是私募投资活动。证券投资基金针对的公开市场上交易的相关金融产品及衍生品，例如承销证券此类非公开市场上的活动便不能参与。由此，常见的禁止投资范围如下：承销证券；向他人贷款或提供担保；从事承担无限责任的投资；从事内幕交易、操纵证券价格及其他不正当的证券交易活动；直接投资于商业银行信贷资产；以基金份额进行质押融资；直接或者间接投资法律法规和国家政策禁止进行债权或股权投资的行业和领域；法律法规、中国证监会以及本基金合同规定禁止从事的其他行为。假设非因管理人原因导致的被动超过投资限制，怎么办？常见基金合同约定如下：因证券和期货市场波动、证券发行人合并、基金规模变动、股权分置改革中支付对价等基金管理人之外的因素致使基金投资不符合投资限制规定的，基金管理人应当在10个交易日内调整完毕；如因标的证券或资产暂停交易或其他非基金管理人可以控制的原因导致基金管理人不能履行调整义务的，则不受上述约定之限制（例如投资限制中规定不得投资ST股，但所投资股票突然被ST），但基金管理人应当自相关标的证券或资产恢复交易之日起的10个交易日内符合基金合同约定。另外，2018年发布的《关于规范金融机构资产管理业务的指导意见》中规定：非因金融机构主观因素导致突破“固定收益类产品投资于存款、债券等债权类资产的比例不低于80%，权益类产品投资于股票、未上市企业股权等权益类资产的比例不低于80%，商品及金融衍生品

① 《证券期货经营机构私募资产管理计划备案管理规范第1号——备案核查与自律管理》（中基协2016年10月21日发布）第二条。

类产品投资于商品及金融衍生品的比例不低于80%，混合类产品投资于债权类资产、权益类资产、商品及金融衍生品类资产且任一资产的投资比例未达到前三类产品标准”比例限制的，金融机构应当在流动性受限资产可出售、可转让或者恢复交易的15个交易日内调整至符合要求。①

假设管理人主动违反有关法律、行政法规和其他有关规定，或基金合同约定，而进行投资，这就构成了越权交易。管理人应在基金合同规定的权限内运用基金资产进行投资管理，不得违反基金合同的约定，超越权限从事投资。托管人对管理人有监督的责任，当发现越权交易时，会通知管理人或向监管部门报告。若因越权交易导致的损失，则由管理人承担。

假设私募基金聘请了投资顾问，会在基金合同中写明，并且该投资顾问应符合《证券期货经营机构私募资产管理业务运作管理暂行规定》以及《证券期货经营机构私募资产管理计划备案管理规范第2号——委托第三方机构提供投资建议服务》的要求。有关投资顾问的规定，具体将放在本书“第四部分 私募投资基金的运作”里详解。

（8）私募基金的财产。从《证券投资基金法》可以看出，管理人、托管人有保障基金财产安全的责任，落实到实践中，便是维护基金财产的独立性及按照监管要求运作。② 因此，合同指引要求在基金合同中明确以下要点：基金财产独立于基金管理人、基金托管人的固有财产，并由基金托管人保管。基金管理人、基金托管人不得将基金财产归入其固有财产（即基金财产本质上不属于管理人、托管人的财产，不能混

① 《中国人民银行、中国银行保险监督管理委员会、中国证券监督管理委员会、国家外汇管理局关于规范金融机构资产管理业务的指导意见》（银发〔2018〕106号）第四条第二款。

② 《证券投资基金法》，全国人民代表大会常务委员会2015年4月24日修正，第五条—第八条。

同）。基金管理人、基金托管人因基金财产的管理、运用或者其他情形而取得的财产和收益，归入基金财产（即基金财产产生的收益属于基金财产）。基金管理人、基金托管人可以按照本基金合同的约定收取管理费、托管费以及本基金合同约定的其他费用（即管理人和托管人可收取管理、保管基金财产的服务费）。基金管理人、基金托管人以其固有财产承担法律责任，其债权人不得对基金财产行使请求冻结、扣押和其他权利；基金管理人、基金托管人不得违反法律法规的规定和基金合同约定擅自将基金资产用于抵押、质押、担保或设定任何形式的优先权或其他第三方权利；基金管理人、基金托管人因依法解散、被依法撤销或者被依法宣告破产等原因进行清算的，基金财产不属于其清算财产（即基金财产不会因管理人、托管人自身原因导致被处置）。基金财产产生的债权，不得与基金管理人、基金托管人固有财产的债务相互抵销；非因基金财产本身承担的债务，基金管理人、基金托管人不得主张其债权人对基金财产强制执行（即基金财产只负担自身的债权债务，管理人、托管人债权债务与基金财产无关）。上述债权人对基金财产主张权利时，基金管理人、基金托管人应明确告知基金财产的独立性。

基金财产的独立性还体现在账户的独立性上，账户本身是单独开立，不与管理人、托管人账户混用；不同的基金财产拥有各自独立的账户，基金财产之间账户不混同；管理人、托管人仅是基于管理及托管的服务要求按照监管要求帮基金财产开立资金账户。

除了基金财产安全保障措施，还需设立纠纷解决机制。因为基金财产的动线经过多个账户，募集专户、托管账户、证券账户（若投资证券）、期货账户（若投资期货）等，期间涉及的安全保障义务责任人有管理人和托管人，托管人的保管义务于其直接保管基金财产时负担，运作期间非其直接控制和保管时通常约定不承担责任，例如对于证券经纪机构、期货经纪机构或结算机构等非基金托管人保管的财产不承担安全保管责任。

（9）指令。私募基金由基金托管人托管的，私募管理人在运用基金财产时向托管人发送资金划拨及其他款项收付的投资指令，即是私募管理人向私募托管人发送指令的行为。详细操作方式没有法定要求，实践中为了保障指令正确，执行流畅无误，以及划分好管理人与托管人之间的权利义务，形成了详细的惯常做法，包括几大要点，一是指令的授权；二是指令的内容；三是指令的发送、确认、执行与程序；四是托管人依法暂缓、拒绝执行指令的情形和处理程序；五是管理人发送错误指令的情形和处理程序；六是指令的保管。

指令的授权：应由管理人事先向托管人提供书面授权通知，即书面告知托管人指令的被授权人是谁，由被授权人向托管人发送指令。如若管理人撤换被授权人、改变授权人的权限或更改授权印鉴，同样须书面向托管人提供变更后的新授权通知，授权通知以加盖管理人公章并写明生效时间。

指令的内容：因托管人提供的是保管基金财产的服务，当管理人需要运作基金财产时，便需要告知托管人将基金财产划到操作账户，例如证券账户、期货账户等，即管理人向托管人发出的资金划拨及其他款项支付的指令。由此，管理人向托管人发送指令时，指令内容应清楚无歧义，若指令要素不全或含义模糊，托管人执行指令会有错漏的风险。

指令的发送：指令以书面形式发送托管人，书面形式可以是双方约定好的电子邮件扫描件、电子指令等，及双方认同的其他书面留痕方式。管理人应在其投资范围内发送指令，被授权人应严格按照其授权权限发送指令；管理人发送指令应为托管人留出必要的审核及执行时间，具体双方约定后固定在基金合同中。指令的确认方式以托管协议约定为准，管理人有义务在发送指令后与基金托管人电话确认，指令以获得基金托管人确认该指令已成功接收之时视为送达。基金托管人对基金管理人通过托管协议约定方式发送的划款指令，应及时办理。对于不满足托管协议约定的执行要求的指令、不能满足基金托管人对基金财产安全保管要求的投资，基金托管人有权拒绝执行。

托管人暂缓、拒绝执行指令的情形和处理程序：一般是管理人发送的指令要素不全，或与基金合同不符，违反法律法规。当托管人发现管理人发出但未执行的投资指令或者已经生效的投资指令违反法律、行政法规和其他有关规定，或者基金合同约定，应当依法履行通知管理人等程序，并及时报告证监会，持续跟进管理人的后续处理，督促管理人依法履行披露义务。管理人的上述违规失信行为给基金财产或者基金份额持有人造成损害的，基金托管人应当督促基金管理人及时予以赔偿。①

管理人发送错误指令的情形包括指令违反法律法规和基金合同，指令发送人员无权或超越权限发送指令。托管人在履行监督职能，发现基金管理人的指令错误时，有权拒绝执行，并及时通知基金管理人改正。如需撤销指令，基金管理人应及时以书面或者双方认同的其他方式通知基金托管人。

（10）私募基金财产的估值和会计核算，相关法律法规详见《中国基金估值标准（2017 年版）》，此处不赘述。私募基金的费用与税收：税收由管理人缴纳；费用方面，其中单个基金的年管理费率通常为 2%，对基金份额实际收益的增值部分提取 20% 作为业绩报酬（如有）。业绩报酬的提取方式多种多样，哪些能用，哪些不能用，放在“如何修改基金合同”中解构。

列入基金财产业务费用的项目，包括：基金管理费；业绩报酬；基金托管费；基金服务费；代销机构的销售服务费；基金的证券、期货交易结算费用及账户费用；基金成立后与基金相关的会计师费、律师费、

① 《证券投资基金托管业务管理办法》（经 2013 年 2 月 17 日证监会第 28 次主席办公会议审议通过，2013 年 4 月 2 日证监会令第 92 号公布）第二十一条第二款。

诉讼费和仲裁费；基金合同生效以后的信息披露费等；基金的银行汇划费、账户维护费、询证函费等银行收取的费用；合同印刷及签署的相关费用，如使用电子合同产生的费用；产品相关印章刻制费；因召开持有人大会产生的相关费用，包括但不限于公证费、见证费、基金管理人及基金托管人的差旅费、通讯费、文件印刷费用等；国家法律法规明确要求的增值税，及与增值税相关的附加税费等税费；按照国家有关规定和本基金合同约定，可以在基金财产中列支的其他费用。

不列入基金财产业务费用的项目有：管理人和托管人因未履行或未完全履行义务导致的费用支出或基金财产的损失；管理人和托管人处理与基金运作无关的事项发生的费用；其他根据相关法律法规及证监会的有关规定不得列入基金费用的项目。

费用调整，从保障投资人的权益来看，若基金调低各项费用，这有利于投资人，只需经管理人和托管人协商一致后生效执行，管理人应通过基金合同约定的通知方式告知份额持有人；若调高各项费用，这增加了投资人的负担，则应取得全体基金份额持有人的书面同意或者经由份额持有人大会决议通过。

（11）私募基金的收益分配，大前提是基金本身产生了收益，即基金净值在 1 以上才能分配。具体如何分配，何时分配可由管理人决定，订明在基金合同里。

（12）基金合同的效力、变更、解除与终止。从方便当事人的角度来看，基金合同的签署方式可采用纸质或电子合同方式进行，如为电子合同方式签署的，管理人应确认电子签约平台能提供经过国务院信息产业主管部门许可的第三方平台[①]认证有效的投资者电子签名信息，并确认相关电子签名、数据电文等符合法律法规要求。

① 《中华人民共和国电子签名法》(2015 年 4 月 24 日第十二届全国人民代表大会常务委员会第十四次会议修正)第十八条。

基金合同经各方当事人签署完毕后生效，需要变更基金合同时，常见约定如下：非因法律、法规及有关政策发生变化的原因而导致合同变更时，可通过召开持有人大会或全体基金份额持有人、管理人和托管人签署补充协议方式进行变更；因法律法规、监管政策的相关规定发生变化需要对基金合同进行变更的，经由管理人提请、托管人确认后可直接对基金合同的相关内容进行修订或补充，无须另行取得份额持有人的同意，但管理人应按照基金合同约定的方式将变更内容通知基金份额持有人。若基金合同因重大事项发生变更的，管理人应按照中基协要求及时向中基协报告。

在约定的冷静期内、回访确认成功前，投资人可无条件提出解除基金合同，并无须承担违约责任，这是法律规则直接赋予投资人的权利。

基金合同的终止，参考《证券投资基金法》[①] 对基金合同终止的规定，一般约定如下：基金合同期限届满而未延期；基金份额持有人大会决定终止；基金管理人、基金托管人职责终止，在六个月内没有新基金管理人、新基金托管人承接；法律法规和基金合同约定的其他情形。常见基金合同还将“基金管理人、基金托管人职责终止”进一步细化并约定进合同里：基金管理人被中基协注销私募管理人登记，基金管理人依法解散、被依法撤销或被依法宣告破产；基金托管人被依法取消证券投资基金托管资格，基金托管依法解散、被依法撤销或被依法宣告破产。

（13）基金的清算。参考《证券投资基金法》[②] 以及我国法律对清算事宜的类似规定，例如《破产法》《公司法》中的清算程序及权利义务，常见基金合同约定如下：清算小组由管理人和托管人组成，且可聘

① 《证券投资基金法》，全国人民代表大会常务委员会 2015 年 4 月 24 日修正，第八十条。

② 《证券投资基金法》，全国人民代表大会常务委员会 2015 年 4 月 24 日修正，第八十一条、第八十二条。

用必要的工作人员；清算小组负责基金财产的保管、清理、估价、变现和分配，并可以依法进行必要的民事活动。清算费用是指基金财产清算小组在进行基金清算过程中发生的所有合理费用，优先从基金财产中支付。基金清算财产按下列顺序清偿：支付清算费用；支付应付税款；支付除管理人费用以外的应付费用；支付管理费及业绩报酬（如有）；向份额持有人按其持有私募基金份额比例分配剩余财产，基金合同另有约定的除外。

基金的多次清算。对于因基金持有流通受限证券、投资的产品封闭期（含限售期、锁定期）超过基金存续期等原因导致基金财产无法及时变现的，基金管理人应对基金财产进行清算并先行分配已变现部分，待流通受限资产可以变现时，基金管理人完成剩余基金资产的变现操作。

（14）违约责任。基金合同当事人违反基金合同，应当承担的违约赔偿责任。虽是自由约定，但合同指引有个要求，即基金合同能够继续履行的应当继续履行。

免责，即在哪些情形下，管理人和托管人不用承担责任。免责事由不能随便约定，如果随意加重对方责任，免除自己主要义务，根据法律规定，免责条款很可能无效。免责事由通常为不可抗力或非当事人原因导致的损失，且当事人已尽到应尽的义务。由此，常见基金合同将免责事由约定如下：基金管理人、基金托管人按照中国证监会的规定或当时有效的法律法规的作为或不作为而造成的损失等；在没有故意或重大过失的情况下，基金管理人由于按照本基金合同规定的投资原则而行使或不行使其投资权而造成的损失等；私募基金投资者未能事前就其关联证券或其他禁止交易证券明确告知基金管理人，致使基金财产发生违规投资行为的，基金管理人和基金托管人均不承担任何责任；因为基金管理人未严格执行本基金合同约定给基金资产或投资者造成的损失，基金托管人不承担任何责任；由于基金管理人、基金托管人不可控制的因素导致业务出现差错，基金管理人、基金托管人虽然已经采取必要、适当、合理的措施进行检查，但是未能发现错误的，由此造成基金财产或委托人投资损失，基金管理人、基金托管人不承担责任。

有限合伙型私募股权投资基金合同

这里，第一个问题来了，私募股权投资，通常设立为有限合伙型基金，为何不设立为契约型基金，或者公司型基金？这是因为私募股权投资基金投资某企业股权之后，通常会以目标企业上市为主要退出方式，而在实践当中，拟上市企业的股东中有契约型私募基金，往往会对企业上市造成一定障碍，因此，私募股权基金较少采用契约型。

另外，有限合伙型基金相较于公司型基金，二者不仅仅是税收上存在差异，更重要的是权力机构、执行机构上的差异，这将直接影响到基金的后续运作。公司型基金具有投资者参与基金治理和投资决策程度高、法律保障充分等优势，实践中股权型特别是创投基金也较常采用该组织形式；有限合伙型基金与美元基金等国际通行做法接轨，具有“先分后税”的税收政策、区域化的税收减免、对未上市企业投资工商确权清晰等优势，较适合股权类基金。① 具体而言，公司型基金，外在表现形式是公司，公司的权力中心是股东会，执行者是董事/总经理。通常在公司型基金中，投资者表现为股东，私募管理人管控基金运作，则表现为私募管理人委派的某个基金经理担任公司型基金的董事/总经理，根据《公司法》，股东会有权决定公司的经营方针和投资计划，公司决策权在股东会，某些事项需出席股东会的股东过半数，甚至2/3以上的表决权通过，对私募管理人而言，其对基金的日常管控因受股东会这个权力机构的制约，相较之下，不如在有限合伙型基金中任职执行事务合

① 中基协,《私募投资基金合同指引起草说明》,2016年4月18日。

伙人时的大和灵活；当然，就投资者而言，投资者参与基金治理和投资决策程度较有限合伙型基金中更高。有限合伙型基金比较特别的一点是私募管理人象征性的出资就能自主地管理基金，获得绝大部分甚至完整的决策权和执行权，这是合伙企业本身的组织架构所决定的，执行事务合伙人的职权所在。有限合伙型私募基金，外在表现形式是有限合伙企业，有限合伙企业由有限合伙人和普通合伙人组成，有限合伙企业至少应当有一个普通合伙人。在有限合伙型基金中，私募管理人表现为有限合伙企业中的普通合伙人兼执行事务合伙人；投资者表现为有限合伙企业中的有限合伙人。根据《合伙企业法》，执行事务合伙人只能由普通合伙人担任，享有经营决策权，而有限合伙人无权执行和越权干涉企业运营，另外，决策和执行权可通过合伙协议全部赋予执行事务合伙人，其有权直接定夺各项事宜，迅速，高效，不像公司那样，某些事务是法定需经过股东会表决等程序，不能自行约定赋予执行者自由定夺。

为何常见的合伙型基金是有限合伙型，而非普通合伙型？

最大的原因在于责任的承担和对事务的管控。“有限”二字意味着责任的承担有限度，有限合伙人以其出资为限，对合伙企业的债务承担责任，而普通合伙人对合伙企业的债务承担无限责任。作为私募基金投资人，本质上是以投入的资金为基准获得收益和承担亏损，与基金财产无关的其他债务与投资人无关，投资人适合担任有限合伙人；并且，在有限合伙企业中，执行事务的合伙人只能是普通合伙人，而有限合伙人不执行合伙事务，不得对外代表有限合伙企业，由此，运作基金的私募管理人适合担任普通合伙人。

通常，作为普通合伙人的私募管理人出资很少，因为私募管理人作为合伙人是为了运营和管控私募基金，出资基本是象征性的一两百万元，除非私募管理人想用自有资金参与投资，才会增加出资款。这里问题来了，既然私募管理人只是象征性出资，那么有限合伙型私募基金产生的投资收益，能否全部分配给有限合伙人？答案：能。根据《合伙企业法》，有限合伙企业不得将全部利润分配给部分合伙人；但是，合伙协议另有约定的除外。[①] 由此，可以在基金合同中约定，将全部投资收益分配给作为有限合伙人的投资人。

合伙型基金合同，同样有中基协的合同指引作参考，该合同指引是依据《证券投资基金法》《合伙企业法》《合伙企业登记管理办法》《私募投资基金监督管理暂行办法》《私募投资基金管理人登记和基金备案办法（试行）》等一系列基础法律法规制定的，由此，合伙型基金合同中的很多条款也是来自于前述法律法规。熟悉了前述法律法规，也就容易看懂合伙型基金合同。以下主要解析有限合伙型合同中当事人的权利义务条款，其他部分与契约型合同大同小异，不再赘述。

1. 普通合伙人的权利和义务

根据《合伙企业法》及合伙企业型私募的工作内容，私募管理人作为普通合伙人，同时是执行事务人，管理基金产品运作，执行合伙事务。常见基金合同将普通合伙人的权利约定如下：按照合伙协议的约定对合伙企业投资事务做出决策，委派执行合伙事务代表[②]；按照合伙协议约定，同意新增有限合伙人入伙[③]；按照合伙协议的约定，行使相应的表决权[④]；按照合伙协议的约定，享有合伙利益的分配权[⑤]；合伙企业清算时依照合伙协议参与企业剩余财产的分配；法律法规规定的及本

---

① 《合伙企业法》(2006 年 8 月 27 日于第十届全国人民代表大会常务委员会第二十三次会议修订通过)第六十九条。

② 《合伙企业法》(2006 年 8 月 27 日于第十届全国人民代表大会常务委员会第二十三次会议修订通过)第二十六条。

③ 《合伙企业法》(2006 年 8 月 27 日于第十届全国人民代表大会常务委员会第二十三次会议修订通过)第四十三条。

④ 《合伙企业法》(2006 年 8 月 27 日于第十届全国人民代表大会常务委员会第二十三次会议修订通过)第三十条。

⑤ 《合伙企业法》(2006 年 8 月 27 日于第十届全国人民代表大会常务委员会第二十三次会议修订通过)第三十三条。

协议约定的其他权利[①]。又根据私募运作中的日常工作，还常见如下约定：聘请专业人士或专业中介机构对合伙企业提供服务；委托第三方机构为本合伙企业提供基金外包服务，包括但不限于估值核算等服务、决定签署委托服务协议、决定和变更托管人、决定签署托管协议等。

普通合伙人的义务：应基于诚实信用原则为合伙企业谋求最大利益；定期向其他合伙人报告合伙事务的执行情况和财务状况[②]；不得自营或同他人合作经营与本合伙企业相竞争的业务；未经代表出资额过半的合伙人同意，普通合伙人不得与本合伙企业进行交易；未经代表出资额过半的合伙人同意，普通合伙人不得与本合伙企业的有限合伙人之关联人进行交易，该等有限合伙人出资额不得计入前述表决出资份额；不得从事损害本合伙企业利益的活动[③]；不得以其在合伙企业中的财产份额出质，但是经其他合伙人一致同意的除外[④]；对合伙企业以自身财产不能清偿的债务承担无限连带责任；对合伙企业中的合伙事务和投资组合等相关事务予以保密；在合伙企业清算前，不得请求分割合伙企业的财产[⑤]；法律法规及本协议规定的其他义务等。

2. 有限合伙人的权利和义务

有限合伙人虽然不能直接执行合伙事务，但有一定的参与权，常见基金合同约定如下：有限合伙人根据《合伙企业法》及本合同行使有限合伙人权利不应被视为构成有限合伙人参与管理或控制合伙企业的投

---

① 《合伙企业法》(2006 年 8 月 27 日于第十届全国人民代表大会常务委员会第二十三次会议修订通过)第八十九条。

② 《合伙企业法》(2006 年 8 月 27 日于第十届全国人民代表大会常务委员会第二十三次会议修订通过)第二十八条。

③ 《合伙企业法》(2006 年 8 月 27 日于第十届全国人民代表大会常务委员会第二十三次会议修订通过)第三十二条。

④ 《合伙企业法》(2006 年 8 月 27 日于第十届全国人民代表大会常务委员会第二十三次会议修订通过)第二十五条。

⑤ 《合伙企业法》(2006 年 8 月 27 日于第十届全国人民代表大会常务委员会第二十三次会议修订通过)第二十一条。

资业务或其他活动，从而引致有限合伙人被认定为根据法律或其他规定需要对合伙企业之债务承担连带责任的普通合伙人。[①] 为避免歧义，前述行使权利的行为包括：参与决定普通合伙人入伙、退伙；对企业的经营管理提出建议；参与选择承办有限合伙企业审计业务的会计师事务所；获取经审计的有限合伙企业财务会计报告；对涉及自身利益的情况，查阅有限合伙企业财务会计账簿等财务资料；在有限合伙企业中的利益受到侵害时，向有责任的合伙人主张权利或者提起诉讼；执行事务合伙人怠于行使权利时，督促其行使权利或者为了本企业的利益以自己的名义提起诉讼；依法为本企业提供担保[②]；依法请求召开合伙人大会并参加行使相应的表决权；依法转让其在合伙企业的权益；依法将其持有的合伙企业财产份额出质；依法经营或与其他人合作经营与合伙企业竞争的业务；按照合伙协议的约定，享有合伙利益的分配权；合伙企业清算时依照合伙协议参与企业剩余财产的分配；法律法规及本协议约定的其他权利[③]。

有限合伙人的义务：按照合伙协议的约定，按时、足额缴纳认缴金额[④]；以认缴的出资额为限，对合伙企业债务承担有限责任；不参与合伙事务，无权对外代表合伙企业[⑤]；在合伙企业清算前，不得请求分割合伙企业的财产[⑥]；对合伙企业中的合伙事务和投资组合等相关事务予

---

① 《合伙企业法》(2006 年 8 月 27 日于第十届全国人民代表大会常务委员会第二十三次会议修订通过)第七十六条。

② 《合伙企业法》(2006 年 8 月 27 日于第十届全国人民代表大会常务委员会第二十三次会议修订通过)第六十八条。

③ 《合伙企业法》(2006 年 8 月 27 日于第十届全国人民代表大会常务委员会第二十三次会议修订通过)第七十条、第七十一条、第七十二条、第七十三条、第八十九条。

④ 《合伙企业法》(2006 年 8 月 27 日于第十届全国人民代表大会常务委员会第二十三次会议修订通过)第六十五条。

⑤ 《合伙企业法》(2006 年 8 月 27 日于第十届全国人民代表大会常务委员会第二十三次会议修订通过)第六十八条。

⑥ 《合伙企业法》(2006 年 8 月 27 日于第十届全国人民代表大会常务委员会第二十三次会议修订通过)第二十一条。

以保密；不得从事可能损害合伙企业利益的活动；按照法律法规、合伙协议、合伙人决议和普通合伙人的通知签署相关文件和提供相应配合的义务；法律法规及本协议约定的其他义务。

3. **执行事务合伙人**

合伙协议应约定由普通合伙人担任执行事务合伙人，执行事务合伙人有权对合伙企业的财产进行投资、管理、运用和处置，并接受其他普通合伙人和有限合伙人的监督。[①]

执行事务合伙人的条件和选择程序。常见基金合同约定如下：全体合伙人以签署本协议的方式一致同意委任普通合伙人作为本合伙企业的执行事务合伙人，执行事务合伙人可自行决定更换其委派的代表，但更换后应书面通知全体合伙人，并办理相应的企业变更登记手续。[②] 合伙企业仅可在普通合伙人退伙、被除名及依本协议约定转让权益时更换并接纳新的执行事务合伙人。执行事务合伙人及其委派的代表为执行合伙事务所作的全部行为，均对合伙企业具有约束力。

执行事务合伙人的职权，即决策、执行权的外在表现，具体常见如下约定：召集和主持合伙人会议；筛选投资项目；决定对投资项目的投资，并执行相关投资方案；根据合伙企业与相关方签署的交易文件向被投资企业推荐、提名、委派董事、监事、高级管理人员及其他相关人员；管理投资项目；决定投资项目的退出，并执行相关退出方案；实施合伙企业的利润分配；按照有限合伙人的要求报告合伙事务执行情况；办理合伙企业在工商登记机构等相关政府部门的登记事宜；代表合伙企业处理与合伙企业相关的诉讼、仲裁等事宜；办理与合伙企业相关的各

---

① 《私募投资基金合同指引3号(合伙协议必备条款指引)》(中基协2016年7月15日起实施)第五条第(四)项。

② 《合伙企业法》(2006年8月27日于第十届全国人民代表大会常务委员会第二十三次会议修订通过)第二十六条。

类税费事宜；代表合伙企业缔结合同、协议及达成其他约定；处理法律法规规定或本协议约定的其他应由执行事务合伙人执行的事务。

执行事务合伙人的除名及更换程序。因执行事务合伙人的故意或重大过失，致使合伙企业受到重大损失时，合伙企业可按照本协议规定的程序将执行事务合伙人除名。执行事务合伙人除名应经过如下程序：经全体有限合伙人同意，可就执行事务合伙人除名作出决议；执行事务合伙人的除名决议应当书面通知执行事务合伙人。[①] 在全部完成上述程序后，自书面除名决议到达执行事务合伙人之日（“执行事务合伙人除名日”）起，撤销其作为执行事务合伙人的委托，执行事务合伙人停止执行合伙企业事务。执行事务合伙人更换应履行如下程序：合伙人在决定将执行事务合伙人除名之同时，经全体有限合伙人同意，作出接纳新执行事务合伙人之决定；新执行事务合伙人签署书面文件确认同意受本协议约束、并履行本协议项下执行事务合伙人的职责和义务。[②] 执行事务合伙人在被除名后，执行事务合伙人可选择向经全体合伙人认可和接纳的普通合伙人转让其持有的全部合伙企业权益，转让价格应由执行事务合伙人和新委任执行事务合伙人协商确定。[③] 除非执行事务合伙人根据本协议约定被除名，非经执行事务合伙人同意，执行事务合伙人不应以任何形式被更换。

如何修改私募基金合同？

合同，讲究合规、好用。

---

① 《合伙企业法》(2006 年 8 月 27 日于第十届全国人民代表大会常务委员会第二十三次会议修订通过)第四十九条。

② 《合伙企业法》(2006 年 8 月 27 日于第十届全国人民代表大会常务委员会第二十三次会议修订通过)第二十六条。

③ 《合伙企业法》(2006 年 8 月 27 日于第十届全国人民代表大会常务委员会第二十三次会议修订通过)第二十二条、第二十三条、第二十四条。

如前所说，契约型私募基金合同中的一些章节，例如声明与承诺，当事人的权利与义务等，现今已趋于模板化；再例如基金财产的估值和会计核算，如果是这块业务熟稔的外包机构，则专业、规范、不容易出错。同样的，公司型、合伙型私募基金合同中的声明与承诺、组织架构等章节，因为有法律法规的明确描述，即使故意设定得与法定内容不一致甚至颠倒，但违反法定条款的内容很可能以无效告终，所以，有法律明文规范的内容，在设定和签署基金合同时不用过于担心风险。在基金合同中，最容易引起纠纷的，往往是法律规范没有在细枝末节处明确，且当事人能自由约定的部分，通常集中在私募管理人、投资者、托管人（如有）之间利益交叉及风险承担的条款上，具体怎么理解呢？本部分以案例入手详解。

注意修改表达有歧义，会引起争端的条款

××资产案，有歧义的“开放日”“业绩报酬提取方式”引发的投服中心首例基金合同纠纷诉讼。

具体案情：根据媒体报道①，2017 年 10 月 18 日，投服中心与聘请的公益律师一同协助投资者向上海市第一中级人民法院起诉××资产管理有限公司（以下简称“××资产”），请求××资产返还业已提取的业绩报酬人民币 261818.18 元，目前该案已获受理。本案中，××资产在基金合同中对“开放日”进行模糊化约定为：“基金管理人办理基金申购、赎回业务的工作日”，并称这个顿号，不是“和”或者“或”，而是包含三种情况：接受申购，接受赎回，接受申购和赎回，开放日是这三项中的一项。② ××资产采取了扣减产品份额的业绩报酬计提方

① 新华网．投服中心启动首例基金合同纠纷诉讼状告××资产［EB/OL］．http://www.xinhuanet.com/fortune/2017－11/10/c_129737582.htm，2017－11－10.

② 私募工厂．破天荒！投服中心状告××资产：明星经理××不合理计提报酬，把投资者的钱还回来！［EB/OL］．http://master.10jqka.com.cn/20171115/c601592139.shtml，2017－11－15.

法，即扣减产品份额，保持基金单位净值不变，在业绩报酬结算日（开放日的前一个交易日）对尚在封闭期内的基金不合理提取业绩报酬，扣减投资者所持有的产品份额。另外，××资产在基金合同签订与履行的全过程中均未充分保障投资者知情权，签订合同前，××资产并未就业绩报酬计提条款与投资者进行协商或进行特别风险提示。签订合同后，双方履行合同过程中，基金管理人通过基金托管人向投资者发送的告知短信中仅仅包含基金净值的正常波动信息，并无基金份额变化或业绩报酬提取情况，投资者无法及时获知其所持有的基金资产被扣减基金份额以及被提取业绩报酬。后果是，基金在封闭期内的业绩高点被提取了业绩报酬，且计提方式较隐蔽，××资产信息披露不到位，于是投资者提起诉讼要求返还被计提的业绩报酬。

本案的关键词有三，“开放日”“业绩报酬提取方式”“信息披露”。

1. 开放日

《证券投资基金法》对开放日的定义为：基金管理人为投资者办理申购、赎回的工作日。[①] 这句话，仅指能同时办理申购和赎回的日子是开放日，还是接受申购，接受赎回，同时接受申购和赎回三种情形都可以是开放日？对此，实践中有不同理解。但是，当开放日与业绩报酬的计提有直接关联时，私募管理人与投资者之间就有了直接利益交叉。为避免产生纠纷，首先，建议将开放日的内涵写明确，例如，将开放日在基金合同中定义为：接受申购和赎回的工作日。另行再定义一个临时开放日：接受申购申请，不接受赎回申请的工作日。

合同的约定要明确，尤其是与各方当事人权利义务相关的条款，第一，建议将所有可能的模糊概念示明，例如顿号到底指代“和”“或”，还是“兼可”，莫留下众人有众解的空间。第二，当业绩报酬的计提与

① 《证券投资基金法》，全国人民代表大会常务委员会 2015 年 4 月 24 日修正，第六十六条。

开放日有直接关系时，建议进一步写明，例如“业绩报酬的计提既包括开放日，也包括临时开放日”，或者“业绩报酬的计提只包括开放日，不包括临时开放日”，这样前后阐述清楚详细，不留误解的空间，也就不存在信息披露不到位或者合同表述歧义的问题。基金合同虽然有多种模板，但最关键的各方当事人利益交叉的条款，需足够细致，任何能够引发诉讼的地方尽量避免，毕竟私募管理人的成长离不开好口碑和投资者的信任，与投资者发生诉讼纠纷，对私募管理人或多或少会有负面影响。今天可能是“开放日”不明确产生的纠纷，明天可能是其他地方模糊产生的误解，当合同条款有歧义，存在引发争议，甚至诉讼的潜在风险，那么这就是不好用的合同。因此，合同条款明确、细致，没有歧义，这不仅是基金合同合规标配之一——信息披露落实到位的表现，也是一个合同好用的体现。

2. 业绩报酬提取方式

业绩报酬提取方式有多种，如前文中的“缩份额法”，先不论此种方式好不好，首当其冲的问题是能不能用。

私募行业，国外起步和发展较国内早和成熟，一些业界方法从国外原样照搬很可能水土不服，因为国内外立法不一致，需以法律为前提。通常的做法，先看我国法律就此有什么规定，再看业界惯例，法规注重权衡各方利益及保护弱势群体，业界惯例又最能反映现实发展的需求和趋势，对立法的发展也起到相辅相成的作用。假设没有专门性的法律规定，再环顾其他法域，莫触碰其他法规禁区或突破立法原则，把握好此要点，接着才是自由约定下，可以采用哪些行业惯常做法。

第一步，法规检索。《证券投资基金法》修改之前，私募基金主要以为信托公司等通道做投资顾问方式发行阳光私募或者以设立有限合伙形式来管理基金。私募基金的业绩报酬相关规定最早出现在中国银监会2009年印发的《信托公司证券投资信托业务操作指引》（银监发

〔2009〕11号）中，其中明确要求业绩报酬提取仅在信托计划终止日，且以盈利为前提。随着新《证券投资基金法》首次明确私募证券投资基金的合法地位，私募基金管理人可以改变以往担任投资顾问的角色，自主发行产品，真正担任基金管理人，同时承担基金管理人的相应法定职责，私募管理人及其基金产品应当到基金业协会履行登记和备案手续。[①] 2016年2月起实施的《私募投资基金信息披露管理办法》，其中明确规定，信息披露义务人应当向投资者披露的信息包括“基金承担的费用和业绩报酬安排”，基金募集期间的信息披露包括“管理费标准及计提方法”，基金运作期间的信息披露包括“基金管理人取得的管理费和业绩报酬，包括计提基准、计提方式和支付方式”，并且，履行信息披露义务有语言表述上的要求，“应尽量采用简明、易懂的语言进行表述”，“不得有虚假记载、误导性陈述或者重大遗漏”。2018年10月22日，证监会颁布了《证券期货经营机构私募资产管理业务管理办法》和《证券期货经营机构私募资产管理计划运作管理规定》，从而证券公司、基金管理公司、期货公司及前述机构依法设立的从事私募资产管理业务的子公司就业绩报酬计提方式有了明确规范。

综合前述规范可以看出，关于私募基金管理人（不包含前述持牌金融机构）的业绩报酬，国内法律规范没有具体要求采用哪种方式，按照哪种基准或比例计提，因此，目前投资者与私募管理人（不包含前述持牌金融机构）之间可以自由协商。但是，法律规范强调无论采用哪种方式，应当详细、完整、没有误导地向投资者说明，在募集时解释清楚，在运作时定期披露。如果披露不符合法定要求，则属于违反了法定的信息披露义务，有受处罚的风险。可以这样说，确定业绩报酬的计提方

① 《国内外私募基金业绩报酬计提方式总结及反思》，普华永道会计师事务所、招商证券提供素材，中国证券投资基金业协会理财及服务机构部汤玥玥整理，熊歆、赵冰校对，2016年8月3日。

式，首先最关键的是信息披露义务是否履行到位。当然，有时信息披露义务人会认为已经披露清楚，客户自己不理解甚至误解，这是客户自己的问题。对此，本书认为，到底是否披露清楚，要看往来记录，例如基金合同文字表达是否有歧义，关键条款是否黑体字加粗突出显示，用表格列举特别说明，微信、短信、邮件等书面沟通方式是否阐述清楚，联络人口头示明时是否有录音录像等，私募管理人要注意留存此类相关记录，以便发生纠纷时有足够证据证明已经充分履行了信息披露义务。

第二步，业界惯例。业绩报酬计提要素主要包含计算标准、计提时点、计提对象和扣减形式四个方面。根据计提资产的对象来分，国内目前较为常见的业绩报酬计提类型分为两种模式共计六种方法。两种模式为：基金资产高水位模式和单客户高水位模式。在基金资产高水位模式中，根据计提时点的不同分为基金资产高水位方法和基金资产高水位＋赎回时补充计提方法；在单客户高水位模式中，根据计提时点和扣减形式的不同，分为赎回时计提方法、固定时点扣减份额＋赎回时补充计提方法、分红时计提＋赎回时补充计提方法以及开放日扣减净值计提四种。① 前述计提方式各有千秋，无论采用哪种方式，大原则是保障投资者的合法权益（证券投资基金法三大立法原则之一），这需要根据不同的证券投资基金的特点，制定既能激励私募管理人，又能最大限度保障投资者收益的业绩报酬计提方式。另外，如前所述，最重要的是准确、完整、及时向投资者按照法定及约定披露，意思表示真实、明确、没有误解。基金合同信息披露到位，不仅是保护投资者，更是保护私募管理人自己。

由此，合同的修订应注意规范用词，尤其当事人利益交叉、责任分

① 《国内外私募基金业绩报酬计提方式总结及反思》，普华永道会计师事务所、招商证券提供素材，中国证券投资基金业协会理财及服务机构部汤玥玥整理，熊歆、赵冰校对，2016 年 8 月 3 日。

配的条款，应杜绝歧义，详细将词语内涵解释清楚，做好信息披露工作，从而避免投资者的认知与管理人、托管人发生偏差，沟通不畅而产生纠纷。

注意修改违规条款

以承诺保本保收益及目标公司对赌协议为例。

1. **承诺保本保收益**

通常为了成功吸纳资金，募集机构会通过直接或变相方式保本保收益，让投资者放心投资。虽然法律明确禁止，但实践中总有直接或变相承诺保本保收益的情形，例如签订阴阳基金合同，登记备案的基金合同是合规的，但与投资者私下签署保本保收益的补充协议；再例如募集资金时口头承诺，或者直接将保本保收益写入基金合同，等等。这就带来一个问题，若私募基金发生亏损，承诺人以法规禁止保本保收益为由拒绝赔偿，能获支持吗？本书通过以下两种情形来解答。

情形一：张某投资200万元购买A公司某只私募基金产品，当时A公司为了成功说服张某投资，采用了一种变相担保的方式向张某承诺保本，具体这样操作：由A公司的高管王某与投资人张某另行签订一份基金份额回购协议，约定一旦投资受损，高管王某就以原价完全回购张某受损的基金份额。后来，张某的200万元亏损了，只剩100万元，张某要求高管王某按照协议以200万元回购，行吗？

首先，张某能否要求王某回购，关键在于张某与王某签订的回购协议是否有效。本书认为，目前回购协议是有效的。根据《合同法》，违反法律、行政法规的合同无效。其中的“法律”“行政法规”特指由全国人大及其常委会制定的法律，国务院制定的行政法规。目前，禁止私募基金保本保收益的规定，出自行政部门发布的规章及中基协制定的自律规则，并非出自全国人大及其常委制定的法律，也不是出自国务院制定的行政法规，所以，违规承诺的协议有效，张某受损后确实可以根据协议约定起诉回购。

其次，以后这类回购协议是否都有效？答：不一定。为什么？因为最近，国务院出台了一个《私募投资基金管理暂行条例》征求意见稿，里面规定了“不得向投资者承诺资本金不受损失或者承诺最低收益”。一旦这个条例由国务院正式出台，那么禁止保本保收益的规定就会上升到行政法规的层面。这时，这类协议就不一定有效了，具体是否有效，还要更进一步分析。为什么？因为违反法律、行政法规的情形还分两种，效力性规定和管理性规定，如果违反的是效力性的规定，那么合同一定无效；但如果违反的是管理性的规定，那么合同不一定无效。所以，一旦国务院正式出台，那么判断此类回购协议是否有效，还得具体分析《私募投资基金管理暂行条例》禁止保本保收益的规定，是属于效力性的，还是属于管理性的。

最后，即使违规承诺合同无效，但也不等于排除了王某的赔偿责任，为什么？因为根据合同无效的法律后果，合同无效，有过错的一方应当赔偿对方因此所受到的损失，双方都有过错的，应当各自承担相应的责任。王某是私募高管，有义务以身作则不触犯法律规定，其违规承诺当然具有一定过错，所以，即使违规承诺合同无效，张某还是可以要求王某承担其过错所对应的损失。

情形二：B 基金公司与张某成立了一个有限合伙型基金，同时对应 C 有限合伙企业作为基金主体。B 基金公司是 C 合伙企业里的普通合伙人，张某是有限合伙人。另外，B 基金公司与张某还私下另行签订了一个协议，约定张某一旦亏损，由 B 基金公司补足张某损失。这类案例，在司法实践中有过裁决，H 某某与 Y 某某等的股权转让纠纷案（（2014）济商初字第 140 号），该判决转化为情形二是这样的：若基金受损，则 B 基金公司向张某原价回购基金份额，这个条款的实质是张某只享受收益，不承担风险，这种约定违反了《合伙企业法》关于风险共担的规定，属于无效条款。结合情形一中的分析，由于《合伙企业法》是全国人大常委会制定的，违反《合伙企业法》规定的风险共担原则，属于合同条款无效的法定情形之一，因此张某和B基金公司变相担保的约定无效。

2. **公司对赌协议**

增资扩股中，常见股权投资方要求签署对赌协议，例如，当目标公司的净利润达不到协议要求时，由对赌方赔偿投资方损失。对赌方可能是目标公司或者目标公司的股东，那么，问题来了，不同的对赌方所对应的协议是否都有效？

答：投资方与目标公司签订的对赌协议无效，与目标公司的股东签订的有效。来看最高法判决的一个案例。[1]

目标公司原名叫ZX公司，后改名为SH公司。SH公司的母公司是DY公司，DY公司持有SH公司100%股权。2007年，DY公司与投资人HF公司，以及目标公司SH公司约定，HF公司对SH公司投资2000万元，增资完成后，DY公司占SH公司96.15%股份，HF公司占SH公司3.85%股份。若2008年SH公司的净利润低于3000万元，则SH公司应向HF公司补偿，若SH公司怠于补偿，则由其母公司DY公司向HF公司补偿。后SH公司的净利润未达标，HF公司起诉SH公司、DY公司向HF公司补偿。具体流程如图3-4-1所示。

---

① 最高法审结首例对赌协议案的民事判决书全文[EB/OL]. 网址：http://www.docin.com/p-826702956.html.

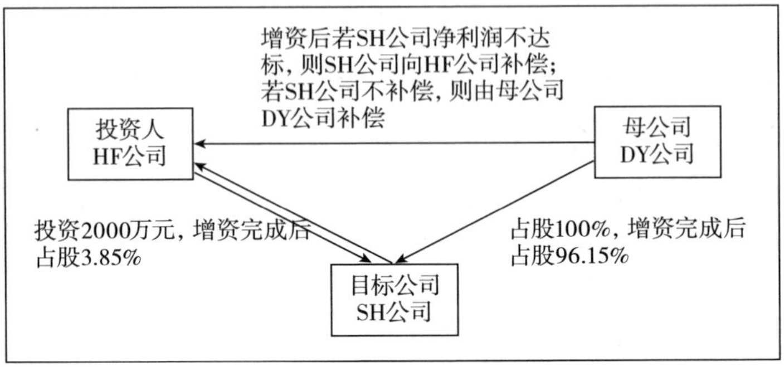

图 3 -4 -1　对赌流程

经过最高法再审，最高法认为，目标公司 SH 公司向投资人 HF 公司补偿的约定无效，但母公司 DY 公司向投资人 HF 公司补偿的约定有效。理由是：投资人 HF 公司要求目标公司 SH 公司补偿的条款，损害了 SH 公司利益及公司债权人的利益，违反了《公司法》的规定，又根据《合同法》的规定，违反法律、行政法规的合同条款无效，因此由 SH 公司对 HF 公司承担补偿责任的约定无效。但是，DY 公司与 HF 公司同为 SH 公司的股东，DY 公司对于 HF 公司的补偿承诺并不损害 SH 公司及公司债权人的利益，不违反法律法规的禁止性规定，是当事人的真实意思表示，是有效的。DY 公司对 HF 公司承诺了 SH 公司 2008 年的净利润目标并约定了补偿金额的计算方法，在 SH 公司 2008 年的利润未达到约定目标的情况下，DY 公司应当依约应 HF 公司的请求对其进行补偿。

即投资人与被投资公司之间的对赌协议无效，而投资人与被投资企业原有股东之间的对赌协议合法有效。因此，在设定对赌协议时应注意区分对赌方，从而订立合法有效的对赌条款。

除了以企业经营业绩作为对赌依据，还常见对赌公司上市。这里，问题来了，对赌公司上市的合同条款是否有效？

对赌公司上市，并非证监会鼓励的行为，相反，证监会要求拟上市公司清除对赌协议。原因在于证监会希望发行人的股权相对稳定和明确，对赌协议的存在，可能导致公司上市后，募资款被上市公司用于偿还投资方债务，从而损害中小股东权益。[①] 那么，证监会不鼓励的行为，被当事人自行约定成对赌内容，此类条款有效吗？答：有效。证监会依法有权决定是否批准公司上市，但无权决定取缔对赌协议。人民法院有权依法认定对赌协议是否有效，决定是否取缔关于融资企业的对赌协议，但无权决定该融资企业是否可以上市。人民法院认定以公司上市为条件的对赌协议有效，不是鼓励有对赌协议的公司上市，人民法院关于对赌协议合同效力的裁判，对行政监管机关的上市审批行为不发生影响。证监会对上市公司的监管行为属于依法行使行政职权，人民法院对合同效力的认定属于依法行使司法权，行政权和司法权有不同的主管领域和权力宗旨，在维护市场经济秩序中发挥不同的作用。人民法院依据《合同法》认定对赌协议的合同效力，维持或者取缔当事人之间设定的民事法律关系，督促民事主体诚实守信，其根本目的是促进和保障市场经济的良序发展。[②]

由此，在修订基金合同时，应考虑到违规或监管部门不鼓励的行为之法律后果，慎重设立合同条款。

注意设定灵活性条款

以持有人大会/股东会/合伙人会议条款为例，常见的基金合同模板中基本都有此条款，但大家是否注意到，或者能否按照实际情况修改就不一定了。

私募基金合同一经成立生效，各方应按照合同履行义务，在此过程

① 《对赌协议的主要表现形式及证监会审核口径》，百度文库。

② 《最高法法官详解公司法审判实务疑难问题（1）：如何认定对赌协议的效力》，摘自《公司法审判实务与疑难问题案例解析》，作者王东敏，最高人民法院民二庭法官，2017 年 8 月 28 日。

中若发生一些特定事项需要决策，例如扩充基金规模，变更基金合同存续期限，增删基金合同条款等，怎么办？这时，事先在基金合同中设定并修改得当的持有人大会/股东会/合伙人会议条款，能发挥重要作用。契约型私募基金对应的是持有人大会，公司型私募基金对应的是股东大会，合伙型私募基金对应的是合伙人会议，不同的基金组织形式对应不同的上位法。

1. **持有人大会**

事先在契约型私募基金合同中设立有关基金份额持有人大会的条款，当发生可能对基金份额持有人权利义务产生重大影响，需要召开基金份额持有人大会的情形时，由基金份额持有人作出决议可变更基金合同。

第一，在基金合同里设定职权。《证券投资基金法》对基金份额持有人大会的职权规定如下：（1）决定基金扩募或者延长基金合同期限；（2）决定修改基金合同的重要内容或者提前终止基金合同；（3）决定更换基金管理人、基金托管人；（4）决定调整基金管理人、基金托管人的报酬标准；（5）基金合同约定的其他职权。前述法定的职权列入基金合同后，通常还会增加约定“基金管理人被中基协认定为失联机构，决定终止基金合同”。基金管理人失联的情形一直存在，将此类情形的处理方式单独列出，在实践中较为实用。

第二，设定议事规则和程序。《证券投资基金法》只对公募基金份额持有人大会的相关议事规则和程序作了规定，有关私募基金份额持有人大会的相关议事规则和程序目前没有法律规定，可以自由约定，建议参照公募基金的规定设定私募基金份额持有人大会的议事规则和程序，在此基础上结合个例调整。例如，（1）持有人大会的召集。公募基金持有人大会的召集者依次是日常机构（如有）—基金管理人—基金托管人—代表基金份额10%以上的基金份额持有人。落实到私募基金持有人大会，我们也可以同样将召集者依次列为日常机构（如有）—基金管理人—基金托管人（如有）—基金份额持有人。这里，由于单只私募基金规模普遍不及公募基金大，如果觉得公募的10%的基金份额持有人拥有召集权门槛过低，那么可以适当提高私募基金的持有人召集门槛，将其约定为“代表1/2以上（含1/2）的基金份额持有人”有权自行召集。（2）投票权。参照公募基金的规定，通常会将私募基金份额持有人的每一基金份额约定为平等的投票权。那么，这里有个问题，是否可以约定私募基金的每一基金份额对应不同的投票权？答：能是能，但不常见，比如某私募管理人本身持有某基金10%的份额，为了自己能够多一些掌控权，维持基金的稳定性，将自己所持份额对应的投票权多于其他持有人，前提是合同当事人都理解且同意，那么这样约定也不违规。（3）参会人。原本持有人大会应当由持有人亲自出席，现场召开的应亲自到场，通信、书面等形式召开的应亲自露面或签署。但实践中总会有难以亲自出席的情形出现，因此，可以参照公募基金的规定，在私募基金合同中约定“基金份额持有人可以委托代理人出席基金份额持有人大会并行使表决权”，这样，合法授权代表也可以参会并作出表决。（4）会议形式。公募基金可以采用现场、通信等多种方式召开。同样的，私募基金合同中也可以约定采用现场、通信等多种方式召开，另外，如果私募基金投资者人数较少，投资者处所较分散，从高效、便捷的角度出发，还可以约定“基金份额持有人以书面形式一致表示同意的，可以不召开基金份额持有人大会直接作出决议，并由全体基金份额持有人在决议文件上签名、盖章”。当然，采用这种方式有个关键点要把握好，一定要确保签名、盖章的是基金份额持有人本人，以防违规冒名签署。同时，对于表决的内容，关键部分建议用黑体字加粗显示，并采用没有歧义的文字表述，以防签署者事后认为文件本身有误导，签署的意思表达不真实。（5）表决程序。公募基金中，不同的审议事项需要不同比例的表决权通过才可作出决议，同样的，在约定私募基金合同时，可以区分一般的审议事项和重大审议事项，参照公募基金的表决权比例，也可以从基金稳定的角度出发，适当提高表决权比例。例如，一般审议事项可约定为“应当经代表2/3以上（含2/3）基金份额的基金份额持有人表决通过”；对于更换基金管理人或者基金托管人、提前终止基金合同这类重大事项，约定为“应当经全体基金份额持有人同意通过”。表决过程中，采用记名方式，还是不记名方式好呢？这里，我们认为，为打消投资者暗箱操作的疑虑，建议采用记名方式。

2. **股东会**

如前所说，契约型私募基金里的投资者称为“基金份额持有人”，对应基金份额持有人大会，投资者在公司型私募基金里称为“股东”，对应的是股东会。中基协出具的《私募投资基金合同指引2号（公司章程必备条款指引）》，其中股东会条款是必备的，具体怎样设置股东会条款，需回溯《公司法》的有关规定。

第一，《公司法》规定股东会是公司的权力机构，行使下列职权：（1）决定公司的经营方针和投资计划；（2）选举和更换非由职工代表担任的董事、监事，决定有关董事、监事的报酬事项；（3）审议批准董事会的报告；（4）审议批准监事会或者监事的报告；（5）审议批准公司的年度财务预算方案、决算方案；（6）审议批准公司的利润分配方案和弥补亏损方案；（7）对公司增加或者减少注册资本作出决议；（8）对发行公司债券作出决议；（9）对公司合并、分立、解散、清算或者变更公司形式作出决议；（10）修改公司章程；（11）公司章程规定的其他职权。例如其中第（8）项，当私募基金不存在发行公司债券这一情形时应删除。另外，参照份额持有人大会的相关职权，例如更换管理人、托管人，调整基金管理人、基金托管人的报酬标准等，这部分职权对于私募基金很实用，也可列入公司型私募基金的公司章程中，作为股东会职权的一部分。对前款所列事项股东以书面形式一致表示同意的，可以不召开股东会会议，直接作出决定，并由全体股东在决定文件上签名、盖章。

第二，设定议事规则和程序。（1）股东会的召集。法定首次股东会会议由出资最多的股东召集和主持，之后的股东会分为定期会议和临时会议。定期会议依照公司章程的约定按期召开，例如约定每年召开一次定期会议；定期会议、临时会议的启动方式是法定的，定期会议由代表1/10以上表决权的股东，1/3以上的董事，监事会或者不设监事会的公司的监事提议召开。（2）投票权。法定股东会会议由股东按照出资比例行使表决权，但是公司章程另有规定的除外。所以，根据实际情况及股东之间的协商，可在公司章程中约定等额股份对应不相等的表决权，以保证某些股东享有较高的决策权。（3）表决程序。《公司法》规定修改公司章程、增加或者减少注册资本的决议，以及公司合并、分立、解散或者变更公司形式的决议，必须经代表2/3以上表决权的股东通过。实践中，我们还可将例如更换管理人、托管人这类事项列为重大事项，同样设定为需要2/3以上表决权的股东通过，除此以外的一般事项，可自行设置一个较低的表决权通过比例。那么，能否提高表决权比例，将重大事项约定成需要全体股东一致表示同意才可通过？答：能。将表决权通过比例提高有助于维持基金管理的稳定性，但另一方面也会使得新决策不容易通过，降低基金管理的弹性和灵活性，所以，实践中设定此类条款时应结合个例调整，莫一概使用合同模板。

3. 合伙人会议

投资者在合伙型私募基金中称为“合伙人”，对应的是合伙人会议，私募管理人通过有限合伙形式募集设立私募基金，应当按照中基协《私募投资基金合同指引3号（合伙协议必备条款指引）》制定有限合伙协议，该合同指引中，合伙人会议是必备条款之一。通过前述基金份额持有人大会、股东会的分析可以看出，由所有投资者组成的合伙人会议同样也是决策机构，合伙人在其中表达自己的意愿，行使表决权，支持或反对某项事务。实际上，上位法《合伙企业法》并未直接规定合伙人会议的职权，但是，该法中一些需要合伙人共同决策的事项，例如改变合伙企业的名称；改变合伙企业的经营范围、主要经营场所的地点；聘任合伙人以外的人担任合伙企业的经营管理人员，等等，可以在合伙协议中约定为“在合伙人会议上通过一定表决权比例即可通过”。同样的，对于更换管理人、托管人这类对于私募基金较为实用的事项，也可约定成合伙人会议的职权。合伙人会议的议事规则和程序，《合伙企业法》也没有详细规定，实践中可比照前述持有人会议及股东会议的相关规定，结合实际情况约定到合伙协议中。

第五节 基金备案

募集程序完成，下一步应向中基协备案基金，未经备案不得擅自运作基金财产。私募基金备案关键词：20+20。

私募管理人应当在私募基金募集完毕后20个工作日内，通过私募基金登记备案系统进行备案。公司型基金自聘管理团队管理基金资产的，该公司型基金在作为基金履行备案手续同时，还需作为基金管理人履行登记手续。如果备案材料完备且符合要求的，中基协应当自收齐备案材料之日起20个工作日内，以通过网站公示私募基金基本情况的方式，为私募基金办结备案手续。①

具体填报方法参见中基协制作的“资产管理业务综合报送平台操作手册”，以及“私募投资基金备案须知”。基金备案工作总体来说不复杂，一回生二回熟，关键是细致认真。目前，市场上一些公司、机构能提供“代私募管理人填报基金备案”的收费服务，明码标价，乍一看也挺方便，但是，这里存在两个很关键的问题，私募基金备案工作能否

① 中基协，《私募投资基金管理人登记和基金备案办法（试行）》，2014年2月7日。

外包出去？受委托的机构是否有资质要求？

备案外包？

外包，即私募管理人委托私募基金服务机构为私募基金提供基金募集、投资顾问、份额登记、估值核算、信息技术系统等服务业务。[①] 从前述定义来看，私募基金登记备案并不在外包服务内容里。另外，即使是可以委外的业务，受委托的机构也必须是在中基协完成登记并已成为协会会员的服务机构。[②] 所以，不建议私募管理人将私募基金登记备案这项工作外包给其他公司或机构，无论该公司或机构是否是在中基协完成登记并已成为协会会员的服务机构，登记备案工作本身不属于可以外包的项目。如若私募管理人内部工作人员不熟悉这项工作，可以聘请顾问或者请教有经验的同行，而非完全假手于他人；如果已经存在外包的情形，建议向中基协提交之前，私募管理人派工作人员重新核对，以免外包机构填报有错漏，最后的责任主体还是私募管理人自己。

三种组织形式

根据组织形式不同，目前私募基金可以分为契约型基金、公司型基金、合伙型基金。简单来说，组织形式也就是私募基金的外在表现形式。契约型基金，基金的外在表现形式是一个合同；公司型基金，基金的外在表现形式是在工商管理部门注册登记的一家公司；合伙型基金，基金的外在表现形式是在工商管理部门注册登记的一家合伙企业。

上述三种不同组织形式的私募基金均已有在私募登记备案系统备案。根据目前的基金备案情况，私募证券投资基金以契约型为主，私募股权基金和创业投资基金以合伙型为主。

---

① 中基协,《私募投资基金服务业务管理办法(试行)》,2017 年 3 月 1 日。

② 中基协,《私募投资基金服务业务管理办法(试行)》,2017 年 3 月 1 日。

契约型基金本身不具备法律实体地位，其与基金管理人的关系为信托关系，因此契约型基金无法采用自我管理，且需由基金管理人代其行使相关民事权利。根据基金合同的规定，基金管理人可以承担有限责任也可以承担无限责任。基金管理人须先登记为私募基金管理人，再由已登记的私募基金管理人履行契约型基金备案手续。

公司型基金本身是一个独立的法人实体，公司股东/投资人以其出资额为限承担有限责任，并共同参与公司治理。因此，公司型基金多采用自我管理，由公司董事会自聘管理团队进行管理。公司型基金也可以委托专业基金管理机构作为受托人具体负责投资运作，采取受托管理的，其管理机构须先登记为私募基金管理人，再由已登记的私募基金管理人履行公司型基金备案手续。公司型基金自聘管理团队进行管理，按照协会的《私募基金管理人登记和基金备案办法（试行）》，该自我管理的公司型基金应作为私募基金管理人登记手续，其后由其履行私募基金备案手续。

合伙型基金本身也不是一个法人主体，其执行事务合伙人为普通合伙人（GP），GP 负责合伙事务并对基金承担无限责任。从基金管理方式上，GP 可以自任为私募基金管理人，也可以另行委托专业私募基金管理机构作为管理人具体负责投资管理运作。GP 担任基金管理人的，由 GP 来进行私募基金管理人登记，再由已登记的管理人进行合伙型基金备案；另行委托专业基金管理机构作为受托人具体负责投资运作的，该专业基金管理机构应先登记为私募基金管理人，并由其履行私募基金备案手续。

实践中不同组织形式私募基金的客观存在具有历史合理性。契约型基金具有易标准化、设立简便、份额转让便利等优势，对决策效率要求高的证券类基金较为适用；公司型基金具有投资者参与基金治理和投资决策程度高、法律保障充分等优势，实践中股权型特别是创投基金较常采用该组织形式；有限合伙型基金与美元基金等国际通行做法接轨、具有“先分后税”的税收政策、区域化的税收减免、对未上市企业投资工商确权清晰等优势，较适合股权类基金。①

有讲究的基金名称

假设小明很看好某地的房地产行业，准备成立一只有限合伙型的股权基金投资某房企，为了有个好兆头，小明给该基金取名并准备到工商管理部门注册登记为“房产大卖之稳赢合伙企业（有限合伙）”行不行？答：不行，因为中基协于 2018 年 11 月 20 日发布了《私募投资基金命名指引》，自 2019 年 1 月 1 日起按照该指引实行，其中规定了禁止的名称表述，“稳赢”属于可能误导或者混淆投资人判断的字样，明确禁止使用。除此以外，该指引对基金名称的具体要求如下：

新老划断

按照“新老划断”原则，自 2019 年 1 月 1 日起，新申请备案的契约型私募投资基金相关命名事宜应当按照本指引执行，新设立的合伙型、公司型私募投资基金（以营业执照中“成立日期”为准）命名事宜应当按照本指引执行；2019 年 1 月 1 日前，已完成备案或已提交备案申请的私募投资基金可以按照本指引及基金合同（合伙协议或者公司章程）相关约定，调整私募投资基金名称，并相应办理基金的重大事项变更及信息披露事宜。

也即（1）2019 年 1 月 1 日之前，已经备案的基金名称无须按照指引更改，如果想要更改，应相应办理基金的重大事项变更及信息披露事宜；（2）2019 年 1 月 1 日起，新设立及新申请备案的基金相关命名事宜应当按照指引执行；（3）基金命名不仅仅局限在向中基协申请基金

---

① 中基协，《<私募投资基金合同指引>起草说明》第一条第（一）项，2016 年 7 月 15 日。

备案环节，对于合伙型、公司型的基金，在工商注册环节就要注意按照指引规范命名；（4）基金的命名需同时兼顾工商行政管理部门下发的《工商总局关于印发 < 企业名称禁限用规则 > < 企业名称相同相近比对规则 > 的通知》（工商企注字〔2017〕133 号）相关规定。

适用对象

适用于通过契约、合伙企业、有限责任公司、股份有限公司等组织形式募集设立的私募投资基金命名事宜。

禁止情形

私募投资基金名称不得明示、暗示基金投资活动不受损失或者承诺最低收益，不得含有“安全”“保险”“避险”“保本”“稳赢”等可能误导或者混淆投资人判断的字样，不得违规使用“高收益”“无风险”等与私募投资基金风险收益特征不匹配的表述。

私募投资基金名称不得含有虚假记载和误导性陈述，不得对投资业绩进行预测，不得在未提供客观证据的情况下使用“最佳业绩”“最大规模”“名列前茅”“最强”“500 倍”等夸大或误导基金业绩的字样。

未经合法授权，私募投资基金名称中不得非法使用知名人士姓名、知名机构的名称或者商号。

私募投资基金名称不得使用“资管计划”“信托计划”“专户”“理财产品”等容易与金融机构发行的资产管理产品混淆的相同或相似字样。

其他要求

私募投资基金名称应当列明体现基金业务类别的字样，且应当与基金合同、合伙协议或者公司章程约定的基金投资范围、投资方向和风险收益特征保持一致。

私募证券投资基金名称中可以使用“股票投资”“混合投资”“固定收益投资”“期货投资”或者其他体现具体投资领域特点的字样。如未体现具体投资领域特点，则应当使用“证券投资”字样。

私募股权投资基金名称中可以使用“创业投资”“并购投资”“基础设施投资”或者其他体现具体投资领域特点的字样。如未体现具体投资领域特点，则应当使用“股权投资”字样。

契约型私募投资基金名称中应当包含“私募”及“基金”字样，避免与公开募集投资基金混淆。

契约型私募投资基金名称应当简单明了，列明私募投资基金管理人全称或能清晰代表私募投资基金管理人名称的简称。私募投资基金管理人聘请投资顾问的，私募投资基金名称中可以列明投资顾问机构的简称。

契约型私募投资基金有分级安排的，私募投资基金名称中应当含有“分级”或“结构化”字样。

同一私募投资基金管理人管理相同策略的系列契约型私募投资基金，在系列私募投资基金名称中原则上应当使用连续的中文大小写数字、阿拉伯数字或字母进行区分。

通过有限合伙、有限责任公司、股份有限公司等形式募集设立的私募投资基金名称应当符合《工商总局关于印发＜企业名称禁限用规则＞＜企业名称相同相近比对规则＞的通知》（工商企注字2017〔133〕号）相关规定。

契约型私募投资基金名称应当符合《企业名称禁限用规则》相关规定。

私募投资基金名称简称、英文名称参照该指引要求。

不能备案的“私募基金”

能够备案的首先得是私募基金，非私募基金不能在协会上备案。怎么理解？私募基金是一种由基金和投资者承担风险，并通过主动风险管理，获取风险性投资收益的投资活动。私募基金财产债务由私募基金财产本身承担，投资者以其出资为限，分享投资收益和承担风险。私募基金的投资不应是借贷活动。下列不符合“投资”本质的经营活动不属于私募基金范围：（1）底层标的为民间借贷、小额贷款、保理资产等《私募基金登记备案相关问题解答（七）》所提及的属于借贷性质的资产或其收（受）益权；（2）通过委托贷款、信托贷款等方式直接或间接从事借贷活动的；（3）通过特殊目的载体、投资类企业等方式变相从事上述活动的。为促进私募投资基金回归投资本源，按照相关监管精神，中基协将于2018年2月12日起，不再办理不属于私募投资基金范围的产品的新增申请和在审申请。[①]

---

① 中基协，《私募投资基金备案须知》（2018年1月12日）第二条。

第六节
资金安全

投资者购买私募基金的投资款，法律规范从账户、流向、用途三个方面确保资金安全，对应三个关键词："独立性""直线性""专门性"。

"独立性"，即资金账户需具备独立性。这体现在资金账户均是单独开立，不与其他资金账户混同，账户内资金具有单一性，不得存放其他性质的资金。投资款历经投资者个人银行账户、募集专户、托管账户/基金财产账户，根据不同的资金投向，后续还存在证券账户、期货账户等。募集专户，由募集机构或相关合同约定的责任主体开立，是私募基金募集结算资金专用账户，用于统一归集私募基金募集结算资金、向投资者分配收益、给付赎回款项以及分配基金清算后的剩余基金财产等；资金由募集机构归集，在投资者资金账户与私募基金财产账户或托管账户之间划转，资金在募集专户中时，仍然是投资者的合法财产，资金从募集专户划出，到达私募基金财产账户或者托管资金账户之前，也属于投资者的合法财产。为进一步确保账户的安全，还规定了由监督机构对募集专户实施有效监督，承担保障私募基金募集结算资金划转安全的连带责任；除此之外，私募管理人还需向中基协报送募集专户及其监督机构信息。托管账户，是基金托管人为基金财产在具有托管业务资格的商业银行开立的银行结算账户，用于基金财产中现金资产的归集、存放与支付，资金在托管账户中时，属于基金财产。基金财产账户，以有限合伙型基金为例，基金财产账户的外在表现形式可能是该有限合伙企业名下，专门用于存放基金财产的银行账户。证券账户、期货账户等，都是后续运作基金财产时，在相关机构，例如证券经纪机构、期货经纪机构等开立的，买卖相关金融产品、衍生品，例如股票、期货等的账户。

“直线性”，即资金流向需具备直线性。这体现在资金在专门的账户之间往来，流出后应确保资金原路返还。

“专门性”，即资金用途需具备专门性。这体现在资金只能专款专用，在基金合同约定的投资范围内使用，并且，禁止非法归入使用机构的自有财产，禁止任何单位或者个人以任何形式非法挪用资金。

如若违反了法定的资金归集、流向、用途，一经发现，则会导致承担民事、行政，甚至刑事法律责任。下面来看有关基金财产安全的处罚案例。

被更换的托管账户

2015 年 3 月，某证券公司作为托管人与某投资公司签署“××对冲基金”托管协议，并向其提供多份盖有公章的空白基金合同文本，以便在募集资金过程中使用。该对冲基金的投资者多为投资公司高管及员工的亲友或熟人。同年 6 月，2 名投资者前往证券公司查询基金净值，却被公司负责人告知，合同中约定的托管账户未收到客户认购款。双方公司经交涉后发现，原来投资公司采用偷梁换柱的手法，将基金合同文本中原募资托管账户页替换为投资公司自有银行账户页。显然，投资者在签署合同过程中，未发现异常，并向被篡改后的募资账户打款。证券公司随即向公安机关报案并向当地证券监管部门反映该情况。经核查，证实投资公司确将合同托管账户篡改为自有银行账户，并违规将客户投资款580万元划转至公司高管及关联自然人银行账户挪作他用。据总经理配偶D某（负责管理公司银行账户和公章）交代，被挪用的资金用于民间借贷。在持续的监管高压下，投资公司最终将580万元的投资款全部退还给投资者，并向证券公司归还全部基金合同文本，当地证监局对投资公司篡改募资托管账户、挪用客户投资款的行为进行了处理。[①]

本案中，本应独立的基金财产被混入非法资金归集账户，流入与私募投资基金相冲突的民间借贷业务，违反了法定的资金归集、流向、用途三方面。此外，本案也反映了空白签章合同存在的法律风险，未经最终核对确认即提供空白签章合同，也许在程序操作上便捷高效，但容易留下违法违规的空间。因此，无论是私募管理人还是合作机构，建议严格按照法定流程操作，慢即是快，不出错就是最大的便捷。

何为“挪用”?

前述偷换募资账户是典型的挪用，那么接下来这个案例，也是挪用吗?

资产支持专项计划管理人与原始权益人、监管银行签订《监管协议谅解备忘录》，约定“监管账户中的资金可由××（资管计划）用于支付融资租赁业务的设备款或用于偿还××（资管计划）向其他机构的借款”，并且多次从监管账户转出归集资金将基础资产产生的回收款归集至监管账户后，在专项计划投资者不知情的情况下，短期内迅速转

① 证监会江苏监管局．被“悄悄”挪用的基金财产[EB/OL]. http://www.csrc.gov.cn/pub/jiangsu/xxfw/tzzsyd/201607/t20160729_301459.htm,2016-07-29.

出。在专项计划账户划转归集资金日之前，重新将资金集中转回监管账户。[①]

具体案情：A资产支持专项计划（以下简称“A专项计划”）设立于20××年×月×日，发行规模××亿元。B资产支持专项计划（以下简称“B专项计划”）设立于20××年×月×日，发行规模××亿元。A专项计划、B专项计划的原始权益人均为C有限公司（以下简称“C公司”）。D资产支持专项计划（以下简称“D专项计划”）设立于20××年×月×日，发行规模××亿元，原始权益人为E有限公司（以下简称“E公司”）。上述三只专项计划的原始权益人按照约定将基础资产产生的回收款归集至监管账户后，在专项计划投资者不知情的情况下，短期内迅速转出。在专项计划账户划转归集资金日之前，重新将资金集中转回监管账户。截至2017年5月底，C公司从A专项计划监管账户转出的资金笔数为××笔，转出规模为××亿元；从B专项计划监管账户转出的资金笔数为××笔，转出规模为××亿元；E公司从D专项计划的资金归集账户转出的资金笔数为××笔，转出规模为××亿元。以上情况由证监会前期检查发现并移交中基协。

F资产支持专项计划管理人（以下简称“F专项计划管理人”）在向中基协提交的说明材料中就原始权益人对监管账户的资金转出行为提出以下四点理由：一是A专项计划、B专项计划和D专项计划存在基础资产现金流回款分散的特点，如果资金归集至监管账户后不能被原始权益人再使用，将经常出现监管账户沉淀大量资金的情况，大幅降低资金利用效率，进而提高原始权益人的整体资金成本；二是公司已经建立相对封闭、独立的基础资产现金流归集机制，设置了基础资产现金流依次进入收款账户、监管账户、托管账户的归集路径，同时设置了根据主

① 中基协,《纪律处分决定书》(中基协处分〔2017〕3号),2017年7月28日。

体信用评级而调整的现金流归集频率，以便控制资金混同风险及资金挪用风险；三是现阶段大部分资产证券化业务本质是为原始权益人提供的融资服务，因此降低成本对该业务的顺利开展意义重大；四是A专项计划、B专项计划和D专项计划等项目虽存在原始权益人动用监管账户资金的情况，但这是项目协议及条款约定的，而这种约定符合监管要求，能够控制资金混同风险及资金挪用风险。

而后，自律监察委员会组建了审理小组，对F专项计划管理人以上违规事实和说明材料进行了审理。审理小组认为：F专项计划管理人应当按照法律法规、自律规则的有关要求和合同约定，认真履行专项计划管理人职责，将专项计划持有人的利益摆在优先位置。根据有关法律和专项计划说明书，F专项计划管理人代表专项计划的认购人按照有关协议购买基础资产后，基础资产的全部所有权和相关权益均转让给专项计划。因此，专项计划监管账户的归集资金属于专项计划资产，原始权益人和专项计划管理人无权擅自动用监管账户内的资金或者擅自约定监管账户内资金的使用。F专项计划管理人认为“现阶段大部分资产证券化业务本质是为原始权益人提供的融资服务”，混淆了债务融资业务与资产证券化业务，从降低原始权益人融资成本的角度出发，在专项计划持有人不知情的情况下，与原始权益人、监管银行签订《监管协议谅解备忘录》，约定“监管账户中的资金可由C公司用于支付融资租赁业务的设备款或用于偿还C公司向其他机构的借款”，并且多次从监管账户转出归集资金。上述行为违背了《基金法》《证券公司及基金管理公司子公司资产证券化业务管理规定》以及相关自律规则的要求，影响了专项计划资产的独立性，破坏了资产证券化业务的基础法律关系，使得专项计划资产出现被侵占、挪用的风险。同时，F专项计划管理人未按照《证券公司及基金管理公司子公司资产证券化业务信息披露指引》第十九条的规定，向中基协报告上述《监管协议谅解备忘录》有关内容。

鉴于上述基本事实和情节，根据《纪律处分实施办法（试行）》第五条、《资产支持专项计划备案管理办法》第二十七条的规定，决定自20××年×月×日起暂停受理F专项计划管理人资产支持专项计划备案，暂停期限为6个月。暂停期满，F专项计划管理人应当向证监会××监管局和中基协提交整改报告，经证监会××监管局和中基协验收合格后，再予恢复受理资产支持专项计划备案。①

从前述案例可以看出，中基协的态度很明确，在监管账户中的资金财产有独立性，资金流向具有直线性，擅自动用监管账户内的资金或者擅自约定监管账户内资金的使用，使得资金财产出现被侵占、挪用的风险，即使未受实际损失，但仍会受到相应处罚。结合私募基金财产来看，资产支持专项计划和私募基金都属于受托理财，专项计划财产和私募基金财产一样都具有独立性，就私募基金财产而言，若出现与法定的资金归集路径相违背的情形，很可能触犯法定“禁止任何单位或者个人以任何形式挪用私募基金募集结算资金”的限制，相关责任人的行为很可能被认定为挪用行为而受处罚。

再来看以下这个案例，资管公司主导，将闲置私募基金财产转汇给关联公司及个人，被认定为挪用私募基金财产而受处罚。

具体案情：A资产管理有限公司（以下简称“A资管公司”）募集成立B投资基金专项投资于某某省某某市某段公路建设。20××年×月×日，A资管公司与C集团有限公司（以下简称“C公司”）签订《关于特定资产收益权之投资协议》，拟以人民币×亿元购买应收账款收益权。20××年×月×日，A资管公司陆续与基金投资人签订B投资基金基金合同，约定：基金采取“领投+跟投”模式，D集团有限公司（以下简称“D公司”）作为劣后级投资者，认购基金规模的20%基金

① 中基协,《纪律处分决定书》(中基协处分〔2017〕3号),2017年7月28日。

份额，募集资金用于受让C公司对某某省某某市经济技术开发区建设项目前期管理中心所享有的政府项目工程回购形成的应收账款收益权。20××年×月×日至×月×日，59名投资者（资金合计××亿元）以及D公司（资金××千万元）陆续将资金汇入B投资基金专项开立的募集账户××××账户，金额共计××亿元。20××年×月×日至×月×日，募集资金××亿元陆续汇入B投资基金××××监管账户。之后，B投资基金××××监管账户陆续将资金汇入C公司××××账户。由于资金成本太高，C公司将闲置资金××亿元按照A资管公司要求，陆续汇入E公司、F公司、G公司和H公司4家公司账户，随后，E公司、F公司、G公司又将资金汇给D公司的关联公司及个人（前述H公司也是D公司的关联方）。经证监局查明，D公司的董事长张三，其形式上未在A资管公司任职，但其操盘D公司旗下所有项目并对项目负责，对所有重大事项具有一票否决权，在A资管公司挪用基金财产案中，张三直接负责基金财产的划转和挪用；另外，李四同时担任A资管公司的执行董事（法定代表人）、D公司的总经理（法定代表人），代表两家公司对外签署文件、资金审批，李四对于挪用一事，未尽到执行董事应有的关注，未履行勤勉尽责的法定职责和义务，玩忽职守，不按规定履行职责，于是监管机构对相关公司及人员给予了处罚。①

由此，私募机构有保障资金安全的义务，应确保账户按照法定规范开立，确保账户的独立性，资金往返路径合规，资金用途合法。关于资金安全，有个话题也是大家关心的，若债务人购买了私募基金，该金融资产能被法院强制执行吗？

① 青岛监管局，《证监会青岛监管局行政处罚决定书〔2017〕2号》，2017年12月27日。

强制执行

如前所说，投资款从募集专户到达托管账户/私募基金财产账户后，投资者的投资款，性质上转变成了私募基金的基金财产，基金财产具有独立性，不再属于投资者个人，投资者这时持有的是基金份额，享有收益权，能处置的也是基金份额。

这里，问题来了，如果投资者负债被法院强制执行，那么，如何执行基金财产？

答：强制执行负债持有人所持基金份额。当然了，现实生活中的情形不一定如此直截了当，为什么，添堵的在哪里？

来看以下这个例子：客户 A 投资了某私募基金 300 万元，由于某些原因，客户 A 一夕之间负债远超其资产，债主诉讼取得胜诉判决，要求强制执行客户 A 的资产，那么其享有的该私募基金的份额会被法院强制执行吗？

答：理论上会被强制执行，但现实中会不会被强制执行，关键在于执行局能否掌握此条财产线索。本身，只要是财产，无论是哪种表现形式，例如银行存款、房产、股票、基金份额等都属于能执行的范畴。客户 A 的基金份额，会因生效司法文书而被非交易过户给客户 A 的债权人，或者赎回后再分配赎回款。但是，现实生活中能否切实执行，症结在于被执行人的财产线索能否被发掘。执行程序中，法院获取被执行人财产线索的途径有三种，第一，由被执行人自觉向法院报告财产线索；第二，由申请执行人自行发现并向法院报告财产线索；第三，由法院主动调查财产线索。如果例子中的客户 A，自觉向法院报告购买过某私募基金，或者客户 A 的债权人知道这件事并向法院报告，那么财产线索一经发掘就能被执行。但如果客户 A 不愿自认（现实中此类情形很多），其债权人也不清楚（现实中此类情形也很多），那么能否发掘该财产线索，还依赖于法院主动调查。

综上，募集是资金入口，简单来说，是将客户的投资款收入合法的受监管账户，成为基金财产的过程。募集的重要性不亚于运作，运作得当关乎基金是否赚钱，募集是否合规关乎管理人能不能运作这笔钱。所以，募集非常重要，是顺利运作的前提，应严格遵守法定流程和要点。

第四章

私募投资基金的运作

募集完成，私募基金顺利备案，接下来大展身手的时刻到了。当然，投资运作方面的监管限制不少，同样也得注意，此部分针对私募投资运作的共性问题，并结合典型案例分析。

第一节
信息披露

信息披露是私募基金行业实现自律管理的关键环节，信息披露程度直接影响行业运作。在现行备案制管理体系下，中基协不对私募基金的内容和风险进行实质性判断，而是从基金募集、运作、事务管理、自律惩戒等角度，对信息披露是否达到法律规定或合同约定的披露标准进行制度性约束。①

信息披露分为基金募集期间的信息披露和基金运作期间的信息披露。信息披露关键词："真实性、准确性和完整性""及时""非公开"。

真实性、准确性和完整性

真实性、准确性和完整性，是内容上的要求，指信息披露义务人应当保证所披露信息的真实性、准确性和完整性，禁止虚假记载、误导性陈述或者重大遗漏。

例如，违规承诺收益或者承担损失，这一定程度上是为了吸引投资

---

① 中基协,《＜私募投资基金信息披露管理办法＞起草说明》,2016 年 2 月 4 日。

者而采用的手段，违背了私募基金的风险本质；诋毁其他基金管理人、基金托管人或者基金销售机构，登载任何自然人、法人或者其他组织的祝贺性、恭维性或推荐性的文字，有不正当竞争的嫌疑，有误导的嫌疑；对投资业绩进行预测，不一定准确，有虚假的嫌疑；采用不具有可比性、公平性、准确性、权威性的数据来源和方法进行业绩比较，任意使用“业绩最佳”“规模最大”等相关措辞，同样不够准确，有虚假的嫌疑；前述均是信息披露时应禁止的行为。

及　时

及时，是时间上的要求，指信息披露应在法定或约定的时限内完成，无故迟延披露也是未尽到信息披露义务的体现。

信息披露的时限，有法定和约定两种。例如在私募基金运行期间，信息披露义务人有法定的季报、月报、年报的定期披露要求：应当在每季度结束之日起 10 个工作日以内向投资者披露基金净值、主要财务指标以及投资组合情况等信息；单只私募证券投资基金管理规模金额达到 5000 万元以上的，应当持续在每月结束之日起 5 个工作日以内向投资者披露基金净值信息；应当在每年结束之日起 4 个月以内向投资者披露基金财务情况、期末基金净值和基金份额总额等多项内容。

除了前述定期的披露要求，还有不定期的披露要求，当发生法定的重大事项时，信息披露义务人应当按照基金合同的约定及时向投资者披露：（1）基金名称、注册地址、组织形式发生变更的；（2）投资范围和投资策略发生重大变化的；（3）变更基金管理人或托管人的；（4）管理人的法定代表人、执行事务合伙人（委派代表）、实际控制人发生变更的；（5）触及基金止损线或预警线的；（6）管理费率、托管费率发生变化的；（7）基金收益分配事项发生变更的；（8）基金触发巨额赎回的；（9）基金存续期变更或展期的；（10）基金发生清盘或清算的；（11）发生重大关联交易事项的；（12）基金管理人、实际控制人、高管人员涉嫌重大违法违规行为或正在接受监管部门或自律管理部门调查的；（13）涉及私募基金管理业务、基金财产、基金托管业务的重大诉讼、仲裁；（14）基金合同约定的影响投资者利益的其他重大事项。[①]

如果需要对信息披露的时限另做约定，那么应当在不违反法定时限的前提下，或者法定时限未涉及的方面做约定，并且，所做的约定都应当基于一个前提，即为了方便各方工作的顺利开展及信息披露义务的妥善完成。例如，约定“基金合同生效不足3个月以及基金合同终止的当年，基金管理人可以不编制当期年度报告”，以及“托管人负责对定期报告中基金资产净值、基金份额净值等相关信息进行复核确认，管理人月度、季度、年度披露的信息，应分别提前2个、4个和30个工作日发送给托管人，以便托管人及时履行信息披露义务”。

非公开

非公开，是方式手段上的要求，指禁止公开披露或者变相公开披露，意味着信息披露也应遵循投资者适当性原则。例如，基金A的信息向基金A的投资者披露，基金B的信息向基金B的投资者披露，而非面向不特定对象广而告之。

信息披露方式，是在非公开的情形下，信息披露义务人按照法定以及基金合同（包含公司章程或者合伙协议）的约定方式披露。例如，中基协规定私募管理人应当通过私募基金信息披露备份平台向中基协报送信息，过往业绩和私募基金运行情况以私募管理人向私募基金信息披露备份平台报送的数据为准；再例如，私募管理人通常在基金合同中约

---

① 中基协,《私募投资基金信息披露管理办法》第十八条，2016年2月4日。

定："私募管理人通过投资者留存在私募管理人处的传真号、电子邮件、手机及电话号码等联系方式向投资者提供报告"，实践中，为了留下披露痕迹，建议尽量采用书面的方式，例如用手机发短信，若用电话口头通知的尽量留下录音录像，或者用微信发文字信息而非微信语音等。

虽然禁止公开披露，但现实生活中，偶尔会见到在公众传播媒体公开发表文章，报道和宣传某些私募基金产品业绩和业绩排名的现象。对此，中基协于2017年12月25日发布公告称："私募基金的评价应采用全面、客观、可验证的数据来源，应用具有可比性、公平性、独立性的方法。特别提醒广大投资者警惕以下公开报道、宣传私募基金业绩的行为：一是通过报刊、电台、电视台、网站、微博账号、微信公众号等公众传播媒体，或组织讲座、报告会、分析会等活动，以及通过布告、传单、手机短信、微信、博客和电子邮件等方式向不特定对象公开宣传推介私募基金，公开披露或者变相公开披露单只基金业绩等基金信息。二是使用'业绩最佳''规模最大''堪称神话''一骑绝尘'等误导性措辞和陈述。三是在公众传播媒体上公开披露单只私募基金业绩，公开发布私募基金排名、评级结果。"①

另一方面，作为发布者，如果公开并广而告之，片面比较、夸大宣传，不仅触及中基协红线，也是违反我国广告法的行为。因此，无论是私募管理人，还是托管人，亦或是公开市场上研究私募行业，提供私募基金研究报告，为私募评级或排序的私募基金信息服务机构，在披露信息，发布报告、评级结果等时，都应注意措辞，区分对象及传播途径。

信息披露义务人

如前所说，私募基金信息披露的关键是真实、准确和完整，及时，

① 中基协．郑重提醒广大投资者警惕关于私募基金业绩的公开报道和宣传[EB/OL]. http://www.amac.org.cn/xhdt/zxdt/392685.shtml,2017－12－25.

非公开，那么，具体落实到披露人，谁负有信息披露义务呢？

信息披露义务人，包括私募管理人、私募托管人，以及法律、行政法规、证监会和中基协规定的具有信息披露义务的法人和其他组织。同一私募基金存在多个信息披露义务人时，应在相关协议中约定信息披露相关事项的责任义务。信息披露义务人委托第三方机构代为披露信息的，不得免除信息披露义务人法定应承担的信息披露义务。在信息披露义务人内部，应当建立健全信息披露管理制度，指定专人负责管理信息披露事务，并按要求在私募基金登记备案系统中上传信息披露相关制度文件。除此之外，妥善保管相关信息披露的文件资料，保存期限自基金清算终止之日起不得少于10年。①

散落的信息披露义务

私募运作中，除了前述中基协要求的信息披露义务外，在上市公司收购，股东增持、减持等方面也存在法定的信息披露义务，先来看一个证监会处罚案例②：超比例持股未报告及在限制期限内买卖股票。

具体案情：A投资是一家以二级市场阳光私募及设立并购基金为主营业务的公司，旗下有多个私募基金。其中，某几个私募基金与证券公司签订收益互换协议，由A投资向证券公司交付保证金，证券公司向A投资提供资金用于投资；A投资作为投资顾问向证券公司发出交易指令，证券公司在进行风险审核的前提下按照指令要求运用资金进行证券交易。

证监会认定，A投资与证券公司、某人构成一致行动人，多个基金产品交易股票B的决策均由A投资作出，A投资是该账户组持股比例

---

① 中基协，《私募投资基金信息披露管理办法》第二条、第十九条、第二十一条，2016年2月4日。

② 证监会，《中国证监会行政处罚决定书》（〔2018〕4号），2018年01月11日。

达到5%的信息披露义务人。A投资以签订收益互换协议、向投资者募集资金等多种形式募集资金，通过其管理的相关账户交易了股票B，交易决策事实上均由A投资作出，动用资金量及交易量巨大，致使A投资上述账户组持股比例持续超过5%。A投资在账户组持股比例达到5%后未公告、报告、告知，同时继续买卖了股票B，限制转让期内买入、卖出股票B。A投资账户组达到持股比例最高为8.3%。

证监会认为，第一，信息披露的真实、准确、完整是形成公平合理的证券价格、有效配置资本市场资源、保护中小投资者利益、维护证券市场健康发展的基础。任何机构和个人不得通过借用金融工具、协议安排等方式规避信息披露义务。《证券法》第八十六条规定大额持股变动的披露除了具有收购预警的功能，还具有揭示供求关系、增加市场透明度的作用。第二，A投资与证券公司、某人构成一致行动人。一是A投资是多只案涉私募基金的管理人；二是A投资为某人取得股票B控制权提供融资安排，由此，A投资与证券公司、某人构成一致行动人，故相关账户持有的股票B应当合并计算。第三，A投资是多只案涉私募产品通过收益互换持有以及某只案涉私募产品持有的股票B的信息披露义务人，作为一致行动人，具有交易决策权和表决权，共享投资收益。第四，A投资作为案涉多只私募基金的基金管理人，对上述产品设立、交易、风险控制进行负责，A投资实质上已经能够控制相关账户包括其担任投资顾问的证券公司账户进行证券交易，为股票B的老股东C投资管理有限公司和D银行退出及某人取得上市公司的控制权提供融资等安排；并且A投资与某人签订一致行动协议，并实际代表某只私募基金（登记在该账户下股权为3.8%）在股票B董事会中行使表决权。第五，A投资管理的账户受同一主体控制，不同产品之间未做到相互独立，与公募基金管理有明显的区别。因此，应当追究A投资及其负责人未履行信息披露义务以及违反法定限制转让期不得买卖股票规定的行政责任。

由此，私募运作中涉及的信息披露义务，除了中基协统一规定在《私募投资基金信息披露管理办法》里的，根据其他法律法规，还有以下要求：

大额持股变动的信息披露

根据《证券法》，通过证券交易所的证券交易，投资者持有或者通过协议、其他安排与他人共同持有一个上市公司已发行的股份达到5%时，应当在该事实发生之日起三日内，向国务院证券监督管理机构、证券交易所作出书面报告，通知该上市公司，并予公告；在上述期限内，不得再行买卖该上市公司的股票。投资者持有或者通过协议、其他安排与他人共同持有一个上市公司已发行的股份达到5%后，其所持该上市公司已发行的股份比例每增加或者减少5%，应当依照前款规定进行报告和公告。在报告期限内和作出报告、公告后二日内，不得再行买卖该上市公司的股票。①

大股东减持的信息披露

根据《上市公司股东、董监高减持股份的若干规定》（证监会公告〔2017〕9号），上市公司控股股东和持股5%以上股东（以下统称“大股东”）、董监高减持股份，以及股东减持其持有的公司首次公开发行前发行的股份、上市公司非公开发行的股份，适用本规定；但大股东减持其通过证券交易所集中竞价交易买入的上市公司股份，不适用本规定。另外，因司法强制执行、执行股权质押协议、赠予、可交换债换

---

① 《证券法》(2014年8月31日第十二届全国人民代表大会常务委员会第十次会议《关于修改〈中华人民共和国保险法〉等五部法律的决定》第三次修正)第八十六条。

股、股票权益互换等减持股份的，应当按照本规定办理。①

上市公司股东、董监高减持股份，应当按照法律、法规和本规定，以及证券交易所规则，真实、准确、完整、及时履行信息披露义务。上市公司大股东、董监高计划通过证券交易所集中竞价交易减持股份，应当在首次卖出的15个交易日前向证券交易所报告并预先披露减持计划，由证券交易所予以备案。在预先披露的减持时间区间内，大股东、董监高应当按照证券交易所的规定披露减持进展情况。减持计划实施完毕后，大股东、董监高应当在两个交易日内向证券交易所报告，并予公告；在预先披露的减持时间区间内，未实施减持或者减持计划未实施完毕的，应当在减持时间区间届满后的两个交易日内向证券交易所报告，并予公告。②

根据《上海证券交易所上市公司股东及董事、监事、高级管理人员减持股份实施细则》（上证发〔2017〕24号），本细则适用于下列减持行为：（1）大股东减持，即上市公司控股股东、持股5%以上的股东（以下统称“大股东”），减持所持有的股份，但其减持通过集中竞价交易取得的股份除外；（2）特定股东减持，即大股东以外的股东，减持所持有的公司首次公开发行前股份、上市公司非公开发行股份（以下统称“特定股份”）；（3）董监高减持所持有的股份；（4）因司法强制执行、执行股权质押协议、赠予、可交换公司债券换股、股票收益互换等方式取得股份的减持，适用本细则；（5）特定股份在解除限售前发生非交易过户，受让方后续对该部分股份的减持，适用本细则。③

---

① 《证券法》（2014年8月31日第十二届全国人民代表大会常务委员会第十次会议《关于修改〈中华人民共和国保险法〉等五部法律的决定》第三次修正）第二条、第四条。

② 《上市公司股东、董监高减持股份的若干规定》（证监会公告〔2017〕9号）第五条、第八条。

③ 《上海证券交易所上市公司股东及董事、监事、高级管理人员减持股份实施细则》（上证发〔2017〕24号）第二条。

上市公司大股东、董监高通过本所集中竞价交易减持股份的，应当在首次卖出的 15 个交易日前向本所报告减持计划，在本所备案并予以公告。前款规定的减持计划的内容包括但不限于拟减持股份的数量、来源、原因、方式、减持时间区间、价格区间等信息。每次披露的减持时间区间不得超过六个月。在减持时间区间内，大股东、董监高在减持数量过半或减持时间过半时，应当披露减持进展情况。公司控股股东、实际控制人及其一致行动人减持达到公司股份总数 1% 的，还应当在该事实发生之日起 2 个交易日内就该事项作出公告。在前款规定的减持时间区间内，上市公司发生高送转、并购重组等重大事项的，前款规定的股东应当同步披露减持进展情况，并说明本次减持与前述重大事项的关联性。上市公司大股东、董监高减持股份，应当在股份减持计划实施完毕后的 2 个交易日内予以公告。上述主体在预先披露的股份减持时间区间内，未实施股份减持或者股份减持计划未实施完毕的，应当在股份减持时间区间届满后的 2 个交易日内予以公告。大股东、董监高通过本所集中竞价交易减持股份的，应当在股份减持计划实施完毕或者披露的减持时间区间届满后的 2 个交易日内公告具体减持情况。上市公司大股东的股权被质押的，该股东应当在该事实发生之日起 2 日内通知上市公司，并按本所有关股东股份质押事项的披露要求予以公告。①

根据《深圳证券交易所上市公司股东及董监高减持股份实施细则》，本细则适用于下列减持行为：（1）大股东减持，即上市公司控股股东、持股 5% 以上的股东（以下统称“大股东”）减持其持有的股份，但其减持通过集中竞价交易取得的股份除外；（2）特定股东减持，即大股东以外持有公司首次公开发行前股份、上市公司非公开发行股份（以下统称“特定股份”）的股东（以下简称“特定股东”），减持其持

① 《上海证券交易所上市公司股东及董事、监事、高级管理人员减持股份实施细则》（上证发〔2017〕24 号）第十三条、第十四条、第十五条、第十六条。

有的该等股份；（3）董监高减持其持有的股份；（4）因司法强制执行、执行股权质押协议、赠予、可交换债换股、股票权益互换等减持股份的，适用本细则；（5）特定股份在解除限售前发生非交易过户，受让方后续对该部分股份的减持，适用本细则。①

上市公司大股东、董监高通过本所集中竞价交易减持股份的，应当在首次卖出的15个交易日前向本所报告减持计划，在本所备案并予以公告。前款规定的减持计划的内容包括但不限于拟减持股份的数量、来源、原因、方式、减持时间区间、价格区间等信息。每次披露的减持时间区间不得超过六个月。在减持时间区间内，大股东、董监高在减持数量过半或减持时间过半时，应当披露减持进展情况。公司控股股东、实际控制人及其一致行动人减持达到公司股份总数1%的，还应当在该事实发生之日起2个交易日内就该事项作出公告。在前款规定的减持时间区间内，上市公司发生高送转、并购重组等重大事项的，前款规定的股东应当同步披露减持进展情况，并说明本次减持与前述重大事项的关联性。上市公司大股东、董监高减持股份，应当在股份减持计划实施完毕后的2个交易日内予以公告。上述主体在预先披露的股份减持时间区间内，未实施股份减持或者股份减持计划未实施完毕的，应当在股份减持时间区间届满后的2个交易日内予以公告。②

① 《深圳证券交易所上市公司股东及董事、监事、高级管理人员减持股份实施细则》第二条。

② 《深圳证券交易所上市公司股东及董事、监事、高级管理人员减持股份实施细则》第十三条、第十四条。

第二节
服务外包

服务外包，即私募基金管理人委托私募基金服务机构（以下简称“服务机构”），为私募基金提供基金募集、投资顾问、份额登记、估值核算、信息技术系统等服务业务。① 可以这么理解，私募管理人将法定能拆解的分内工作委托给有资质、有水平、有安全保障的外部机构处理。由此，外包服务关键词有四个：“资质”“水平”“安全”“责任划分”。

资　质

第一，服务机构有资质要求，必须具备“中基协登记”＋“中基协会员”两个条件，即应当在中基协完成登记并已成为协会会员。

网络搜索中基协网站，点击网站内“私募基金服务机构公示”一项，显示的便是在中基协完成登记的服务机构；另外，点击网站内“会员单位”，可以查询该服务机构是否已成为协会会员。服务机构完成登

① 中基协,《私募投资基金服务业务管理办法(试行)》,2017 年 3 月 1 日。

记也不是一劳永逸的，若连续6个月没有开展基金服务业务，中基协将注销其登记，因此，私募管理人委托服务机构前，首先应当核实该机构资质。

第二，私募管理人将基金募集委托服务机构的，服务机构内从事私募基金募集业务的人员，还需具有基金从业资格（包含原基金销售资格）。

第三，能够受托提供投资建议，担任投资顾问的服务机构，就私募证券投资基金管理人而言，由于其参照《证券期货经营机构私募资产管理业务运作管理暂行规定》执行，所以可聘请两类服务机构担任投资顾问，一是依法可从事资产管理业务的证券期货经营机构；二是同时符合以下条件的私募证券投资基金管理人：（1）在中基协登记满一年、无重大违法违规记录的会员，（2）具备3年以上连续可追溯证券、期货投资管理业绩的投资管理人员不少于3人、无不良从业记录。[①] 但是，被聘为投资顾问的服务机构不得为主要投资于非标资产的资产管理计划提供投资建议服务。[②] 目前，立法对私募股权投资基金领域的投资顾问服务还未明确，暂不适用前述规定。

第四，对于提供托管、份额登记、估值核算、信息技术系统等服务业务的机构，只需符合“中基协登记” + “中基协会员”两个条件即可。

水　平

服务机构需要具备开展私募基金服务业务的人员储备、软硬件设

---

① 证监会,《证券期货经营机构私募资产管理业务运作管理暂行规定》,2016年7月18日。

② 中基协,《证券期货经营机构私募资产管理计划备案管理规范第2号——委托第三方机构提供投资建议服务》,2016年10月21日。

施、专业能力等，具备较高的服务水平。

具体怎么评估？客观的，可以参照中基协2017年3月1日发布的《私募投资基金服务机构登记法律意见书指引》中的标准，按照律所对服务机构的评价体系来尽调；主观的，可以咨询同行意见，以及与服务机构沟通对接时的感受来判断。如果选定了，那么还需要对服务机构运营能力和服务水平持续关注和定期评估，毕竟，中基协为服务机构办理登记同样不构成对服务机构服务能力、持续合规情况的认可，作为委托者的私募管理人，是基金财产和投资者财产安全的第一责任人，因此，对服务机构的挑选也应慎重。另外，根据《基金募集机构投资者适当性管理实施指引（试行）》的要求，基金管理人在选择基金募集机构时，为确保适当性的贯彻实施，要对基金募集机构进行审慎调查，了解基金募集机构的内部控制情况、信息管理平台建设、账户管理制度、销售人员能力和持续营销能力，并可将调查结果作为选择基金募集机构的重要依据。①

安　全

不仅私募管理人，服务机构同样负有保障基金财产安全、投资者财产安全，不得损害投资者利益的义务。这里，问题来了，如何落实到位？

第一，杜绝财产混同。私募基金服务所涉及的基金财产和投资者财产应当独立于服务机构的自有财产。当服务机构破产或者清算时，私募基金服务所涉及的基金财产和投资者财产不属于其破产或清算财产。

第二，分账管理。服务机构应当对提供服务业务所涉及的基金财产和投资者财产试行严格的分账管理，任何单位或者个人不得以任何形式

① 中基协，《基金募集机构投资者适当性管理实施指引（试行）》第八条第二款，2017年6月28日。

挪用基金财产和投资者财产。例如，在基金份额登记服务中，基金募集结算资金专户（包括募集机构开立的募集结算资金归集账户和基金份额登记机构开立的注册登记账户）应当由监督机构负责实施有效监督，监督机构和服务机构为同一机构的，应当做好内部风险防范。

第三，风险防范。服务机构应当具备开展服务业务的营运能力和风险承受能力，审慎评估私募基金服务的潜在风险与利益冲突，建立严格的防火墙制度与业务隔离制度，有效执行信息隔离等内部控制制度，切实防范利益输送。例如，私募托管人担任同一私募基金的服务机构的，必须将其托管职能和基金服务职能进行分离，恰当地识别、管理、监控潜在的利益冲突，并披露给投资者。在基金份额登记服务中，基金份额登记机构和监督机构应当建立健全内部控制机制。将划款指令的生成与复核相分离，对系统重要参数的设置和修改建立多层审核机制；在进行份额登记时，如果与资金交收存在时间差，应当充分评估资金交收风险。法律授权下执行担保交收的，应当动态评估交收风险，提取足额备付金；在非担保交收的情况下，应当与管理人或管理人授权的募集机构书面约定资金交收过程中不得截留、挪用交易资金或者将资金做内部非法轧差处理，以及在发生损失情况下的责任承担。严格按照服务协议约定的资金交收路径进行募集结算资金划付，募集结算资金监督机构未按照约定进行汇款或提交正确的汇款指令，基金份额登记机构应当拒绝操作执行。在基金估值核算服务中，基金估值核算机构应当按照服务协议、操作备忘录或各方认可的其他法律文本的约定与私募基金托管人核对账务，由私募基金托管人对估值结果进行复核；当份额净值计算出现错误时，基金估值核算机构应当及时纠正，采取合理措施防止损失进一步扩大，并根据服务协议约定通知私募管理人依法履行披露及报告义务。在信息技术系统服务中，服务机构提供基金业务核心应用系统的，不得从事与其所提供系统相对应的私募基金服务业务，不得直接进行相关业务操作，可以提供信息系统运营维护及安全保障等服务；提供投资交易管理系统的服务机构应当保证单只基金开立独立证券账户，单个证券账户不得下设子账户、分账户、虚拟账户；不得直接进行投资业务操作，不得代为行使私募基金管理人的平仓和交易职责；公平对待同一私募基金管理人管理的私募基金及不同私募基金管理人管理的私募基金，防范私募基金之间进行利益输送，指令在发送到交易场所之前应当经过投资交易管理系统的风控检查，不得绕过风控检查直接下单到交易场所。提供核心应用系统的，应当保证数据通信接口符合证监会及协会颁布的接口规范标准要求，无接口规范标准的，数据接口应当具备可兼容性，不得随意变更；并且，应当向客户提供开发接口和完整的数据库表结构设计，开发接口应当能够覆盖客户的全部数据读写。另外，还需对信息技术系统相关的执行程序和源代码设置有效的安全措施，切实保障执行程序和源代码的安全，在所有信息技术系统发布前对执行程序和源代码进行严格的审查和充分的测试，并积极协助客户进行上线前的验收工作。提供信息技术系统架构设计的，该设计应当实现接入层、网络层、应用层分离，方便进行网络防火墙建设管理。

第四，保密。服务机构及其从业人员应当恪尽职守，保护客户隐私，严守客户机密。①

① 中基协,《私募投资基金服务业务管理办法(试行)》,2017 年 3 月 1 日。

第三节
内幕交易

内幕交易，证监会处罚常见违法情形之一。实施内幕交易，一旦被发现，构成行政违法行为的同时，还可能构成刑事犯罪。私募证券投资基金和私募股权投资基金在运作时也有内幕交易的可能，这里，第一个问题来了，什么是内幕交易？

法律规定，内幕交易是指证券、期货交易内幕信息的知情人员或者非法获取证券、期货交易内幕信息的人员，在涉及证券的发行，证券、期货交易或者其他对证券、期货交易价格有重大影响的信息尚未公开前，买入或者卖出该证券，或者从事与该内幕信息有关的期货交易，或者泄露该信息，或者明示、暗示他人从事上述交易活动。[①] 这里需要理解三个重要概念："知情人""非法获取内幕信息的人员""内幕信息"。

知情人

证券交易内幕信息的知情人包括：（1）发行人的董事、监事、高

① 《刑法修正案(七)》,2009 年 2 月 28 日第十一届全国人民代表大会常务委员会第七次会议通过。

级管理人员；（2）持有公司5%以上股份的股东及其董事、监事、高级管理人员，公司的实际控制人及其董事、监事、高级管理人员；（3）发行人控股的公司及其董事、监事、高级管理人员；（4）由于所任公司职务可以获取公司有关内幕信息的人员；（5）证券监督管理机构工作人员以及由于法定职责对证券的发行、交易进行管理的其他人员；（6）保荐人、承销的证券公司、证券交易所、证券登记结算机构、证券服务机构的有关人员；（7）国务院证券监督管理机构规定的其他人。

期货交易内幕信息的知情人，是指由于其管理地位、监督地位或者职业地位，或者作为雇员、专业顾问履行职务，能够接触或者获得内幕信息的人员，包括：期货交易所的管理人员以及其他由于任职可获取内幕信息的从业人员，国务院期货监督管理机构和其他有关部门的工作人员以及国务院期货监督管理机构规定的其他人员。

就私募管理人或者私募基金而言，如果某私募基金持有某上市公司5%以上股份，假设该私募基金是合伙型或公司型的，该基金中的董、监、高按照法条当然属于知情人范畴，那么管理该私募基金的私募管理人，其中董、监、高是否属于知情人范畴？如果该私募基金是契约型的，基金是个协议，本身不存在董、监、高，同样的，管理该私募基金的私募管理人，其中的董、监、高是否属于法定知情人范畴？

本书认为属于，内幕信息知情人员，实质要件是基于管理地位、监督地位、职业地位或者通过职务行为能够接触或者获得内幕信息的人员[①]，私募管理人中的董、监、高，其职业地位决定了其能知晓私募基金的动向和状态，甚至能影响投资决策。例如，当某私募基金持有某上市公司5%以上的股份，若准备大规模卖出或买入，这属于会对价格产生重大影响的内幕信息，私募管理人中的董、监、高由于其职业地位所

① 最高人民法院，《<关于办理内幕交易、泄露内幕信息刑事案件具体应用法律若干问题的解释>的理解与适用》，2012年12月10日。

在，能够接触或者获得内幕信息，自然也属于法定知情人范畴。

在实践中，刑事司法上的知情人与行政规范里的知情人是一致的，但有一处可能发生混淆，前述“监督管理机构规定的其他人员”中“规定”二字怎么理解？是否只要是监督管理机构下发的文书里认定为知情人，则一律都可以算成刑事司法中的知情人？

答：不是。这里需要严格区分证券、期货监督管理机构的“规定”与证券、期货监督管理机构的“认定”。证券法、期货交易管理条例的兜底项均授予监督管理机构有权规定内幕信息的知情人员。在理解和适用这两条的兜底项时，要将监督管理机构对内幕信息的知情人员的规定与具体案件中监督管理机构对内幕信息的知情人员的认定区分开来。前者是一种抽象行政行为，具有部门规章的性质；而后者往往是应司法机关的请求，基于监督管理机构对专业知识、经验的把握而出具的一种意见材料，既不是抽象行政行为，也不是具体行政行为。证券、期货监督管理机构出具的认定意见，经司法机关审查，具有客观性、真实性和合法性的，可以作为定案的根据。[①] 换句话说，如果是监督管理机构下发的行政规定或规章，将某一类人员归为知情人范畴，那么这类人员也属于刑事司法上的知情人；但如果是监督管理机构就某个案下发的意见材料认定的知情人，具体是否符合刑事司法上的知情人范畴，还需司法机关进一步对该意见材料进行审核。刑事司法上，内幕交易罪不仅自然人能构成，单位也能构成，但是，这里也存在混淆，假设一个公司型或合伙型的私募证券投资基金，其持有某上市公司5%的股份，该公司型或合伙型的私募证券投资基金里的董、监、高，按照前述法规属于知情人，那么该基金本身呢？是否属于知情人？答：不属于。知情人只能是自然人，单位不属于知情人范畴。混淆的情形就在这里，为何单位可以

① 最高人民法院，《 <关于办理内幕交易、泄露内幕信息刑事案件具体应用法律若干问题的解释 > 的理解与适用》，2012年12月10日。

构成内幕交易罪，但单位却不属于知情人范畴？答：关于内幕信息的知情人员，经研究认为，“人员”指的仅是自然人，而不包括单位，这是汉语中的通解。这样的理解并不与刑法关于单位犯内幕交易、泄露内幕信息罪的规定相违背，因为单位犯罪并非必须由单位具体实施，而是通过具体自然人实施的。如果自然人是根据单位集体决议，为了单位利益而从事内幕交易，就应当追究单位犯内幕交易罪的责任。同理，非法获取内幕信息的人员也仅指自然人，不包括单位。①

非法获取内幕信息的人员

非法获取内幕信息的人员包括：（1）利用窃取、骗取、套取、窃听、利诱、刺探或者私下交易等手段获取内幕信息的；（2）内幕信息知情人员的近亲属或者其他与内幕信息知情人员关系密切的人员，在内幕信息敏感期内，从事或者明示、暗示他人从事，或者泄露内幕信息导致他人从事与该内幕信息有关的证券、期货交易，相关交易行为明显异常，且无正当理由或者正当信息来源的；（3）在内幕信息敏感期内，与内幕信息知情人员联络、接触，从事或者明示、暗示他人从事，或者泄露内幕信息导致他人从事与该内幕信息有关的证券、期货交易，相关交易行为明显异常，且无正当理由或者正当信息来源的。②

也就是说，非法获取内幕信息的人员包括三类，一是非法手段型获取内幕信息的人员，即获取信息的手段行为本身是非法的，如通过窃取、刺探手段获取内幕信息的；另外，够罪要件上还要求这类人在获悉信息时主观上明知该信息是内幕信息。二是特定身份型获取内幕信息的

① 最高人民法院，《<关于办理内幕交易、泄露内幕信息刑事案件具体应用法律若干问题的解释>的理解与适用》，2012 年 12 月 10 日。

② 《关于办理内幕交易、泄露内幕信息刑事案件具体应用法律若干问题的解释》，2011 年 10 月 31 日由最高人民法院审判委员会第 1529 次会议、2012 年 2 月 27 日由最高人民检察院第十一届检察委员会第 72 次会议通过，自 2012 年 6 月 1 日起施行。

人员，即获取信息的手段行为未必是非法的，但其作为特定身份的人员不应获取内幕信息，如内幕信息知情人员的配偶从知情人员处获取内幕信息。三是积极联系型获取内幕信息的人员，即主动联络、接触行为未必是非法的，但结合行为目的分析，行为人毕竟是从内幕信息的知情人员处获取不应该获取的内幕信息，因此其获取行为是非法的。[①]

内幕信息

证券交易活动中，涉及公司的经营、财务或者对该公司证券的市场价格有重大影响的尚未公开的信息，为内幕信息。

下列信息皆属内幕信息：(1)《证券法》第六十七条第二款所列重大事件[②]；(2) 公司分配股利或者增资的计划；(3) 公司股权结构的重大变化；(4) 公司债务担保的重大变更；(5) 公司营业用主要资产的抵押、出售或者报废一次超过该资产的30%；(6) 公司的董事、监事、

---

① 最高人民法院,《<关于办理内幕交易、泄露内幕信息刑事案件具体应用法律若干问题的解释>的理解与适用》,2012年12月10日。

② 第六十七条 发生可能对上市公司股票交易价格产生较大影响的重大事件,投资者尚未得知时,上市公司应当立即将有关该重大事件的情况向国务院证券监督管理机构和证券交易所报送临时报告,并予公告,说明事件的起因、目前的状态和可能产生的法律后果。

下列情况为前款所称重大事件:

(一)公司的经营方针和经营范围的重大变化;

(二)公司的重大投资行为和重大的购置财产的决定;

(三)公司订立重要合同,可能对公司的资产、负债、权益和经营成果产生重要影响;

(四)公司发生重大债务和未能清偿到期重大债务的违约情况;

(五)公司发生重大亏损或者重大损失;

(六)公司生产经营的外部条件发生的重大变化;

(七)公司的董事、三分之一以上监事或者经理发生变动;

(八)持有公司百分之五以上股份的股东或者实际控制人,其持有股份或者控制公司的情况发生较大变化;

(九)公司减资、合并、分立、解散及申请破产的决定;

(十)涉及公司的重大诉讼,股东大会、董事会决议被依法撤销或者宣告无效;

(十一)公司涉嫌犯罪被司法机关立案调查,公司董事、监事、高级管理人员涉嫌犯罪被司法机关采取强制措施;

(十二)国务院证券监督管理机构规定的其他事项。

高级管理人员的行为可能依法承担重大损害赔偿责任；（7）上市公司收购的有关方案；（8）国务院证券监督管理机构认定的对证券交易价格有显著影响的其他重要信息。[①]

期货交易活动中的内幕信息，是指可能对期货交易价格产生重大影响的尚未公开的信息，包括：国务院期货监督管理机构以及其他相关部门制定的对期货交易价格可能发生重大影响的政策，期货交易所做出的可能对期货交易价格发生重大影响的决定，期货交易所会员、客户的资金和交易动向以及国务院期货监督管理机构认定的对期货交易价格有显著影响的其他重要信息。[②]

内幕信息自形成到公开之间的期间为敏感期。[③] 内幕信息的形成之时，在司法实践中，一般将《证券法》第六十七条第二款所列“重大事件”的发生时间，第七十五条规定的“计划”“方案”以及《期货交易管理条例》第八十五条第十一项规定的“政策”“决定”等的形成时间，认定为内幕信息的形成之时。然而，随着证券、期货市场的飞速发展，上述认定模式越来越难适应打击证券、期货市场犯罪的需要。对于能够影响内幕信息形成的动议、筹划、决策或者执行人员，应当区别于普通的内幕信息的知情人员，内幕信息的敏感期应当自其动议、筹划、决策或者执行初始时间起算。[④] 内幕信息的公开之时，是指内幕信息在

---

① 《证券法》，全国人民代表大会常务委员会 2005 年 10 月 28 日修正。

② 《期货交易管理条例》，根据 2016 年 2 月 6 日国务院令第 666 号《关于修改部分行政法规的决定》第三次修订。

③ 《关于办理内幕交易、泄露内幕信息刑事案件具体应用法律若干问题的解释》，2011 年 10 月 31 日由最高人民法院审判委员会第 1529 次会议、2012 年 2 月 27 日由最高人民检察院第十一届检察委员会第 72 次会议通过，自 2012 年 6 月 1 日起施行。

④ 最高人民法院，《 <关于办理内幕交易、泄露内幕信息刑事案件具体应用法律若干问题的解释 >的理解与适用》，2012 年 12 月 10 日。

国务院证券、期货监督管理机构指定的报刊、网站等媒体披露。[①] 也就是说，若在除此以外的地方公开，例如个人微博、某地小报等，都不属于法定公开的范畴，仍然处于内幕信息敏感期内。

① 《关于办理内幕交易、泄露内幕信息刑事案件具体应用法律若干问题的解释》，2011年10月31日由最高人民法院审判委员会第1529次会议、2012年2月27日由最高人民检察院第十一届检察委员会第72次会议通过，自2012年6月1日起施行。

第四节
操纵市场

2017年6月5日，因A投资管理有限公司、A资产管理中心（普通合伙）中的有关人员被判处操纵证券市场罪，因而该私募管理人及有关人员均受到了中基协的纪律处分。[①] 具体如何理解操纵市场？什么情况下会导致行政处罚，甚至构成刑事犯罪？此类问题对于私募行业从业者而言，都至关重要。我们先来看看，什么是操纵市场？

八大行为

操纵市场，包括操纵证券、期货市场，以证券市场为例，是指行为人连续交易操纵，约定交易操纵，洗售操纵，以其他方法操纵证券市场的（主要包括蛊惑交易操纵、抢帽子交易操纵、虚假申报操纵、特定时间的价格或价值操纵、尾市交易操纵），以上统称为证券市场操纵八大行为。

---

① 中基协,《纪律处分决定书(上海A投资管理有限公司、上海A资产管理中心(普通合伙)、XX、ZSZ、XJ)》(中基协处分〔2017〕2号),2017年6月5日。

连续交易操纵

连续交易操纵，是指单独或者通过合谋，集中资金优势、持股优势或者利用信息优势联合或者连续买卖，操纵证券交易价格或者证券交易量。由此，认定为连续交易操纵的三个要件是：集中资金优势、持股优势或者利用信息优势；联合买卖或者连续买卖；影响交易价格或交易量。单一的行为人集中资金优势、持股优势或者利用信息优势连续买卖，操纵交易价格或者交易量的，是单一行为人连续交易操纵。2 个以上行为人通过合谋，集中资金优势、持股优势或者利用信息优势，联合或者连续买卖，操纵交易价格或者交易量的，是合谋的连续交易操纵。①

在连续交易操纵中，资金优势，是指行为人为买卖证券所集中的资金相对于市场上一般投资者所能集中的资金具有数量上的优势。持股优势，是指行为人持有证券相对于市场上一般投资者具有数量上的优势。信息优势，是指行为人相对于市场上一般投资者对标的证券及其相关事项的重大信息具有获取或者了解更易、更早、更准确、更完整的优势。前述重大信息，是指能够对具有一般证券市场知识的理性投资者的投资决策产生影响的事实或评价。联合买卖，是指 2 个以上行为人，约定在某一时段内一起买入或卖出某种证券。行为人之间形成决议或决定或协议的，应认定行为人具有联合买卖的意图，行为人之间虽没有决议或决定或协议，但行为人之间在资金、股权、身份等方面具有关联关系的，可以认定行为人具有联合买卖的意图。符合下列情形之一的，可认定为联合买卖：（1）2 个以上行为人按照事先的约定，在某一时段内一起买入或者相继买入某种证券的；（2）2 个以上行为人按照事先的约定，在

① 证监会，《证券市场操纵行为认定指引（试行）》（证监稽查字〔2007〕1 号），2007 年 3 月 27 日。

某一时段内一起卖出或者相继卖出某种证券的；（3）2 个以上行为人按照事先的约定，在某一时段内其中一个或数个行为人一起买入或相继买入而其他行为人一起卖出或相继卖出某种证券的。买卖，包括未成交的买卖申报，不限于实际成交的买入或卖出交易。连续买卖，是指行为人在某一时段内连续买卖某种证券。在 1 个交易日内交易某一证券 2 次以上，或在 2 个交易日内交易某一证券 3 次以上的，即构成连续买卖。[①]

在具体认定连续交易操纵行为时，执法人员可以对行为人在行为期间动用的资金量及其所占相关证券的成交量的比例、同期市场交易活跃程度以及投资者参与交易状况等因素综合分析判断，认定行为人是否具有资金优势；执法人员可以对行为人在行为期间持有实际流通股份的总量及其所占相关证券的实际流通股份总量的比例、同期相关证券的投资者持股状况等因素综合分析判断，认定行为人是否具有持股优势。[②] 这种表述弹性很大，怎么理解？我们以证监会处罚案例来看执法人员在个案中是如何认定的。[③]

××是一家私募基金管理公司，作为投资顾问运营“A 信托——××206 号”等 11 个证券账户，实际投资决策由李某某负责；吴某某控制“A 信托——××2 号”等 18 个信托账户和 4 个个人账户。××私募管理公司和吴某某合谋，一起交易股票×谋利。在 7 月 10 日至 8 月 28 日的 35 个交易日内，××私募管理公司和吴某某控制的账户每日并未明显触发拉抬、打压、虚假申报等短线操纵行为的指标，但通过相关交易行为，竟分别盈利 1.47 亿元和 1.74 亿元。证监会认定××私募

---

① 证监会,《证券市场操纵行为认定指引(试行)》(证监稽查字〔2007〕1 号),2007 年 3 月 27 日。

② 证监会,《证券市场操纵行为认定指引(试行)》(证监稽查字〔2007〕1 号),2007 年 3 月 27 日。

③ 证监会. 市场操纵篇:连续上涨有蹊跷,交易活跃含假象[EB/OL]. http://www.csrc.gov.cn/pub/zjhpublicofxz/gongg_7111/201712/t20171210_328641.htm,2017-12-10.

管理公司和吴某某控制账户进行交易的违法行为包括：第一，连续交易。买入数量占市场成交量超过10%的有25个交易日，超过20%的有18个交易日，超过30%的有6个交易日。买入金额超过1000万元的有29个交易日，超过5000万元的有12个交易日，超过10000万元的有6个交易日。卖出数量占市场成交量超过10%的有13个交易日，超过20%的有7个交易日，超过60%的有2个交易日。持有股票×占其流通股超过10%的有13个交易日。第二，在实际控制的账户间交易。在其实际控制的证券账户之间交易股票×712万股，占市场成交量比例超过5%的有5个交易日。××私募和吴某某连续交易操纵实施的期限一般较长，在自己实际控制的账户间交易，实际并未转移股票的所有权，仅制造交易活跃的假象。

此案例中，执法机构对于“连续”的认定从2个交易日到29个交易日不等，对于“成交量”的认定从5%到60%不等，对于“资金量”的认定从1000万元到1亿元不等。可以看出，2个接连的交易日也能构成连续买卖，这也符合国际上一些国家和地区的判定方式。例如，连续交易在美国被广义解释，连续两天的三次买盘构成连续交易；在中国台湾，所谓“连续”，实务上认为“只要是基于概括犯意，为两次以上之行为，即为连续”。[①] “占市场成交量比例”，本案例从5%起算，那么是否低于5%就安全，或者说5%就是违规与否的临界点？另外，对于“资金量”的多寡，1000万元是集中资金优势的起算门槛吗？

答：不是。市场操纵行为，通常有段行为持续期，一些较为隐蔽的操纵，行为人对于资金量和持股比例也会下意识地控制在一个较低水平，希冀行政执法人员难以察觉。但是，较低水平的持股比例、交易量

---

① 深圳证券交易所综合研究所，何基报，徐洪涛．市场操纵行政法律责任构成要件比较研究［EB/OL］．http://www.csrc.gov.cn/pub/newsite/flb/lfzl/jnlfssyzn/yjyd/200701/t20070130_77325.html，2007－01－30.

等，并不代表能顺利避开市场操纵的嫌疑。法律本身没有设定具体数量门槛，认定行为人是否具有资金或持股优势，是否进行了市场操纵行为，在实践中是综合案件整体情况来评判，并非低于某个特定的数量就是安全区域。例如，2014 年证监会对 HY 集团有限公司、L 某某的行政处罚一案。[①] 该案行为持续期长达 6 个月，最高持股占流通股 2.07%，最高交易量达到当日该证券总成交量的 15.6%（18 个交易日中，13 个交易日占比低于 3%），并且涉案股票全部卖出后，行为人未盈利反而亏损了 700 多万元，但本案还是被认定为操纵市场行为，这是什么原因？原因是 HY 集团在某个特定时间段内，为了成功定向增发，需要将股价维护在一个较高水准。但同时，案涉股票的股价一路下跌至 30 元左右，与 46.40 元的定向增发价格差距非常大。保荐机构认为不修改增发价格则增发无望，但 Q 某某坚决不同意修改增发价格。同时，该集团已初步确定实施投资额超过 40 亿美元的项目，急需再融资予以启动。为防止股价进一步下跌，L 某某决定动用集团 3000 万元资金，指使 H 某某操作“H 某某”“S 某某”两个自然人账户拉抬股价。经证监会认定，HY 集团利用“H 某某”“S 某某”账户买入案涉股票的目的是维持、拉抬股价，帮助实现定向增发，因此，其主观上操纵交易价格的意图明显。虽然其交易金额、持股比例、对市场价格影响的统计结果等交易指标均处于较低水平，相关交易委托均为真实委托，未能对案涉股票的交易价格或交易量产生“显著影响”，但 HY 集团动用 3000 万元巨资集中买入案涉股票的行为，最终被认定为存在连续交易行为的市场操纵。

约定交易操纵

约定交易操纵，是指与他人串通，以事先约定的时间、价格和方式

① 证监会,《中国证监会行政处罚决定书》(〔2014〕年 41 号),2014 年 4 月 29 日。

相互进行交易，影响交易价格或者交易量。具有下列情形的，可以认定为约定交易操纵：（1）与他人串通；（2）以事先约定的时间、价格和方式，与他人相互进行证券交易；（3）影响交易价格或者交易量。

“与他人串通”，是指2个以上行为人为了操纵证券市场，达成共同的意思联络。“以事先约定的时间、价格和方式相互进行证券交易”，是指2个以上行为人共同实施的，由一方做出交易委托，而另一方依据事先的约定做出时间相近、价格相近、数量相近、买卖方向相反的委托，双方相互之间进行的证券交易。“约定的时间”，是指2个以上行为人约定的进行交易的时间。买入申报和卖出申报在时间上相近，就可以构成约定交易的时间要件的充分条件。“约定的价格”，是指2个以上行为人约定的进行交易的申报价格。买入申报和卖出申报在价格上相近，就可以构成约定交易的价格要件的充分条件。“约定的方式”，是指2个以上行为人约定的进行交易的申报数量和买卖申报方向。买入申报和卖出申报在数量上相近，就可以构成约定交易的申报数量要件和买卖申报方向要件的充分条件。① 同样的，我们以证监会处罚案例来看，具体案件中是如何认定约定交易行为的。②

2017年，××股份有限公司，××证券，Z某某、ZH某某、B某某、W某某、H某某、F某某因涉嫌市场操纵，被证监会处罚。涉案期间，××股份有限公司与××证券拉抬××股价，并进行约定交易。2015年6月，××股份有限公司筹划以不低于20元的价格定向增发股份。7月下旬至8月初，××股份有限公司股价持续下跌。8月5日，××股份有限公司股票收盘价为14.96元。7月底，W某某安排H某某、F某某测算××股票二级市场筹码分布情况，计算拉升股价需买入

① 证监会，《证券市场操纵行为认定指引（试行）》（证监稽查字〔2007〕1号），2007年3月27日。

② 证监会，《中国证监会行政处罚决定书》（〔2017〕100号），2017年12月4日。

的股数。8 月 5 日下午，ZH 某某在××证券场外市场部会见 W 某某、H 某某、F 某某等人。经双方会谈确定，主要采用××证券做市交易在二级市场买入拉抬股价，同时通过××股份有限公司公告利好信息、向投资者推荐等其他方式拉抬××股份的股价，之后将买入的××股票卖回给××股份有限公司操控或安排的账户。

经上述当事人申辩，证监会认为上述当事人的申辩理由不成立，原因是：第一，涉案期间，××股份有限公司实际控制或安排的 4 个自然人账户的涉案交易，账户委托交易终端信息或交易资金方面与 Z 某某、ZH 某某、B 某某、××股份有限公司存在高度关联。上述 4 个账户买入委托与××证券做市交易卖出申报的数量相等、价格相同、委托方向相反、委托时间接近；同时，上述 4 个账户同××证券交易××股票的数量、价格等与××证券相关人员提供的回购股票情况数据一致。并且，相关人员的微信内容、上述 4 个账户的资金往来等也能进一步印证前述事实。第二，根据 H 某某、F 某某等人的询问笔录，结合相关人员的微信、手机短信、通信记录、电子邮件及××股份有限公司提供的差旅记录等，××股份有限公司相关人员与××证券相关人员对涉案交易行为，存在明显意思联络。第三，涉案期间，××证券做市交易××股票的量价明显异常，做市交易买入量占当天市场成交量日均达 48.54%，做市交易买入量远高于其他做市商买入量，在 8 月 6 日至 19 日的 10 个交易日，××证券做市交易买入量占全部做市商买入量的比例在 60%～100%，日均占比高达 82.02%。做市交易价格方面，××证券通过主动报高价格，以高于其他做市商价格买入并成交的方式引领股价向上，或者以明显高于投资者卖出价申报买入并成交，抬高股票成交价格。其后，××证券再通过数量相等、价格相同、买卖方向相反、委托申报时间接近的约定交易，将买入的股票加价卖回给××股份有限公司的 Z 某某、ZH 某某及××股份有限公司的全资子公司执行董事 B

某某等人操控或安排的4个证券账户。此外，证据显示，××证券与××股份有限公司还结合披露利好消息、向投资者推荐等其他方式操纵××股价。为配合××证券的拉抬行为，8月6日，××股份有限公司有意披露曾于7月30日签订合作协议的合作业务。8月17日，××股份有限公司发布净利润同比增长172.07%的半年报。8月5日，ZH某某与W某某、H某某、F某某、Z某某会面沟通后，负责与机构投资者进行投资交流的Z某某向机构投资者推荐××股票。涉案期间，××股价从14.96元上涨至27.18元，涨幅81.68%，同期新三板做市指数上涨4.46%，偏离度达77.23%。因此，由于××股份有限公司与××证券之间存在串通，以事先约定的时间、价格和方式，相互进行证券交易，影响交易价格及交易量，最终被认定为存在约定交易行为的市场操纵。

洗售操纵

洗售操纵，即在自己实际控制的账户之间进行交易，影响交易价格或者交易量。行为人具有下列情形的，可以认定为洗售操纵：（1）在自己实际控制的账户之间进行证券交易；（2）影响交易价格或者交易量。

“自己实际控制的账户”，是指行为人具有管理、使用或处分权益的账户，主要包括下列账户：（1）行为人以自己名义开设的实名账户；（2）行为人以他人名义开设的账户；（3）行为人虽然不是账户的名义持有人，但通过投资关系、协议或者其他安排，能够实际管理、使用或处分的他人账户。

蛊惑交易操纵

蛊惑交易操纵，是指行为人进行证券交易时，利用不真实、不准确、不完整或不确定的重大信息，诱导投资者在不了解事实真相的情况下做出投资决定，影响交易价格或交易量，以便通过期待的市场波动，取得经济上的利益的行为。行为人具有下列情形的，可以认定为蛊惑交易操纵：（1）具有利用不真实、不准确、不完整或不确定的重大信息的行为；（2）在编造、传播或者散布不真实、不准确、不完整或不确定的重大信息之前或者之后进行交易；（3）影响证券交易价格或交易量。

"进行证券交易"，是指行为人在编造、传播或者散布不真实、不准确、不完整或不确定的重大信息之前买入或卖出相关证券；而在编造、传播、散布不真实、不准确、不完整或不确定的重大信息及股价发生波动之后卖出或买入相关证券。"利用不真实、不准确、不完整或不确定的重大信息"具有下列含义：（1）行为人利用的信息是能够对证券市场上一般投资者的投资决策产生影响的不真实、不准确、不完整或不确定的重大信息；（2）行为人具有编造或者传播或者散布不真实、不准确、不完整或不确定的重大信息的行为；（3）行为人可以是不真实、不准确、不完整或不确定的重大信息的编造者，也可以是其传播者或者散布者。①

抢帽子交易操纵

抢帽子交易操纵，是指证券公司、证券咨询机构、专业中介机构及其工作人员，买卖或者持有相关证券，并对该证券或其发行人、上市公司公开做出评价、预测或者投资建议，以便通过期待的市场波动取得经济利益的行为。但上述机构及其人员依据有关法律、行政法规、规章或有关业务规则的规定，已经公开做出相关预告的，不视为抢帽子交易操纵。具有下列情形的，可以认定为抢帽子交易操纵：（1）行为人是证

---

① 证监会,《证券市场操纵行为认定指引(试行)》(证监稽查字〔2007〕1 号),2007 年 3 月 27 日。

券公司、证券咨询机构、专业中介机构及其工作人员；（2）行为人对相关证券或其发行人、上市公司公开做出评价、预测或者投资建议；（3）行为人在公开做出评价、预测或者投资建议前买卖或持有相关证券；（4）行为人通过公开评价、预测或者投资建议，在相关证券的交易中谋取利益。

“公开做出评价、预测或者投资建议”是指：（1）证券公司、证券咨询机构、专业中介机构及其工作人员在报刊、电台、电视台等传统媒体上对相关证券或其发行人、上市公司做出评价、预测或者投资建议的；（2）证券公司、证券咨询机构、专业中介机构及其工作人员在电子网络媒体上对相关证券或其发行人、上市公司做出评价、预测或者投资建议的；（3）从事会员制业务的证券公司或者证券咨询机构，通过报刊、电台、电视台、网站等媒体或利用传真、短信、电子信箱、电话、软件等工具，面向会员对相关证券或其发行人、上市公司做出评价、预测或者投资建议的。[①] 这种操纵方式有身份上的特别要求，相当于利用特定身份误导公众投资导向，自己从中牟利。下面来看证监会公布的一个典型案例。[②]

W某某在担任北京××顾问有限公司（以下简称“北京××”）负责人期间，2006年7月—2008年5月，使用本人及他人名义开立多个证券账户，并使用上述账户，在中信证券北京北三环中路、国信证券北京三里河营业部等开立了10余个资金账户用于证券交易。同时，在工商银行开立10个银行账户，用于证券交易资金存取和划转。W某某于2007年1月9日—2008年5月21日，利用其实际控制交易的9个证券

① 证监会，《证券市场操纵行为认定指引（试行）》（证监稽查字〔2007〕1号），2007年3月27日。

② 北京证监局．W某某操纵证券市场案[EB/OL]．http://www.csrc.gov.cn/pub/beijing/xxfw/pfxc/201112/t20111213_203434.htm，2011-12-13.

账户，通过先期买入“工商银行”“中国联通”等38只股票，后利用SF公司名义经媒体对外推荐并在股票交易时抢先卖出相关股票的方式，人为影响股票交易价格，获得个人非法利益。W某某采取上述方式操纵证券市场共计55次，累计买入成交额人民币52.6亿元，累计卖出成交额53.8亿元，非法获利共计人民币1.25亿元归个人所有。W某某作为一名曾有较高知名度的股评人，利用投资者对其的信任，通过撰写、发布分析文章，借助有广泛影响力的媒体，改变市场投资者的心理预期，引诱投资者参与交易，而W某某本人则在股价推高后趁机卖出，反向交易。W某某作为SF公司的法人、总经理，对公司有控制决策权，其实施的犯罪行为，完全是其个人意志的体现，其实施了“抢帽子”交易操纵手段，最终被认定为市场操纵受到了处罚。

虚假申报操纵

虚假申报操纵，是指行为人做出不以成交为目的的频繁申报和撤销申报，误导其他投资者，影响交易价格或交易量。具有下列情形的，可以认定为虚假申报操纵：（1）行为人不以成交为目的；（2）行为人做出频繁申报和撤销申报的行为；（3）影响交易价格或者交易量。

“频繁申报和撤销申报”，是指行为人在同一交易日内，在同一证券的有效竞价范围内，按照同一买卖方向，连续、交替进行3次以上的申报和撤销申报。下面来看证监会公布的一个典型案例。①

2011年12月，证监会对W某某账户涉嫌操纵宁波某某股份有限公司（以下简称“ST某某”）股票价格行为立案稽查。经查，2011年4月26日，W某某不以实际成交为目的，利用频繁申报和撤销申报的手段操纵ST某某股票，致使ST某某股票价格由开盘价5.42元上涨至收

① 证监会．证监会查处三起操纵证券市场案[EB/OL]．http://www.csrc.gov.cn/pub/newsite/jcj/aqfb/201212/t20121220_219472.html,2012-12-20.

盘价5.70元，最高时达到5.75元（涨停价），涨幅为4.01%，振幅达6.93%，影响其他投资者对ST某某股票交易价格和供求关系的判断，诱导其他投资者买入ST某某股票，之后卖出所持有的ST某某股票以图获利。W某某操纵ST某某股票亏损41440.08元。本案中，W某某不以实际成交为目的，频繁申报和撤销申报的交易行为，是典型的短线操纵。误导其他投资者对股票交易价格和供求关系的判断，造成股票价格异常波动，扰乱证券市场秩序，实施了虚假申报的操纵行为，最终被认定为操纵市场受到处罚。

特定时间的价格或价值操纵

特定时间的价格或价值操纵，是指行为人在计算相关证券的参考价格或者结算价格或者参考价值的特定时间，通过拉抬、打压或锁定手段，影响相关证券的参考价格或者结算价格或者参考价值的行为。具有以下情形的，可以认定为特定时间的价格或价值操纵：（1）交易时间为计算相关证券的参考价格或者结算价格或者参考价值的特定时间；（2）行为人具有拉抬、打压或锁定交易价格的行为；（3）影响特定时间的价格或价值。

“特定时间”，是指计算相关证券的参考价格或者结算价格或者参考价值的特定时间。对于特定时间，应依据法律、行政法规、规章、业务规则的规定或者依据发行人、上市公司、相关当事人的公告内容进行认定。“拉抬、打压或锁定”，是指行为人以高于市价的价格发出买入申报致使证券交易价格上涨，或者以低于市价的价格发出卖出申报致使证券交易价格下跌，或者通过发出买入或者卖出申报致使证券交易价格形成虚拟的价格水平。下面来看证监会公布的一个典型案例。①

① 证监会,《中国证监会行政处罚决定书》(〔2016〕77号),2016年6月6日。

2015 年 6 月 29 日—8 月 27 日（以下简称“操纵期间”），××投资管理有限公司（以下简称“××投资公司”）控制使用 15 个信托产品账户（以下简称“账户组”），确定买卖股票品种、方向和数量，并分别在上海和广州进行交易。通过集中资金优势连续买卖、虚假申报等方式，影响了“国光股份”“国农科技”“鸿特精密”“金宇车城”“科恒股份”“万福生科”等 6 只股票的价格和交易量，后反向卖出获利 10168569.86 元。

具体情况如下：（1）账户组交易“国光股份”的情况：7 月 3 日 14 时 57 分 21 秒至 57 分 52 秒，账户组申报买入该股共计 2 笔，委托买入量为 220000 股，占其拉抬起始至收盘时段市场申买量的比例为 98.21%，成交数量 220000 股，占其拉抬起始至收盘时段市场成交量的比例为 99.77%，委托均价为 84.70 元，动用资金量为 18480000.00 元。7 月 8 日 14 时 57 分 08 秒至 59 分 13 秒，账户组申报买入该股共计 5 笔，委托买入量为 550000 股，占其拉抬起始至收盘时段市场申买量的比例为 97.35%，成交数量 416500 股，占其拉抬起始至收盘时段市场成交量的比例为 99.71%，委托均价为 69.97 元，动用资金量为 50589850.00 元。（2）账户组交易“国农科技”的情况：6 月 29 日 14 时 48 分 28 秒至 59 分 17 秒，账户组申报买入该股共计 10 笔，委托买入量为 1470000 股，占其拉抬起始至收盘时段市场申买量的比例为 55.58%，成交数量 1275033 股，占其拉抬起始至收盘时段市场成交量的比例为 60.51%，委托均价为 36.99 元，动用资金量为 46898225.67 元。（3）账户组交易“鸿特精密”的情况：7 月 27 日 14 时 56 分 55 秒至 57 分 16 秒，账户组申报买入该股共计 2 笔，委托买入量为 470000 股，占其拉抬起始至收盘时段市场申买量的比例为 55.65%，成交数量 470000 股，占其拉抬起始至收盘时段市场成交量的比例为 56.23%，委托均价为 24.98 元，动用资金量为 17245557.60 元。（4）账户组交易

“金宇车城”的情况：7 月 15 日 14 时 46 分 57 秒至 58 分 54 秒，账户组申报买入该股共计 8 笔，委托买入量为 3000000 股，占其拉抬起始至收盘时段市场申买量的比例为 59. 99%，成交数量 1800000 股，占其拉抬起始至收盘时段市场成交量的比例为 53. 21%，申报撤单 1200000 股，占期间市场撤单比例 66. 91%，委托均价为 19. 46 元，动用资金量为 35126994. 65 元。（5）账户组交易“科恒股份”的情况：8 月 5 日 14 时 59 分 12 秒至 59 分 40 秒，账户组申报买入该股共计 2 笔，委托买入量为 400000 股，占其拉抬起始至收盘时段市场申买量的比例为 39. 93%，成交数量 400000 股，占其拉抬起始至收盘时段市场成交量的比例为 100%，委托均价为 27. 72 元，动用资金量为 13511325. 00 元。（6）账户组交易“万福生科”的情况：8 月 3 日 14 时 41 分 59 秒至 59 分 36 秒，账户组申报买入该股共计 7 笔，委托买入量为 2900000 股，占其拉抬起始至收盘时段市场申买量的比例为 91. 60%，成交数量 1536788 股，占其拉抬起始至收盘时段市场成交量的比例为 91. 77%，委托均价为 17. 70 元，动用资金量为 29244426. 00 元。8 月 18 日 14 时 59 分 02 秒至 59 分 18 秒，账户组申报买入该股共计 2 笔，委托买入量为 1100000 股，占其拉抬起始至收盘时段市场申买量的比例为 98. 67%，成交数量 1100000 股，占其拉抬起始至收盘时段市场成交量的比例为 99. 96 %，委托买入均价为 28. 47 元，动用资金量为 31119000. 00 元。8 月 27 日 14 时 30 分 08 秒至 59 分 08 秒，账户组申报买入该股共计 5 笔，委托买入量为 2600000 股，占其拉抬起始至收盘时段市场申买量的比例为 30. 34%，成交数量 700000 股，占其拉抬起始至收盘时段市场成交量的比例为 19. 62%。其中每笔买入委托下单时间和撤单时间间隔 1 分钟以内，且委托买入价格低于当前市价五个档位以上的申报撤单 1900000 股，委托买入均价为 15. 74 元，动用资金量为 12299000. 00 元。证监会认为，在多个交易日的尾盘阶段，申请人通过涨停价挂大笔买单的方式影响收盘价，并于第二日反向卖出获利。同时，在交易“金宇车城”“万福生科”两只股票时，涉案账户组还存在虚假申报的情形，撤单量分别占期间市场撤单比例66.91%和73.08%，另外，涉案当事人Y某某、Z某某在谈话笔录中表示，行为人在尾盘大量购买相关股票的目的是为拉抬股价，以确保当日其管理的信托产品净值不跌破预警线和平仓线①，最终认定为包含了特定时间段操纵行为的市场操纵，予以处罚。

尾市交易操纵

尾市交易操纵，是指行为人在即将收市时，通过拉抬、打压或锁定手段，操纵收市价格的行为。具有下列情形的，可以认定为尾市交易操纵：（1）交易发生在即将收市时；（2）行为人具有拉抬、打压或锁定交易价格的行为；（3）影响收市价格。

“即将收市时”，是指证券交易所集中交易市场收市前的15分钟时间。对于其他市场的“即将收市时”，应根据各个市场的具体情况按照个案认定。下面来看证监会公布的一个典型案例。②

2015年7月17日、7月21日、8月12日、8月14日、8月25日、8月26日，××投资公司利用其实际控制的37个账户（以下简称“账户组”）通过开盘虚假申报、尾市拉抬等方式，影响“辉丰股份”“汉缆股份”“国农科技”“天广消防”“富临精工”“广博股份”等6只股票的交易价格和交易量。其中，“广博股份”交易情况如下：2015年8月25日尾市前，“广博股份”股价下跌10%，尾市期间上涨22%。尾市期间，账户组以申报前一刻市场成交价进行了5笔“广博股份”买入委托申报，委托买入均价较尾市前一刻成交价上涨8.66%，账户组

① 证监会，《中国证券监督管理委员会行政复议决定书》（〔2016〕121号），2017年3月22日。

② 证监会，《中国证监会行政处罚决定书》（〔2016〕120号），2016年11月11日。

在该时段内的申报买入量占同期市场申报买入量比例、买入成交量占同期市场成交量比例分别为 99.08% 和 99.13%。5 笔买入委托中 2 笔在尾市集合竞价阶段，买入委托申报价格较前一刻成交价上涨 22%，买入委托成交占收盘集合竞价阶段市场成交量的 100%。当日“广博股份”收盘价较收盘集合竞价前上涨 21.99%，当日股价上涨 9.74%。××投资公司控制的账户组拉抬后次日卖出 824799 股，金额合计 19637490.30 元，盈利 2806654.05 元。2015 年 8 月 26 日 14 时 51 分 13 秒至 55 分 19 秒，“广博股份”股价上涨 5.88%，账户组进行 23 笔买入委托申报，其中 22 笔买入委托申报价格高于申报前一刻成交价，20 笔买入委托申报价格高于申报前一刻卖委托第 5 档价格，买入成交占该期间内市场成交量的比例为 77.83%。××投资公司控制的账户组拉抬后次日卖出 23301 股，金额合计 541447.16 元，盈利 5489.95 元。最终认定为包含了尾市交易操纵的市场操纵行为，予以处罚。

以上案例，有的仅仅受到行政处罚，但有的还同时受到刑事处罚，那么，什么情形下会同时触及刑事犯罪呢？

刑事犯罪中的操纵证券、期货市场罪，构成此罪的要件之一，是操纵数量、危害程度要达到法定标准，具体如下[①]：（1）单独或者合谋，持有或者实际控制证券的流通股份数达到该证券的实际流通股份总量 30% 以上，且在该证券连续 20 个交易日内联合或者连续买卖股份数累计达到该证券同期总成交量 30% 以上的；（2）单独或者合谋，持有或者实际控制期货合约的数量超过期货交易所业务规则限定的持仓量 50% 以上，且在该期货合约连续 20 个交易日内联合或者连续买卖期货合约数累计达到该期货合约同期总成交量 30% 以上的；（3）与他人串通，以事先约定的时间、价格和方式相互进行证券或者期货合约交易，

① 最高人民检察院、公安部，《最高人民检察院公安部关于公安机关管辖的刑事案件立案追诉标准的规定（二）》，2010 年 5 月 18 日。

且在该证券或者期货合约连续20个交易日内成交量累计达到该证券或者期货合约同期总成交量20%以上的；（4）在自己实际控制的账户之间进行证券交易，或者以自己为交易对象，自买自卖期货合约，且在该证券或者期货合约连续20个交易日内成交量累计达到该证券或者期货合约同期总成交量20%以上的；（5）单独或者合谋，当日连续申报买入或者卖出同一证券、期货合约并在成交前撤回申报，撤回申报量占当日该种证券总申报量或者该种期货合约总申报量50%以上的；（6）上市公司及其董事、监事、高级管理人员、实际控制人、控股股东或者其他关联人单独或者合谋，利用信息优势，操纵该公司证券交易价格或者证券交易量的；（7）证券公司、证券投资咨询机构、专业中介机构或者从业人员，违背有关从业禁止的规定，买卖或者持有相关证券，通过对证券或者其发行人、上市公司公开作出评价、预测或者投资建议，在该证券的交易中谋取利益，情节严重的；（8）其他情节严重的情形。

第五节
资金池业务

资金池业务是市场中对具备借新还旧、混同运作、募短投长、脱离标的资产的实际收益率进行分离定价、非公平交易等操作特征的各类资管产品的通称。[①] 当然，不仅资管产品会有资金池的情形，其他形式的基金产品也出现过资金池的案例，先来看中基协处罚的一个有关资管产品的典型案例[②]：资金池性质的私募资管产品。

具体案情：2014 年 8 月 13 日，XX 管理的“稳健收益 3 号金融投资专项资产管理计划”（以下简称“稳健收益 3 号”）设立第 2 期，资金规模 4 亿元，用于受让 YY 集团持有的下属企业的股权收益权，资金用途为用于满足 YY 集团及下属公司的生产运营流动资金需求，投资期限为 6 个月，由 YY 集团按照年化 12.5% 的回购溢价率对股权收益权进行回购。8 月 19 日，稳健收益 3 号收到以投资顾问费名义划付的款项 800 万元。9 月 3 日，稳健收益 3 号向 XX 管理的“现金管理金融投资专项资产管理计划”划付款项 800 万元。2014 年 9 月 23 日，稳健收益

① 证监会，《2017 年 5 月 5 日新闻发布会》，2017 年 5 月 5 日。

② 中基协，《纪律处分决定书》（中基协处分〔2016〕4 号），2016 年 4 月 19 日。

3 号收到第 1 期投资本金 3060 万元，同日，稳健收益 3 号清退了第 1 期资金 3103 余万元，并将 43640. 19 元结转至第 2 期。稳健收益 3 号第 1 期与第 2 期没有任何关联。2015 年 2 月 2 日，ZX 决定将稳健收益 3 号第 2 期所持有的 YY 集团下属企业的股权收益权投资期限延长 1 年，提高延长期内回购溢价率至 15%。稳健收益 3 号第 2 期的初始资产委托人为 XX 管理的“现金管理金融投资专项资产管理计划”“月悦盈 8 号金融投资专项资产管理计划”“短期理财 A 型 18 号金融投资专项资产管理计划”和“短期理财 A 型 19 号金融投资专项资产管理计划”等 4 只金融投资专项资产管理计划。期间经过多次转让，2015 年 4 月 3 日，稳健收益 3 号第 2 期的资产委托人为 XX 管理的 11 只金融投资专项资产管理计划。上述金融投资专项资产管理计划为每天开放、每月或者每季度定期开放的现金管理类资产管理计划。每天开放的金融投资专项资产管理计划使用摊余成本法按照 10. 5% 的利率对稳健收益 3 号第 2 期进行估值；每月或者每季度定期开放的金融投资专项资产管理计划，在开放期前将其持有的稳健收益 3 号第 2 期份额转让给 ZX 管理的其他不处于开放期或者每天开放的现金管理金融投资专项资产管理计划，转让价格按照 10. 5% 的利率和对应持有期限采用摊余成本法计算。XX 每月或者每季度定期开放的金融投资专项资产管理计划一直按照预期年化收益率向投资者支付投资收益。截至 2015 年 6 月，XX 共有几十只资产管理计划相互关联并采用上述模式运作。这些资产管理计划可以分为三类：一是每日开放的现金管理类资产管理计划（现金管理计划），总规模约 300 亿元，按照货币基金的估值方法计算并发布年化收益率，投资者可以按此进行申购赎回。二是每月或每季度开放的短期理财类资产管理计划（短期理财计划），总规模约 150 亿元，短期理财计划的开放期交错安排，投资者在开放期内按照既定的预期收益率申购赎回。三是类似稳健收益 3 号的资产管理专项计划用于投资非标资产（非标专项计划），存续期都在一年以上。现金管理计划和短期理财计划合计总规模的最多约50%投向非标专项计划。当某只短期理财计划进入开放期时，其持有的非标专项计划会转让给其他不在开放期的短期理财计划和每日开放的现金管理计划，待开放期结束后再认购其他进入开放期的短期理财计划转让的非标专项计划，或认购其他非标专项计划。

上述三类资产管理计划的运作模式具有以下特征：一是资金来源与资产运用的流动性无法匹配。现金管理计划每日开放，短期理财计划每月开放或者每季度开放，但是投资标的非标专项计划存续期都在一年以上。为了应对开放需要，现金管理计划和短期理财计划对非标专项计划进行内部交易，短期理财计划滚动发行，从而互相拆借流动性。二是未能进行合理估值。现金管理计划在投资范围不符合货币基金有关规定的情况下，不得使用货币基金的估值方法。短期理财计划不得对非标专项计划简单采用摊余成本法进行估值，脱离对应资产的实际收益率进行分离定价，应当参照中国证监会《关于进一步规范证券投资基金估值业务的指导意见》（证监会公告〔2008〕38号）的规定，合理确定投资品种的公允价值。三是未能进行充分信息披露。XX未向投资者披露内部交易模式，未向投资者披露非标专项计划的有关情况。投资者投资决策的主要依据是ZX提供的现金管理计划和短期理财计划的收益率水平以及中信信诚的信用状况。在此情况下，投资者极易形成“刚性兑付”预期。四是存在不同资产管理计划混同运作。2014年8月13日至9月23日，应当分别备案的两个不同的资产管理计划以1期和2期的名义在稳健3号同时存在。XX管理的其他非标专项计划也存在上述混同问题。综上所述，上述三类资产管理计划的运作模式已经构成26号文和《八条底线细则》所禁止的资金池业务。

前述案例包含了资金池业务的多种表现形式，由此，就着本案例，中基协还于2016年发布了《证券投资基金行业严禁开展资金池业务》

的通知。监管层对于资金池业务的态度很坚决，明确指出：“违规开展资金池业务违背资产管理业务本质，极易形成投资者刚性兑付预期，滑向庞氏骗局。中国证监会和协会严禁证券投资基金行业开展资金池业务，多次明令禁止，今后将继续按照实质重于形式的原则对违规资金池业务进行甄别，对涉及机构从严处理，对资金池业务进行全面清理，不留死角。”

因此，把握好资金池业务的构成很有必要，毕竟如上所说，监管层甄别的原则是“实质重于形式”。另外，虽然该通知及2016年的《证券期货经营机构私募资产管理业务运作管理暂行规定》规范的是私募证券投资基金，但私募股权投资基金同样存在资金池的隐患。例如，本书开篇中所讲述的“中晋系，百亿级私募基金骗局”一案，就存在借旧还新、混同运作等典型资金池表现形式。总的来说，资金池的形成，是因为基金产品应有的独立性、真实性受到破坏，违反了风险自担的基本特点，从而损及投资者利益，本部分从这两方面解构。

独立性

破坏独立性的情形，包括将其固有财产或者他人财产混同于基金财产从事投资活动。① 就私募证券投资基金而言，还包括：不同资产管理计划混同运作，资金与资产无法明确对应；资产管理计划未单独建账、独立核算、未单独编制估值表。②

破坏独立性的特点在于资金混同，难以或无法区分特定投资者资金流向。私募基金财产来源是投资者资金，投资款与所投资的私募基金应当是点对点关系。同样的，基金财产也应当与财产去向呈现点对

① 中基协，《私募投资基金监督管理暂行办法》，2014年8月21日。

② 证监会，《证券期货经营机构私募资产管理业务运作管理暂行规定》，2016年7月18日。

点关系。当发生理不清的多对多表现形式，无法明确区分点对点的资金流向时，那么很可能已经构成了资金池形态。例如，前述 XX 一案中，多个资产管理计划相互拆借以应对不同开放期需求的情形，以及本应该分别设立的两个资产管理计划，同时存在于一个资产管理计划中运作。

真实性

破坏真实性的情形，就私募证券投资基金而言，包括（1）资产管理计划在整个运作过程中未有合理估值的约定，且未按照资产管理合同约定向投资者进行充分适当的信息披露；（2）资产管理计划在开放申购、赎回或滚动发行时未按照规定进行合理估值，脱离对应标的资产的实际收益率进行分离定价；（3）资产管理计划未进行实际投资或者投资于非标资产，仅以后期投资者的投资资金向前期投资者兑付投资本金和收益；（4）资产管理计划所投资产发生不能按时收回投资本金和收益情形的，资产管理计划通过开放参与、退出或滚动发行的方式由后期投资者承担此类风险，但管理人进行充分信息披露及风险揭示且机构投资者书面同意的除外。①

就私募股权投资基金而言，《证券期货经营机构私募资产管理业务运作管理暂行规定》本身不适用于私募股权投资，但《私募投资基金监督管理暂行办法》里禁止的行为有这么一项：“从事损害基金财产和投资者利益的投资活动”，由此，比照前述私募证券投资基金资金池的情形，倘若私募股权投资基金也存在用后期投资者资金兑付前期投资者本息等破坏独立性、真实性，违反风险自担的基本特点，损及投资者利益，那么也构成了资金池形态。例如，“中晋系”一案中，设立多个私

① 证监会，《证券期货经营机构私募资产管理业务运作管理暂行规定》，2016 年 7 月 18 日。

募股权基金，注册空壳有限合伙企业充当载体，虚构投资项目，吸纳社会资金，用后期投资者资金兑付前期投资者本息，所有投资者资金最终进入违法者手中，而非点对点真实投资运作。

后记

2019年1月11日，证监会阎庆民副主席在中国私募基金行业高峰论坛上就私募基金业存在的若干问题说道："尽管取得不菲的成绩，我国私募基金仍然存在管理粗放、支持创新能力不足和投资生态不健全等问题。第一，'小、散、弱'，即私募基金规模小、数量多、专业性不强。证券类私募基金管理人中，管理规模在5亿元以下的机构占比达93.4%；私募股权、创业投资基金管理人中，管理规模在5亿元以下的机构占比达82.1%。部分机构股权架构复杂，存在交叉持股、多层嵌套；部分机构出于规模扩张或内部管理需要，登记多家同类私募基金管理人；部分机构虚假出资或抽逃资本，扰乱行业秩序；部分机构股权代持，规避重大关联交易披露，导致利益冲突和利益输送。部分产品滥用备案信用非法募资，分散募集、集中运作，变相开展'资金池'业务，等等。"除此以外，还提到了"短平快"，即资金来源和投资行为短期化，追求快速回报，以及"募、投、退"不通畅的问题。对于私募基金业改善的方向，阎庆民副主席说道："第一，加强专业化投资管理能力建设；第二，加强行业治理体系建设；第三，加强长期资本制度建设。”当前正致力于打造一个“规范、透明、开放、有活力、有韧性”的资本市场，私募基金作为多层次资本市场的重要组成部分，必将与资本市场共同成长，在服务科技创新和经济高质量发展的过程中发挥应有的作用。①

由此，在我国私募基金行业欣欣向荣的大背景下，除了具备专业的投资能力，单个私募机构的成长少不了对监管法律规范的熟悉，以及自身内控体系的建立和完善。

《私募合规》是“私募实战系列”图书的第一本，主要包含概述、设立、募集、投资运作的共性部分；第二本图书将着重解构不同基金类型下的投资运作、管理及退出，具体将结合国内外的公开事例分析解构。

本书不足乃至谬误之处，敬请各界同人提出宝贵意见。

马海源　李潇潇

2019 年 2 月

① 证监会. 完善私募基金治理，推动经济转型升级——阎庆民副主席在中国私募基金行业高峰论坛上的讲话[EB/OL]. http://www.csrc.gov.cn/pub/newsite/zjhxwfb/xwdd/201901/t20190111_349723.html, 2019-01-11.